中等职业教育国家规划教材
全国中等职业教育教材审定委员会审定

会计基本技能

（第5版）

主编 张建强 郭启庶

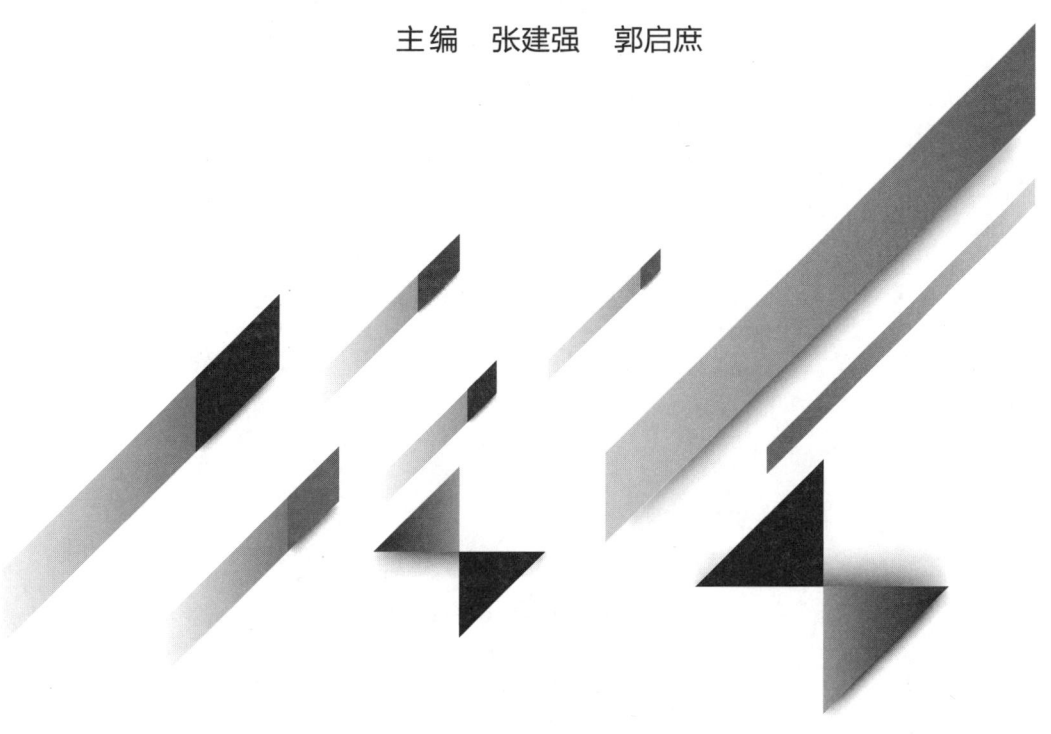

中国财经出版传媒集团
中国财政经济出版社

图书在版编目（CIP）数据

会计基本技能 / 张建强，郭启庶主编 . -- 5 版. --北京：中国财政经济出版社，2020.5（2024.7重印）
中等职业教育国家规划教材
ISBN 978 - 7 - 5095 - 9517 - 6

Ⅰ. ①会… Ⅱ. ①张… ②郭… Ⅲ. ①会计学 - 中等专业学校 - 教材 Ⅳ. ①F230

中国版本图书馆 CIP 数据核字（2020）第 001756 号

责任编辑：田明晖　赵天天　　　　责任校对：胡永立
封面设计：华乐功

中国财政经济出版社出版

URL：http://www.cfeph.cn
E - mail：cfeph@cfeph.cn

（版权所有　翻印必究）

社址：北京市海淀区阜成路甲 28 号　邮政编码：100142
营销中心电话：010 - 88191537
北京密兴印刷有限公司印刷　各地新华书店经销
787×1092 毫米　16 开　15 印张　353 000 字
2020 年 5 月第 5 版　2024 年 7 月北京第 4 次印刷
定价：30.00 元
ISBN 978 - 7 - 5095 - 9517 - 6
（图书出现印装问题，本社负责调换）
本社质量投诉电话：010 - 88190744
打击盗版举报热线：010 - 88191661　QQ：2242791300

第5版前言

为全面贯彻落实《国务院关于印发国家职业教育改革实施方案的通知》（国发〔2019〕4号）和《国家中长期教育改革和发展规划纲要（2010—2020年）》，我们依据《中等职业学校会计专业教学标准（试行）》对中等职业教育国家规划教材进行了修订，以满足中等职业学校财经类专业教学的新需要。

本教材是依据中等职业学校会计专业的特点和培养目标，按照教育部颁布的《中等职业学校会计专业教学标准（试行）》结合"会计基本技能"课程的主要教学内容和要求而进行修订编写的。参与本次修订编写的有：郭启庶（第一、二章）；张建强（第三、四、六、七、八章）；焦英华（第五章）；周微（第九章）。全书由张建强、郭启庶修改并总纂。

由于时间仓促，加之作者水平有限，书中不当之处在所难免，恳请广大读者不吝指正。

编者
2020年2月

目 录

第一章　珠算概述 ……………………………………………………………（ 1 ）
　　第一节　数码符号书写与订正 ………………………………………（ 1 ）
　　第二节　珠码符号 ……………………………………………………（ 12 ）
　　第三节　珠算模型 ……………………………………………………（ 22 ）

第二章　珠算加减法 …………………………………………………………（ 29 ）
　　第一节　基本加减法 …………………………………………………（ 29 ）
　　第二节　正负数珠算加减法 …………………………………………（ 38 ）
　　第三节　珠算加减基本技巧 …………………………………………（ 45 ）
　　第四节　传票算与账表算 ……………………………………………（ 51 ）

第三章　珠算乘法 ……………………………………………………………（ 55 ）
　　第一节　概述 …………………………………………………………（ 55 ）
　　第二节　空盘前乘法 …………………………………………………（ 59 ）
　　第三节　破头乘法与连乘法 …………………………………………（ 67 ）
　　第四节　混合运算——滚乘法 ………………………………………（ 73 ）
　　第五节　省乘法 ………………………………………………………（ 76 ）
　　第六节　提高乘算水平的基本途径 …………………………………（ 78 ）

第四章　珠算除法 ……………………………………………………………（ 91 ）
　　第一节　一位数除法 …………………………………………………（ 91 ）
　　第二节　多位数除法 …………………………………………………（ 98 ）
　　第三节　提高除算水平的基本途径 …………………………………（111）

第五章　脑算法概述 …………………………………………………………（121）
　　第一节　脑算法 ………………………………………………………（121）
　　第二节　珠算式脑算加减法 …………………………………………（124）
　　第三节　凭借珠码拼排单积 …………………………………………（130）
　　第四节　凭借阿拉伯数码心算单积 …………………………………（135）

第五节　珠算式心算乘除法 ………………………………………（141）

第六章　会计数字录入与计算技能 ……………………………………（147）
　　第一节　认识小键盘数字录入技能 ………………………………（147）
　　第二节　坐姿、手势和指法 ………………………………………（149）
　　第三节　电子计算器计算技能 ……………………………………（155）
　　第四节　提高传票算训练水平的方法 ……………………………（165）

第七章　出纳点钞技能 …………………………………………………（168）
　　第一节　点钞的基础知识 …………………………………………（168）
　　第二节　手工点钞的基本方法 ……………………………………（172）
　　第三节　手工点钞的其他方法 ……………………………………（180）
　　第四节　机器点钞与硬币清点 ……………………………………（187）

第八章　出纳挑残识假技能 ……………………………………………（192）
　　第一节　认识人民币的防伪特征 …………………………………（192）
　　第二节　人民币真假钞票的识别方法 ……………………………（215）
　　第三节　在日常生活中发现假钞和残损币如何处理 ……………（221）

第九章　银行柜员、超市收银员基本操作技能 ………………………（226）
　　第一节　银行柜员基本操作技能 …………………………………（226）
　　第二节　超市收银员基本操作技能 ………………………………（229）

第一章
珠算概述

学习目标

通过本章学习，要求了解与会计有关的信息，最终要用数据表达；处理过程主要是对数据的运算；这要用到多种计算方式方法和工具，本课程着重人体智能，即珠算、脑算等。理解珠算是中华民族优秀文化，既在历史上发挥了巨大作用，又仍然有现实应用和教育意义，这是由于它本身的科学性、独特优越性所产生的。明确珠码符号和珠算模型的要点，以便抓住后面各章的学习要领。掌握数据符号如何记录、书写，错了如何更正等方法、技能。

本章重点是理解珠算的优越性和独特作用，掌握数据书写、拨动、更正方法。

第一节　数码符号书写与订正

一、阿拉伯数码的产生与优缺点

数码0，1，2，3，4，5，6，7，8，9习惯上称为阿拉伯数码。实际上它是由印度人发明的，经过阿拉伯传到欧洲，欧洲人讹称为阿拉伯数码。后又由欧洲传到世界各地，便这样称呼起来了。此前，欧洲流行的是罗马数码。大抵从12世纪到16世纪，经历了400年，阿拉伯数码才通行欧洲。

（一）罗马数码

罗马数码用Ⅰ、Ⅴ、Ⅹ、Ⅼ、Ⅽ、Ⅾ、Ⅿ这7个基本符号，按积累方法，辅以左减右加原则等表示数目。例如，MMMCDLXXXIX，表示3489。显然，这样虽有道理，也行得通，但非常麻烦，特别因没有用"基数"和"位值"思想方法，更繁琐。用罗马数码写大数目已感不易和缓慢；若凭借这样写出的数目计算，就更麻烦了！据说，当时一般人只能对这样的数目做加减法，能做乘除法的人，只能是专家。

（二）阿拉伯数码的优缺点

10个阿拉伯数码符号，突出的优点是容易书写。除4、5之外，都能一笔写成。由于数码符号处于最基础的部位,这种优点不可小看,它可以带来一系列的简化效果。例如,使记录多位数计算中间结果的笔算竖式简化。更由于吸取了由中国传去的基数、位值思想方法,如虎添翼,更形简化。美国传教士狄考文在其译著的《笔算数学》(1872 年出版)中写道:"阿拉伯数码……容易写,笔算也很合用,看大势是要通行天下万国的……"果真被他言中,现在阿拉伯数码通行全世界。在会计簿记中,引用阿拉伯数码,也正是由于它"容易写",从而使一系列的会计有关记录、核算工作大大简化。

当然阿拉伯数码容易涂改,是其不利的一面,例如 1 改 7,2 改 3,3 改 8,4 改 8,6 改 8,7 改 9 等。这对记录会计数据是不利的,往往不得不再引用别的数码符号,加以补救,或者是采取一些其他的防范措施。

没有累数思想,从而没有计算功能,这也是阿拉伯数码符号的重要缺陷。例如 5+3=8,但由"5""3"这两个符号是不能直接并成"8"的,只能通过其他途径求出得数,并靠死记硬背基本运算结果完成计算。也正由于此,不得不在计算过程中,重复书写阿拉伯数码符号(如中文大写数码),既慢又占用纸面。所以,在会计核算中,几乎是不用笔算的。

(三)阿拉伯数码写法

弥补阿拉伯数码"容易涂改"的措施之一,是书写必须规范。尤其是会计数据,不容含糊,更需要规范。

1. 账表凭证上的书写要求

在有金额分位格账表凭证上(主要是在账簿上),阿拉伯数字在书写时,结合记账规则需要有特定的要求。

(1) 规范化写法(如图 1-1 所示)。

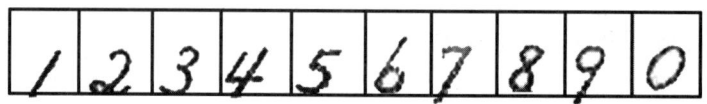

图 1-1

(2) 书写时的要求。

①数字的写法是自上而下,先左后右,要一个一个写,不要连写,以免分辨不清。

②数字的倾斜度以 60 度左右为宜。这样能避免上下数字的重叠。

③数字的高度以账表格的二分之一为宜。这样既美观又方便写错时进行划线订正。

④除"7"和"9"下伸次行上半格的四分之一外,其他数字要靠在底线上。

⑤"6"的竖上伸至上半格的四分之一处。

⑥"0"字不要有缺口。

⑦"4"的顶部不封口。

⑧从最高位起,以后各格必须写完,如叁仟捌佰贰拾元,应写成图 1-2 所示样式。

万	千	百	十	万	千	百	十	元	角	分
						3	8	2	0	0

图 1-2

而不能写成图 1-3 所示样式。

万	千	百	十	万	千	百	十	元	角	分
							3	8	2	

图 1-3

也不能写成图 1-4 所示样式。

万	千	百	十	万	千	百	十	元	角	分
						3	8	2	0	

图 1-4

⑨如果书写中发生错误,不需更换凭证,只要采用正确的订正方法即可。

2. 采用三位分节制,"点、撇分明"

使用分节号能够较容易地辨认数的数位,有利于数字的书写、阅读和计算工作。我国过去以四位数为一节,现在按国际惯例,数的整数部分采用国际通用的"三位分节制",从个位自右向左每三位数用分节号","分开,即三位一撇,并在个位的右下角加列小数点。例如:6 950.12。但国际上不用","号而以空格代替。带小数的数,应将小数点记在个位与十分位之间的下方。

一般账表凭证的金额栏印有分位格,元位前每三位印一粗线代表分节号,元位与角位之间的粗线则代表小数点,记数时不要再另加分节号或小数点。

3. 关于人民币符号"￥"的使用

在填制凭证时,小写金额前一般均冠以人民币符号"￥",书写时在"￥"与数字之间,不能留有空位,以防止金额数字被人涂改。书写人民币符号"￥",尤其是草写"￥"时,要注意与阿拉伯数字有明显的区别。

在登记账簿、编制报表时,不能使用"￥"符号,因为账簿、报表上,不存在金额数字被涂改而造成损失的情况。在账簿或报表上如果使用"￥"符号,反而会增加错误的可能性。例如:￥6 749 123.82,即为人民币陆佰柒拾肆万玖仟壹佰贰拾叁元捌角贰分。

> 相关资料:"￥"是拼音文字"YUAN"(元)的缩写,"￥"既代表了人民币的币制,也表示了人民币"元"的单位。所以小写金额前填写"￥"以后,数字之后就不要再写"元"了。

4. 关于金额角、分的写法

在无金额分位格的凭证上,所有以元为单位的阿拉伯数字,除表示单价等情况外,一律写到角、分;无角、分的,角位和分位可写"00"或符号"—";有角无分的,分位应写"0",不得用符号代替。例如,人民币捌拾玖元整,可以写成"￥89.00",也可以写成"￥89.—",人民币伍拾柒元陆角,应写成"￥57.60",不能写成"￥57.6—"。

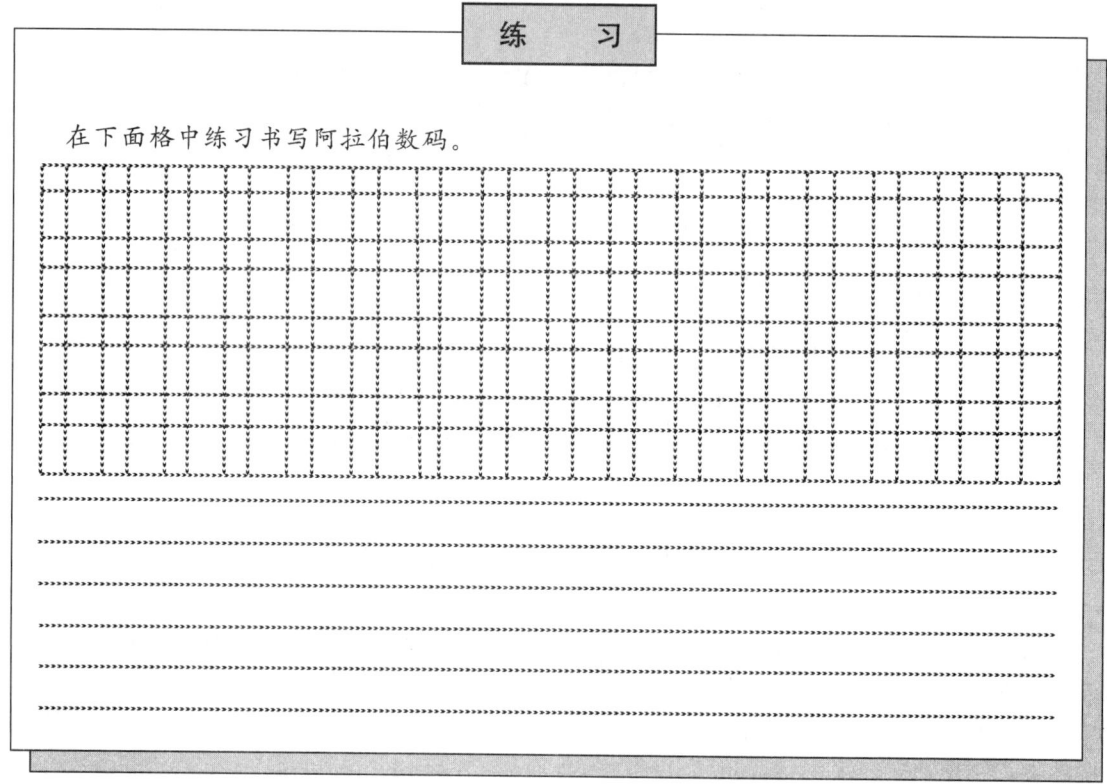

二、用阿拉伯数码表达数目

(一) 十进位值制

用 10 个符号表示基数,用左位 1 表示本位 10 的记数方法,称为"十进位值制"。这是中国发明的,大约在公元 1 世纪已十分成熟。印度最早出现此方法,是在公元 6 世纪。[①]

"十进位值制"是人类文明进程中最美妙的创造之一。法国著名数学家拉普拉斯就曾说过:"用 10 个记号表示一切的数,每个记号不但有绝对的值,而且有位置的值……这是一个深远而又重要的思想,它今天看来如此简单,以致我们忽视了它的真正伟绩。但恰恰是它的简单性以及对一切计算都提供了极大的方便,才使我们的算术在一切有用的发明中列在首位;而当我们想到它竟逃过了古代最伟大的两位人物阿基米德和阿波罗尼的天才

---

① 吴文俊:《吴文俊论数学机械化》,75 页,山东教育出版社,1996。

思想的关注时,我们更感到这成就的伟大了。"[①]

用阿拉伯数码,并用十进位值制,就使多位数的书写非常简捷。其实就是把阿拉伯数码直接拼排起来即可。如八百四十七,把8、4、7三个码拼排成847即可;而用罗马数码记数法,则要写成DCCCXLVII,麻烦得多。

(二) 数级及多位数读写法

用阿拉伯数码,按十进位值制记数,在不超过三、四位时,一看便知,随口可以读出。但位数多时,就得另想办法,这就是分级(见表1-1)。

表1-1　　　　　　　　　　　西洋记数法分级表

吉级		兆级			千级			个级			小数		
……	吉位	百兆位	十兆位	兆位	百千位	十千位	千位	百位	十位	个位 ·	十分位	百分位	千分位 ……

根据分级法,写多位数每3位一级,级间空半格(或点号",");读数也按级,只读出百、十,级末才带上级名,级末的0不读,中间多个0只读一个。经过分级,即便10多位的多位数,也很容易读写。

[例1-1]　37 400 502 869

按级读为:37吉4百兆502千869,或全按汉字写出:三十七吉四百兆五百零二千八百六十九。

但是,在中国遇到了特殊情况,读写多位数成了大难题。许多人读文章,一见大数目,就停顿下来,默念:"个,十,百,千,万,十万,百万,千万,亿……"一阵子后,才能生疏地读出其中的数目来。原因在于中国传统分级法与西洋不同,是四位一级(见表1-2)。

表1-2　　　　　　　　　　　中国传统记数法分级表

亿级		万级				个级				小数		
…… 十亿位	亿位	千万位	百万位	十万位	万位	千位	百位	十位	个位 ·	分位	厘位	毫位 ……

由于西洋记数法在世界上流行,我们为了与国际一致,写多位数一律按三位分级;但读数难以丢掉传统习惯,仍按四位分级读。这样,把本来容易的事情变难了。例如,读[例1-1]的数37 400 502 869时,不知"3"在何位,只得"个,十,百……"数到它在"百亿",但又不能读作"3百亿",因为"亿"只能在"亿级"末才能带上;然后"7"在

[①] 刘钝:《大哉言数》,33页,辽宁教育出版社,1993。

"十亿位","4"在"亿位",最后读"374亿",再读……都不顺当。如果,按四位分级来写多位数,即374 0050 2869,按级读此多位数很容易。读为:三百七十四亿零五十万二千八百六十九。听着读数,按四位分级来写也很容易。

按三位分级写数,而按四位分级读数是不科学的。所以,1984年国务院颁布命令,不再用万、亿,正文规定大数以千、兆、吉、太、拍……表示级名。这在计算机、出版等行业已经采用,但在报刊等许多其他方面还未积极按照要求施行。其实,习惯是可以改变的。倘若遇到不得不按习惯读数时,应急的办法,可将多位数四位四位地分开,这比按"个、十、百……"逐一地数位强得多。

为方便多位数的写读,我们在三位分节的基础上总结如下读数歌诀:"一节前仟位,两节前佰万,三节前面是拾亿,好读又好记。"有了读数歌诀,按习惯读数稍有方便,但没有直接按四位分节简便。

1. 万以下数的读法

每读出一个数字,接着读出该数字所在的位名,如57 468应读作伍万柒仟肆佰陆拾捌。注:在非金额数字读写时,也可以简写成五万七千四百六十八,以下同。

2. 万以上数的读法

对于万位以上的数,每读出一个数字,接着只读出该数字所在位数的第一个字。如3 718 426,读作叁佰柒拾壹万捌仟肆佰贰拾陆。514 628 357,读作伍亿壹仟肆佰陆拾贰万捌仟叁佰伍拾柒。

3. 中间有零的数的读法

数字中间有零的,不论是一个或连续几个零,都只读一个"零"而不读出其所在的位数。如9 012,读作玖仟零壹拾贰;800 065,读作捌拾万零陆拾伍。

4. 后面有零的数的读法

数字末尾有零的数的读法,既不读零,也不读零所在的位数。如2 000,读作贰仟;6 200,读作陆仟贰佰。

练 习

1. 按三位分级流利读出下面各数。

7 205 318　　　　　　　650 300 746 092　　　　　　9 250 000 367 215
(　　　　　)　　　　　(　　　　　　　　)　　　　　(　　　　　　　　)

20 376 005　　　　　　52 906 400 508　　　　　　　5 406 741 000 073
(　　　　　)　　　　　(　　　　　　　　)　　　　　(　　　　　　　　)

1 507 400　　　　　　　790 259 062 472　　　　　　4 320 100 578 230
(　　　　　)　　　　　(　　　　　　　　)　　　　　(　　　　　　　　)

2. 上面第1题中的数目,按传统习惯读出来,容易吗?试一试。问题在哪里?

例:最后一数按现行一些报刊上的读法是:四万三千二百零一亿,零五十七万,八千二百三十。

3. 按下面传统习惯读出的数,写成与国际接轨的三位分级形式。

三十二亿六千零八万三千二百;三千零九亿零八万二千;二十八万亿零四百万零八十。
(　　　　　　　　　)　(　　　　　　　　　)　(　　　　　　　　　)

（三）位数

用计数单位作位名，说起来有一定的直观性，如"个位""十位""百位"……而用数表示位，对于运算、处理数据更有方便之处。义务教育数学里，尚未引入"位数"概念，这里须加以明确：规定"个位"为"1 位"，或说它的"位数"是 1。其他各位按整数大小顺序排列，给出位数如表 1-3 所示。

表 1-3   位　数　表

位　数	……	10	9	8	7	6	5	4	3	2	1	0	-1	-2	……
	……	吉位	百兆位	十兆位	兆位	百千位	十千位	千位	百位	十位	个位	·	十分位	百分位	千分位	……

一个数左起非 0 "首码"所在的位数，便称这个数的位数。例如，32 504 是 5 位数；0.00708 是 -2 位数；90.0601 是 2 位数。在计算或数据处理中，往往还要知道一个数中每个非 0 码所在的位数，如在上述三个数中，"2" 在 4 位，"4" 在 1 位；"8" 在 -4 位；"6" 在 -1 位，"1" 在 -3 位。熟练辨别"位数"是很重要的。许多地方，别的没有什么不同，仅仅是位数不同。位数搞错，常常比数码搞错的后果更加严重。

有了"位数"概念，整数、小数就统一了。63 与 0.063 的区别，同 63 与 630 区别一样，仅仅位数不同而已。如果不用"位数"概念，"63"为整数，"0.063"为小数，二者为两种数，区别很大；而"63"与"630"却都看成整数。

练　习

1. 写出下列各数的位数。

460 300　　　　　0.00507　　　　　3.04071　　　　　70 265.030 9
(　)位数　　　　(　)位数　　　　(　)位数　　　　(　)位数

0.000 65　　　　0.200 07　　　　35.003 08　　　　0.000 002 61
(　)位数　　　　(　)位数　　　　(　)位数　　　　(　)位数

2. 写出下列数中各码所在的位数。

3 2 0 7 . 6 0 9 0 0 8　　　　　5 . 9 0 0 1 7 0 4
↓ ↓ ↓ ↓ ↓　　　　　↓ ↓ ↓ ↓ ↓
( ) ( ) ( ) ( ) ( )　　　　　( ) ( ) ( ) ( ) ( )

三、中文大写数字与会计数据订正法

（一）中文大写数目、单位

为了弥补阿拉伯数码容易涂改的不足，在我国，会计票据总计金额不仅用阿拉伯数码写出，而且还用中文大写数码及计数单位、货币单位，按中文数目乘法累数制写出（见表 1-4）。

表 1-4　　　　　　　　　中文大写数码、单位表

中文大写数码	壹	贰	叁	肆	伍	陆	柒	捌	玖	零
中文大写计数单位	亿	万	仟	佰	拾					
货币单位	圆(元)	角	分	厘	毫					

还具体规定：大写金额前应写"人民币"三字；空位要写"零"字；以"元"结尾必须写一个"整"字；"拾"字开头的要在前写一个"壹"字等。例如，总计 120 678 元，应大写为：人民币壹拾贰万零陆佰柒拾捌元整（人民币钞票上写"圆"，票据中现在可以简写为"元"）。

中国人民银行《支付结算制度汇编》规定，银行、单位和个人填写的各种票据和结算凭证是办理支付结算和现金收付的重要依据，是记载经济业务和明确经济责任的一种书面证明。直接关系到支付结算的准确、及时和安全。因此，填写票据和结算凭证，必须做到标准化、规范化，要做到数字正确、字迹清楚、不错漏、不潦草，以防止涂改。

（二）用正楷或行书体书写

> 相关资料：为了预防将来出现涂改的情况，在书写阿拉伯数字的同时，还要按规范的汉字书写要求进行。如壹（壹）、贰（贰）、叁（叁）、肆（肆）、伍（伍）、陆（陆）、柒（柒）、捌（捌）、玖（玖）、拾（拾）、佰（佰）、仟（仟）、万（万）、亿、圆（元）、角、分、零、整（正）等易于辨认、不易涂改的字样，不得用一、二（两）、三、四、五、六、七、八、九、十、念、仟、毛、另（或 0）、园等字样代替。

第一，汉字大写数字，主要用于填写需要防止涂改的信用凭证，如：收据、借据、发货票、支票、合同书及委托合同等。中文大写数字庄重，笔画繁多，可防篡改，有利于避免混乱和经济损失。在书写时应一律用正楷字或行书字，不得自造简化字。书写如下：

基数词：壹、贰、叁、肆、伍、陆、柒、捌、玖、零。

数位词：个、拾、佰、仟、万、亿。

读写规则：

（1）基数词要与数位词结合起来表示数。

例如：￥120.00 元　大写为：人民币壹佰贰拾元整。

（2）数字之间不能留空位。写数字的顺序与读一样，如果数目中有相邻两个以上"0"时，大写时只写一个"零"字。如果连续有几个"0"，个位也是"0"，十分位不是"0"时，大写可不写"零"字。

例如：￥2 000.46 元　大写为：人民币贰仟元肆角陆分或人民币贰仟元零肆角陆分。

汉字大写数字不能写错，也不能漏写，一旦出现差错，要重新填制凭证，不能涂改。

第二，汉字小写数字用于无需防止涂改的数字。如计划、总结以及请示报告等。读写规则与大写汉字数码完全相同。书写如下：

基数词：一、二、三、四、五、六、七、八、九、十。

数位词：个、拾、佰、仟、万、亿。

（三）"人民币"与数字之间不得留有空位

有固定格式的重要单证，大写金额栏一般都印有"人民币"字样，数字应紧接在"人民币"后面书写，在"人民币"与数字之间不得留有空位。大写金额栏没有印"人民币"字样的，应加填"人民币"三字。在票据和结算凭证大写金额栏内不得预印固定的"仟、佰、拾、万、仟、佰、拾、元、角、分"字样。若发票等凭证大写金额栏内预印了固定的数位，对未使用的部分应划线或在前面加符号"⊗"。

（四）"整"字的用法

汉字大写金额数字到"元"为止的，在"元"字之后，应写"整"字。汉字大写金额数字到"角"为止的，在"角"位后可以不写"整"字，到"分"为止的，"分"字之后，不写"整"字。例如：¥25.00 大写为：人民币贰拾伍元整；¥36.70 大写为：人民币叁拾陆元柒角。

（五）有关"零"的写法

阿拉伯金额数字有"0"时，汉字大写金额怎样书写要看"0"所在的位置。对于数字尾部"0"，不管是一个还是连续几个，汉字大写到非零数位后，可用一个"整"字结尾，而不需用"零"来表示。如"¥8.20"，汉字大写金额写成"人民币捌元贰角"；又如"¥300.00"，应写成"人民币叁佰元整"。至于阿拉伯金额数字中间有"0"时，汉字大写应按照汉语语言规律、金额数字构成和防止涂改的要求进行书写。具体如下：

（1）阿拉伯金额数字中间有"0"时，汉字大写金额要写"零"字。如"¥604.39"，汉字大写金额应写成"人民币陆佰零肆元叁角玖分"。

（2）阿拉伯金额数字中间连续有几个"0"时，汉字大写金额可以只写一个"零"字。如"¥7 006.24"，汉字大写金额应写成"人民币柒仟零陆元贰角肆分"。

（3）阿拉伯金额数字万位是"0"，但仟位不是"0"时，汉字大写金额可以写"零"，也可以不写"零"。如"¥106 857.43"，汉字大写金额应写成"人民币壹拾万零陆仟捌佰伍拾柒元肆角叁分"或"人民币壹拾万陆仟捌佰伍拾柒元肆角叁分"。

（4）阿拉伯金额数字元位是"0"，或者数字中间连续有几个"0"，元位也是"0"但角位不是"0"时，汉字大写金额中可以只写一个"零"字，也可以不写"零"。如"¥2 580.92"，汉字大写金额应写成"人民币贰仟伍佰捌拾元零玖角贰分"或者写成"人民币贰仟伍佰捌拾元玖角贰分"；又如"¥17 000.38"，汉字大写金额应写成"人民币壹万柒仟元叁角捌分"或"人民币壹万柒仟元零叁角捌分"。

（5）阿拉伯金额数字角位是"0"，而分位不是"0"的，汉字大写金额元字后面应写"零"字。如"¥95.04"汉字大写金额应写成"人民币玖拾伍元零肆分"；又如"¥3 400.01"，应写成"人民币叁仟肆佰元零壹分"。

（六）有关"壹"字的要求

1. 在书写数字金额大写汉字中不能遗漏

平时口语习惯说"拾几""拾几万"，在这里"拾"字仅代表数位，不是数字。"壹拾"既代表位数，又代表数字，所以壹拾几的"壹"字不能遗漏。如￥16.79，汉字大写金额应写成"人民币壹拾陆元柒角玖分"；又如"￥180 000.00"，应写成"人民币壹拾捌万元整"。

2. 票据的出票日期必须使用中文大写

为防止变造票据的出票日期，在填写月、日时，月为壹、贰和壹拾的，日为壹至玖和壹拾、贰拾、叁拾的，应在其前加"零"；日为拾壹至拾玖的，应在其前加"壹"。例如，1月16日，应写成零壹月壹拾陆日。再如，10月30日，应写成零壹拾月零叁拾日。若票据出票日期是用小写填写的，银行不予受理。大写日期未按要求规范填写的，银行可予受理，但由此造成损失的，由出票人自行承担。

（七）结算凭证书写的补充要求

金融与财会部门在日常业务往来中，经常要用汉字来书写金额数字，如开户单位向银行提交的各种结算凭证，银行为国民经济各部门、各单位办理资金划拨、现金存款等业务。为此，财政部、中国人民银行和中国文字改革委员会在1963年联合通知规定了凭证的填写方法，1984年财政部又在《会计人员工作规则》中再次予以明确。中国人民银行也多次作了布置和指示。例如，针对银行在审查各种凭证时，大、小写金额数字方面可能出现的问题，又作出以下几点规定：

（1）汉字大写金额数字，如果有的单位书写金额数字中使用繁体字（如贰、陆、億、萬、圓）的，也可以受理。

（2）汉字大写金额数字到"角"为止，如果"角"位后没写"整"字的，可通融受理。

（3）汉字大写金额数字有"分"位的，"分"字后面多写了"整"字的，可通融受理。

（4）阿拉伯数字小写金额￥701 002.08，汉字大写金额写成"人民币柒拾万壹仟零贰元零捌分"时，可以受理。

（八）大写金额的写法举例

正确写法与错误写法对照如表1－5所示。

表1－5

小写金额	大写金额		
	正确写法	容易写错	错误原因
￥5 000.00	人民币伍仟元整	人民币：伍仟元整	"人民币"后多写冒号
￥19.08	人民币壹拾玖元零捌分	人民币拾玖元捌分	漏写"壹"和"零"
￥830.70	人民币捌佰叁拾元柒角	人民币捌佰叁拾元柒角	不需写"零"
￥560.70	人民币伍佰陆拾元柒角	人民币伍佰陆拾元柒角零分	多写"零分"两个字
￥100 600.00	人民币壹拾万零陆佰元整	人民币拾万陆佰元整	漏写"壹"和"零"
￥9 900 000.08	人民币玖佰玖拾万元零捌分	人民币玖佰玖拾万另捌分	漏写"元"字，"零"错写成"另"

（九）会计数据订正法

如果数字书写发生了错误，就要进行订正，订正数字要求规范化，不能在原来数字上涂改、挖补、刮擦或用消字药水消迹。阿拉伯数字出现错误，不需换凭证。更正办法是先将错误数字从头到尾加一道横线完全划掉,并加盖订正人的图章,以示负责;然后再将正确数字写在上方。注意一定是一个完整的数字,不准只改一半,更不准在原数上涂改其中一个数字,以免混淆不清。只有部分数字写错(哪怕只有一个数字),也要把全部数字划线勾掉更正,这种改正方法叫划线更正法。例如,4 915.00 正确的更正方法如表 1-6 所示:

表 1-6

万	千	百	十	元	角	分
	4	9	1	5	0	0
	4	8	1	4	0	0

不正确的更正方法如表 1-7、表 1-8 所示:

表 1-7

万	千	百	十	元	角	分
		9	1	5	0	0
	4	8	1	4	0	0

表 1-8

万	千	百	十	元	角	分
		9		5		
	4	8	1	4	0	0

在会计、统计以及其他经济类工作中,数字不许涂改、乱擦或挖补,更不许用消字药水消去数字,应该一律采用"划线更正法"加以更正。但一个结果最多只能修改两次,大写数字出现错误或漏写,必须重新填写。这一点,我们从书写珠算数字开始,就应该养成一个良好习惯,为将来工作打下基础。

练 习

1. 请用大写表示下面的各组金额。
(1)¥ 120 305.48　(2)¥ 68 510.00　(3)¥ 45 807.08　(4)¥ 280 006 305.00

2. 下面记的数字有错,请订正(见表 1-9)。

表 1-9

下面第 1 行需将 6 改 8,3 改 5。 下面第 2 行需将 3 改 4,8 改 7。 下面第 3 行需将 7 改 8,5 改 7。	下面第 1 行需将 4 改 8,9 改 2。 下面第 2 行需将 4 改 5,5 改 3。 下面第 3 行需将 2 改 3,1 改 2。

2	7	6	8	3	0	0		6	0	4	7	2	9	1
	5	3	0	4	8	2			8	0	4	7	5	9
3	7	0	2	9	5	6	0	2	7	0	5	7	1	

第二节 珠码符号

一、珠算的产生与发展

珠算的最本质特征是以"珠"为算子。严格说来珠是球体，汉语习惯上将体积较大的球体称为球，较小的称珠。了解珠算的历史，必须首先明确算珠及珠算有关的概念。不然便会产生歧义。

算珠：由于空间位置不同而可以有不同赋值的珠子，称为算珠。

算盘：按一定规格构成的算珠系统，称为算盘。

珠算：算珠系统运用的科学技术。

结绳，扳手指，用小石子、树枝条等都是远古人的原始计算。用小石子帮助计算，可以说是珠算之蒙始。

1978年在陕西周原岐山，西周早期宫室建筑遗址，发掘出90粒陶丸（青色20粒，黄色70粒），史家认为这是作计算用的，距今已有3100多年。西周陶丸也可作为一种珠算的起源来看。

东汉徐岳撰（2世纪），南北朝（6世纪）甄鸾注《数术记遗》里记有13种算具（另有"既舍数术，宜从心计"当是心算）。其中太一算、两仪算、三才算、了知算、九宫算和珠算这六种都用珠作算子，可以说是属于珠算一类，并且出现了"珠算"的名词。关于这些算具，《数术记遗》中记述的主要是记数的方法，未有详述算法。

宋代张择端名画《清明上河图》中，药铺柜台上有一把算盘。宋代古籍《谢察微算经》载有"算盘之中""脊梁之上""脊：盘中横梁隔木"等语。

到明代，在吴敬、王文素、程大位等数学家著作中，珠算有着明确的甚至是规范性的论述。如黄龙吟《算法指南》（1604年）中云："夫算盘每行七珠，中隔一梁，梁上二珠，每珠当梁下五珠；梁下五珠，一珠只是一数。"此外，还记有梁上一珠的算盘。清代潘逢禧《算学发蒙》中记有梁上三珠的算盘。

二、古珠算法

从算法上看，史籍有记载的年代要早得多。如唐代《夏侯阳算经》提出了可以在一行里完成的多种算法，而在一行里演算是珠算法的突出特点。宋代杨辉《乘除通变算宝》（公元1274年）中已载有"归除歌"。不过，"归除歌"之类歌诀，珠算、筹算可以通用。因此，即便有某种算法，依然有人认为不一定有珠算。另外，也有人认为，从现有史籍中找不到珠算的记载，不等于说那时没有珠算，特别是由于古代印刷条件限制，要在史籍中留下算盘图更难。总之，关于珠算的早期历史发展情况，尚缺乏一致的看法。

历史流传至今的珠算法，是明代王文素、程大位所规范的珠算法。程大位《算法统宗》（1592年）流传全世界。现在，人们熟悉的古珠算法，就基本上是《算法统宗》里的珠算法。

（一）珠算加法应用歌诀（也称口诀）

程大位《算法统宗》卷一称为"九九八十一，'便蒙通用'"：

一上一	二上二	三上三	一退九还一十	二退八还一十
四上四	五上五	六上六	三退七还一十	四退六还一十
七上七	八上八	九上九	五退五还一十	六退四还一十
			七退三还一十	八退二还一十
一下五除四	二下五除三		九退一还一十	
三下五除二	四下五除一		六上一起五还一十	七上二起五还一十
			八上三起五还一十	九上四起五还一十

显然，加法歌诀是根据能直接拨九个珠码的情况编出的，要熟记口诀，按口诀拨珠进行加法计算，加法口诀分为上面四类。现在，年龄大些的人，还是这样来作珠算加法，只是口诀用字略有变化，如说"三下五去二""八退二进一""六上一去五进一"等。

（二）珠算乘除法

乘法用九九口诀，如"二三如六""三六一十八""六七四十二"等。程大位《算法统宗》卷二称："原有破头乘，掉尾乘，隔位乘，总不如留头乘之妙，故皆不录"，只用留头乘法。

除法，程大位主张用归除法。他说："商除法者，商量法实多寡而除之；古法未有归除，古用之。不如归除，最是捷径之法也。然开方法用之。"可见，他提到商除法，只是为了开方时用。

（三）古珠算法观念

1. 古珠算意味着只用手直接拨算盘上的算珠而完成计算的工具算

古珠算观念，就是为了求实际问题（尤其是财经商贸问题）具体得数的工具算。要计算得快而适合应用，就要求算盘合适和手指拨珠分工合理且熟练。于是，设计各种适合某些应用场合的算盘，如药铺设计同柜台一样长的大算盘，上二下五珠算盘，上一下五珠算盘，上三下五珠算盘，双层算盘，多层算盘等；还很注意设计各种练习题和练习方法。

2. 古珠算只用 10 个算珠构成的状态

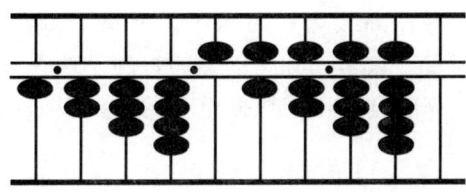

图 1-5

古珠算限于用如图1-5所示的10个算珠状态繁衍基本珠算法。现在把它们当符号看待，简称为珠码。古珠算没有明确的珠码概念，只是使用它们。在能直接拨珠加减这些构成状态时，就直接拨它们相加减；如果不能直接拨它们相加减，就将加减数码，分解成能直接拨的几个部分完成，并把该分解拨珠的情况，编成口诀。显然，要能作这种分解，尚需要珠算之外的一定的基础知识技能。例如，档上已经有 ▤，再加 ▮；无法直接向梁拨 ▤，只得向梁拨 ▮，这多加了 ▤，（5比3多2），要减2，需向框拨 ▮。这里，"5比3多2""加数多2，和也多2，需减2"等，就是另外的基础知识。

3. 乘除法是转化为加减的程序

乘是通过乘法九九歌诀，化乘为加；除法除用九九歌诀之外，还有用九归歌诀等估商的。由于入盘、取码等情况、顺序不同，或估商法不同，就产生了纷繁多样的乘除法名目。

三、近代珠算的发展

关于珠算的观念，现代当然不应当停留在古珠算阶段。应当用发展的科学观点看待珠算，估价珠算，合理有效地运用珠算。20世纪，尤其是下半叶，珠算有了突飞猛进的发展，逐步形成了现代科学珠算的全新观念。其发展过程分为若干阶段。

（一）为了实用教学珠算

20世纪初，我国学校数学教学全盘西化，那种笔算的数学教学体系里不容珠算。但笔算在实际中（如银行、商店等商贸和日用计算）不实用，所以，从1904年清政府推行"癸卯学制"以来，数学课程里都附有珠算，这可以说是近现代教学中仅有的一点中国特色。不过，这都仅仅是为了实用。

（二）三算结合教学促进珠算发展

在同一个教学班里，都是教学计算，笔算一套，珠算一套，显然不合理。所以从20世纪30~50年代，就有一些专家，研究笔算、珠算结合教学的问题，改进珠算方法，以使其接近笔算。60~70年代，进一步明确提出珠算、口算、笔算相结合的"三算结合教学"，想达到"一学三会"。于是，又遇到"对笔算能行的计算问题珠算也能行吗"这样的问题，从而有专家研究珠算作高级运算的问题，出现了"珠算代数"一类的著作。研究结果表明，从初等数学到高等数学，凡是笔算能行的，珠算都能行，而且在大多数情况下珠算简捷得多。当然，珠算的方法不能照搬笔算的，要根据珠算的特点精心设计。

（三）珠算学

中国珠算协会成立之后，面对着珠算的方方面面，觉得迫切需要研究珠算之"理"，求其所以然。于是从20世纪80年代初就把研究珠算学，作为"算理算法研究会"的主要任务，并于 1990 年出版了《珠算学概论》①。

《珠算学概论》明确定义了珠算的基本概念，论述了珠算的一些基本原理原则，对珠算法进行了归纳概括，对珠算的各个方面也作了总结概述。总之，《珠算学概论》探索概括出了珠算的许多"理"，这些已被《珠算科技知识》及此后的各种珠算教材、书籍所引用。

但对珠算作为学科的定位仍然是含糊的。如"珠算的主要作用是计算，而计算的理论和方法来自数学，所以珠算与数学联成一体，但珠算是通过运动算珠而进行计算的，珠算系统有独立的意义。"所以，关于珠算之"理"，需要继续研究探索。珠算由于面临电子计算机、计算器逐渐推广普及的挑战，特别是 20 世纪 80~90 年代，珠心算教育活动的兴起及产生的巨大震撼和影响，三算结合教学的进一步深入发展等因素，更需要解释其中之所以然。解释这些有实际意义，更有理论意义。

在丰富多彩的珠算、珠心算活动中，人们对珠算的认识逐渐深化：由单纯的认识它的计算实用功能，到认识到它有强大的多方面的教育功能，从而使珠算焕发了新的活力。珠算活动更加活跃了，参与的人数越来越多。珠算通过三算结合教学进入数学课堂，珠心算进入了课外活动课中，有的则通过"用三算结合教材，但采用珠心算教法"的形式进入数学课堂。

然而，珠算、珠心算不能堂堂正正地进入课堂吗？珠算的学科性质或特点是什么？珠算、珠心算怎样纳入教育内容系统？这些问题必须给以合理、科学的解答，是教学中不能回避的问题。目前而言，珠算、珠心算与现行幼儿园、小学到大学的数学，是不完全合拍的。这是因为世界数学有两大体系：希腊数学体系和中国数学体系，现行幼儿园、小学到大学的数学搬用的是希腊数学体系；而珠算则是中国数学和算法的优秀代表，属于中国数学体系。希腊数学是否在一切方面都完美无缺？中国数学是不是有十分优越的部分值得采用？明显突出的例子就是计算。按中国数学之珠算、珠心算模型方式培养计算能力，比按希腊数学的计算模型方式（笔算）优越得多。因此，不能用希腊数学体系的框子，硬往珠算、珠心算上套。珠算是一门属于中国数学体系的独特的基础数学，它蕴涵着数学的强"基因"，急待系统地整理和发掘。

（四）珠算模型符号化

20 世纪 90 年代以来，对珠算、珠心算的基础意义进行了积极地探索研究。其实，在珠算（包括珠心算）的基础上，可以建立起与希腊数学之算术、几何相当的基础数学，这门基础数学，简称为"珠数学"。在 1994 年出版的《珠数学》②中，开发出了许多独到的、具有中国特色的、算术和几何中所缺乏的数学之强"基因"。还可以看到，珠算就是对研究电子计算机算法特别有用的现成的"图灵机"。电子计算机运算模型与珠算模型是相同的，运算模型是电子计算机的核心，其他功能部件都是围绕运算模型而设置的。运算模型相同，在其他方面必然相似，仔细分析起来，珠算与电子计算机不仅运算模型相同，而且系统相似，语言相应，程序相当，方法技巧可以共享。对于电子计算机，人们能看到

---

① 中国珠算协会编：《珠算学概论》，天津科学技术出版社，1990。
② 郭启庶、陈雨光、梁特猷：《珠数学》，中南工业大学出版社，1994。

的只是输入、输出,是个"黑箱",内部活动机制看不到,所以,从电子计算机教育的角度来看,通过计算机学生难以明白它的原理,而珠算是能够体现计算机算法的"白箱",所以,对于学生来说,结合运用珠算教学电子计算机,会获得良好的效果。

《珠数学》的直接目的是为了把珠算、珠心算融合于数学,进而为实施中西数学方法融合提供理论和方法。进一步深入的研究成果表明,只要把珠码、动珠码等作为数学符号,同别的数学符号(阿拉伯数码0、1、2、…、+、-、×、÷、<、>、=等)一样看待,内化在学生脑子里就可以了。所以,对珠算"扬弃旧义,创立新知",得到现代科学珠算的基本观念是:不能单纯把珠算看作"手拨盘上算珠求得数"的工具算;而是将它符号化,内化脑中,纳入数学符号系统[①]。作为数学符号,它有许多独特且优越的地方。

(五)珠算是手脑机通用算法

中国珠算于2013年被联合国教科文组织列入人类非物质文化遗产代表作名录,决议中指出中国珠算"具有多重文化功能,为世界提供了另一种知识体系。"

把珠算符号内化脑中运用,就是脑算(也称珠心算)。这种脑算不仅容易教学,而且效率极高(详见本书第五章)。

再者,珠算模型节省存储空间,因而被计算机采用,所以计算机的运算模型、原理、机制与珠算一致,珠算的解题算法程序可以与计算机共享。

近代珠算研究表明,珠算不单是手操算的"打算盘",而且是与脑算、计算机通用的算法模型,教学珠算,实质上是在教学手操算、脑算、计算机通用算法,一学三会。

(六)优因数学

在中国历史上珠算不仅实用,而且有非常优越的数学教育功能,是普及数学教育的凭借和利器。那时的启蒙教育阶段,没有数学课程,人们都是靠珠算学会了常用的数学计算,懂得了普通的数学知识。但在20世纪初,我国的数学教育全盘西化,在未经科学论证的情况下,就采用笔算教学数学,在数学教育中排斥了珠算。其实,在数学里,凡是用笔算能够解决的问题,都能够用珠算解决,而且比笔算简捷得多。教学珠算也比教学笔算简易高效得多。我国原本应该用家喻户晓的珠算教学数学,而不该用繁琐低效无用的舶来品笔算教学数学。

正是在这种情况下,在世纪之交出现了优因数学,其中主要措施之一就是用珠算代替笔算来教学数学,教学实验证明,这使数学教育简易、高效而现代化。

四、珠码符号

(一)不能停留在古珠算的10个手拨珠码上

单个算珠装置在算盘档上,可上、下移动(不能左右移动),如此简单而已。问题是

[①] 郭启庶:《把珠算符号纳入中西融合的数学符号系统》,载《首届世界珠算大会文集》,中国财政经济出版社,1997。

如何衍化成功能强大的系统。

一档上可以装置多个算珠，可以单独或联合移动。再结合十进位值制、5升制这些构造计数系统的天才设计，从而一档有5个算珠（上1个下4个）就够了。十进制下表示基数的符号，只用如图1-5中10种状态的珠码就可以。多少年来，都是只运用这10种状态。这10种状态表示多位数够用，但用作计算（按这些状态向梁拨珠为加，向框拨珠为减）显然不够。

珠码虽有符号作用，但历史上未把它们明确为符号。用算珠构成珠码，本来与用笔画构成汉字有相似性，但人们未能这样去看，没有把珠码也如汉字那样看成符号，更不知如汉字那样去衍化。例如，汉字有基本的符号（字）：金、木、水、火、土，但仅此不够，还得衍化出更多的字。例如，用两个木拼成一字表示多棵树，称为"林"，用三个木又拼合成一字表示特多的树，称为"森"；设想，当初不创造"林""森"这样的字，遇到这类事物就说村后"有一些树"、山上"有好些好些树"未尝不能达意，但这样无论从简捷、明确哪方面看都不如用"林""森"好。还有把"木"与别的字结合，如"呆""枯""棉"等，用起来都更加方便了，而且提高了语言表达能力。联系对比起来看，古珠算只局限用图1-5的那10种状态（10个珠码），尚未达到构造汉字符号的境界。

另外，汉字是作为符号整体看待的，如"棉"是表示棉花的一个整体的字，而不分解为"木""白""巾"三个字来认来说。可是，在6上加7，就把"+7"分解成"+10""-3"（"-3"又分解为"+2""-5"）来珠算。可能古人也感到这样不妥，于是编出一句口诀："七上二去五进一"，这样熟练之后，虽比上述分解好用，但实质上口诀仍是上述分解过程的描述，而未能如"+7"那样当成一个整体的符号（字）。

珠算加减是怎么回事，如此难以说清楚，乘除就更不容易说清楚了。珠算是否还能做更高级的运算，显然难以捉摸。珠算与笔算、脑算以及其他数学运算、其他数学内容、其他科学有没有相通处，有什么共同点，则更难以琢磨。

（二）珠码符号

现代珠算把基本算珠构成状态视为符号，既要求能在算盘上灵活高速地拨出这些符号，还要求将其内化脑中，在脑中灵活运用这些符号。并开拓出动态符号的概念，即不仅静态的算珠能构成符号，动态的算珠也能构成符号。由算珠构成"算"的符号，就像由笔画构成文字是"语言"的符号一样。

1. 静珠码与动珠码

静珠码是指由算珠构成的表示十进位值制基数的10个符号。如图1-5中，若将其看成10个静止符号，就是静珠码。静珠码的作用是输出计算结果。

动珠码是指运动状态的算珠构成的表示加减基数的整体符号。平时说到珠码符号，包括静珠码、动珠码符号。

为了便于说明动珠码的意义和作用，还需要补充动珠码的两个概念：

动总：一档上所有运动着的算珠总数，简称"动总"。

示数：动珠码所表示出的加减珠数的绝对值，简称"示数"。

运用符号学的概念，"动总"是符号的"能指"，即符号的形式，它的多少能够直观表示出来；"示数"是符号的"所指"，即符号的内容。把一个动珠码作整体符号处理，弄清它的能指（动总）和所指（示数），是基本要求。

由于有了十进制、五升制，因此动珠码符号不必造得很多，不必像汉字那样多，总共需 26 个就足够了。比拟"字母"的说法，这 26 个动珠码可以称为"算母"，因为一切运算都可以用它们直接拼排出结果。

关于符号的具体构造、认识和掌握，将在第二章加减法里阐述、练习。

2. 珠算模型符号化的意义

运用动珠码符号（算母）概念，可以使数值运算转化为拼排算母而直接得到结果。这样，把计算简化到了理想的境界。当年被称为西方数学泰斗的莱布尼兹，平生潜心研究《万能算法》，寻求"建立一种符号和术语的体系"以使"关于符号的科学，应能排列符号，使其表达所思"。① 但在数值计算上，他未能寻求到如此的符号。如果我们这样来构造、运用珠码符号，就可以实现"排列符号"完成数值计算的理想目标。

把珠算模型化、符号化，不仅能形成严密而简捷的数值计算系统，而且可获得手操算、脑算、电子计算机通用的算法。这种算法系统与各种对象（如多项式、矩阵、微积分运算等）的计算系统，如数学系统、算法系统、计算机语言系统、自然语言系统……有更大的相似性，更易于使珠算与其融合，使珠算法成为能处处发挥其积极作用的算法，从而使得有关的算法更加科学、简捷、合理。此外，这种符号拼排算法系统，与人的认知结构系统、思维甚至艺术等亦有相似，因此其对教育学、心理学、思维科学、人工智能等的研究也有重要意义。

五、拨珠法

（一）掌握珠码符号的三个阶段

1. 认识珠码

认识珠码，要在算盘上进行。它们构成的方法、含义、道理，都须在算盘上讲解，即应通过动手操作来掌握，其与珠算法的讲解是密不可分的。当然，为突出珠码符号，也可以把它从算盘上剥离、抽象出来，或制作珠码卡片，或制作电脑软件，来进行演示，以强化认识和掌握珠码符号。

2. 手拨珠码

手拨珠码，俗称打算盘，是认识、掌握、内化珠码的中心环节。要通过适当有趣的练习题目充分练习。练习中要明确其目的是熟练掌握珠码符号。

3. 内化珠码

各种符号都要求内化于脑中，以便灵活运用。例如，汉字的"笑"字，孩子初认识时，看它不过是"白纸黑道"的一个字，虽能认识，却没有内化。但是，成人看见"笑"字，会觉得这个字本身就在笑、有笑意，这就是因为已把它内化了。

珠码符号，也应达到内化的程度，才算熟练掌握。珠码符号内化后，在脑子里运用它

---

① 刘云章：《数学符号学概论》，第 8 页，安徽教育出版社，1993。

拼排完成运算，这就是所谓的珠算式脑算（俗称珠心算）。这种脑算比较易学，效率极高，值得推广。

（二）拨珠指法

用手拨珠既是掌握珠码符号的中心环节和手操算的根本，又是将珠码符号内化脑中的重要的桥梁、手段和第一阶段，因此，应当特别重视拨珠技能技巧。

手指对算珠的接触拨动和分工管理方法，叫作指法。

打算盘不仅要有正确指法，还要有正确的坐姿，即：头正、身直、臂开、足安平。

两手大体的分工为：以右手拨珠为主，左手合理配合，至少保证拨动一个动珠码只能有一个响声；左手用拇指与无名指、小指握算盘左段，用食指（拨下珠）、中指（拨上珠）拨珠（见图1-6）；根据具体情况两手密切配合：如右手拨本位、左手拨进位，左手拨商、右手减积，左手加根、右手减幂，左手减因、右手加积……

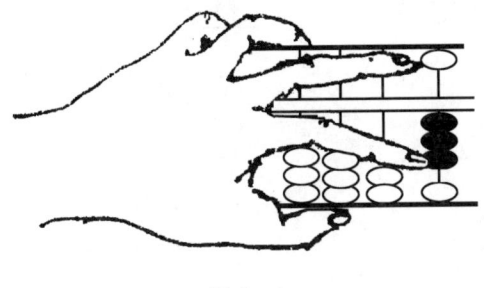

图1-6

手指拨珠，一般要求：指稍倾斜，指尖触珠，用力适当。至于手指分工拨动方法，还要视算盘、题目情况而定。大体上以多用食指、拇指为好，因为这两个指头最灵活。此外，算和写常常联系在一起，交替使用，所以手中还要拿着笔（见图1-7）。

图1-7

拨珠指法有多种，这里只介绍一般的情况。通常，大算盘用三指（拇、食、中）拨珠（见图1-8）；小、中型算盘用两指（拇、食）拨珠（见图1-9）。

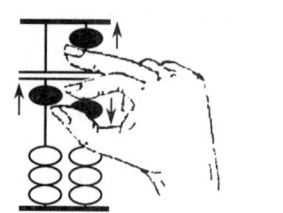 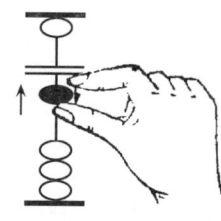 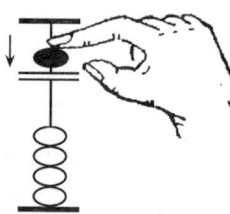 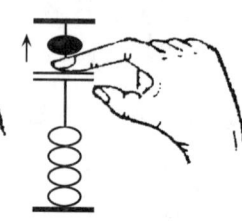

图1-8　　　　　　　　　　　　　图1-9

这里,以两指法为例,大体上是拇指拨下珠向上,其余均用食指。现在具体说明最常用的八种指法:

1. 上—下(见图1-10、图1-11)

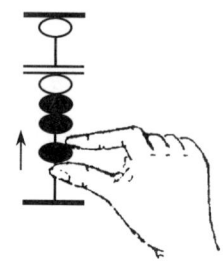 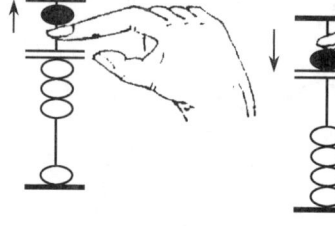 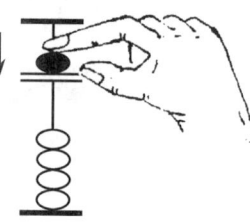 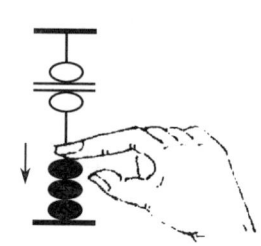

图1-10　　　　　　　　　　　　　图1-11

2. 扭进—扭退(见图1-12、图1-13)

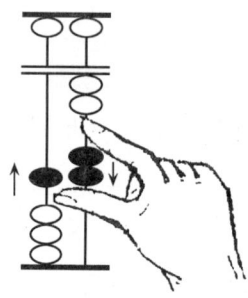 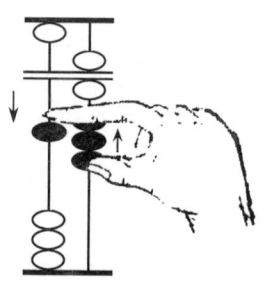

图1-12　　　　　　　　　　　　　图1-13

3. 合—分(见图1-14、图1-15)

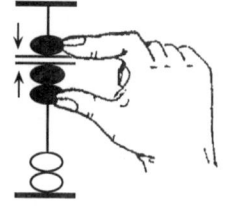 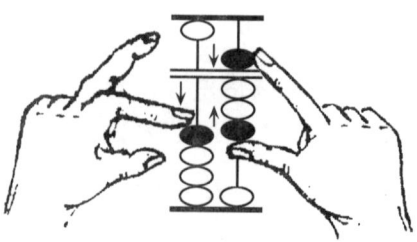 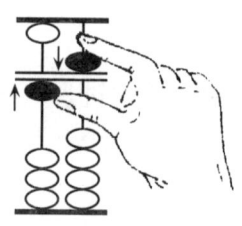

图1-14

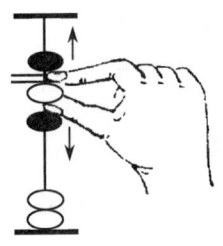 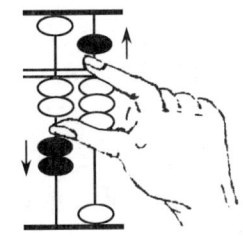 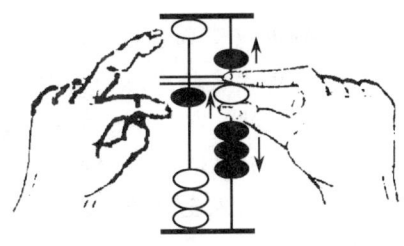

图 1 - 15

4. 齐上—齐下（见图 1 - 16、图 1 - 17）

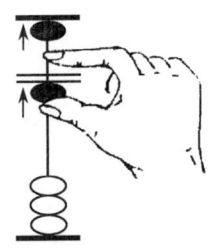 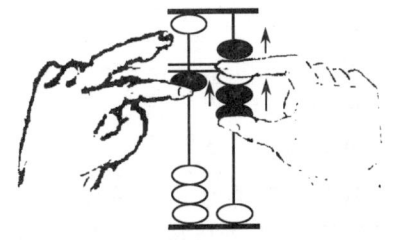

图 1 - 16

这八种指法，将在随后的内容中结合动珠码拼排加减的学习，练习操作技能技巧，达到熟练掌握。

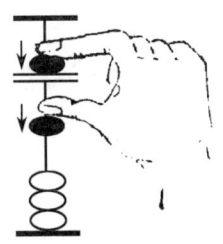 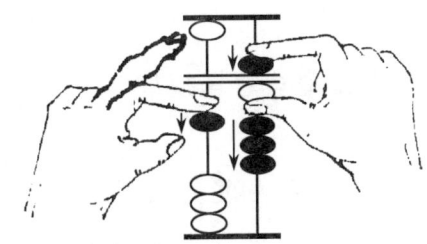

图 1 - 17

练 习

1. 选择（下列各题的四个选项，只有一个符合要求，将其前面的字母填在括号里）。

(1) 珠算（　　）。
A. 就是指古珠算法　　　　　　　B. 是古老落后的算具算法
C. 古珠算就已经符号化　　　　　D. 是中国数学的优秀代表

(2) 在历史上人们看重珠算是因为认识到（　　）。
A. 它有教育功能　　　　　　　　B. 它可以繁衍出有计算功能的符号
C. 它计算简捷，很实用　　　　　D. 它能开发智力，尤其是开发右脑

2. 判断（下列各种说法，对的在题后画√，不对的在题后画×）。

（1）由于实际中迫切需要，虽然过去珠算未编入学校数学教学体系中去，却不得不在财经商科学校中开设珠算课。（　　）

（2）不论何人，一操起算盘，便不满足于只是会做，而要追求快。（　　）

（3）美国人主要是从教育功能考虑，把珠算当做新文化引进，并向世界推介的。（　　）

（4）珠算早已跨出了国门，传播到世界各地。尤其在日本、朝鲜半岛，以及东南亚等地域，极其盛行。（　　）

3. 名词解释。

（1）动珠码——

（2）动总——

（3）示数——

（4）拨珠指法——

（5）珠算式脑算（珠心算）——

第三节　珠算模型

一、珠算模型与笔算模型

（一）珠算模型与笔算模型

概括地说，由两个数求一个数就叫作运算。但平常说到运算，人们总会有意无意具体化为某种模型。例如，要把153与726加成一个数，人们除了会用横式"153 + 726"外，还会想到下面的笔算竖式和珠算盘式。

```
  1 5 3
+ 7 2 6
-------
  8 7 9
```

图 1 - 18　　　　图 1 - 19

图1-18的笔算竖式和图1-19的珠算盘式，都不是运算本身，而只是一种运算模型。抽象的运算，要凭借具体的模型来把握、实施。为叙述方便，可分别称其为笔算模型和珠算模型。

进行运算的难易，不仅与题目本身繁简有关，也与它所凭借的符号、模型有关。运算模型的难易、快慢、优劣受多种因素的影响。

(二) 珠算模型由符号拼排得结果

观察图 1-19 可知，将珠码符号拼在一起，就得结果（如 ▆ 拼上 ┃ 就得 ▆）。总共掌握 26 个"算母"，就能直接拼排出任何运算结果。因此，我们说珠码符号有运算功能。

图 1-18 的笔算模型是凭借阿拉伯数码符号计算，不能拼排符号直接得出结果，即阿拉伯数码符号没有运算功能。如"3"与"6"这两个符号不能直接拼成符号"9"，要通过其他途径（如把 3 个苹果与 6 个苹果并在一起，数得 9），最后死记住 3+6=9；必须熟记 162 个这样的式子（称为加减法表），方可掌握任意两码加减的运算，求得结果。

这是在"基因"上的差别，推广到复杂的计算，难易、繁简的悬殊之大，可以想象。

(三) 珠算模型省储存空间

算盘一档，是一个储存位置。可以在一档上拨来拨去反复拨无穷无尽的珠码。如观察图 1-19，虽涉及 9 个珠码：┃、┃、▆、▆、▆、▆、▆、▆、▆，可是自始至终只占用了 3 个（档）位置。

而用笔写阿拉伯数码，每个都要占一个位置，所以笔算模型要占用大量储存空间。如图 1-18 所示，仅写所涉及的阿拉伯数码 1、5、3、7、2、6、8、7、9 就占用 9 个位置，此外，还要画"+"号，及画横线"————"的位置。

笔算模型过多占用储存空间的缺点，在纸上写人们似乎没有发现，或者习以为常，熟视无睹。但在脑算、电子计算机中就不能容忍了。脑算要尽量节省记忆空间，所以，向来按笔算模型的脑算难以学习、掌握，而且效率极低。电子计算机如果按笔算模型计算，则须制作海量的储存器。总之，笔算模型不适用于脑算和电子计算机。

(四) 珠算模型可留可不留过程

珠算模型，既可以保留计算过程、又可以不保留计算过程而直接显示计算结果。如图 1-19 所示，在算盘上看不出黑白珠，看不到计算过程，呈现的只是结果，这对实用本是优点。如果需要保留过程，可把盘式留下来，如图 1-20 所示，计算过程能看得很清楚。但是笔算模型不写过程就无法进行，必须把过程都留下来，如图 1-18 所示，一个数字也不能少写。因而笔算缓慢，不实用。

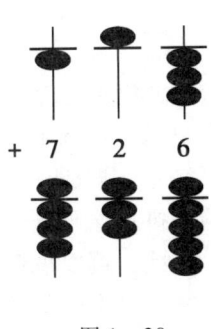

图 1-20

(五) 珠算模型可融入数学体系

数学教学体系是人为编织的，任何科学的好的数学方法，都可以编织进去的。特别是把珠算符号化后，更容易实现。因此，不能说笔算模型能融合入数学体系，而珠算模型不能融入数学体系。

二、珠算模型具有普遍适用性

计算机采用的是珠算模型,笔算模型不适用于电子计算机。

[例 1 - 2] 325 + 623 - 756 = 192

<table>
<tr><td colspan="3" align="center">笔算模型</td><td align="center">计算机运算模型</td></tr>
<tr><td>A = 325,</td><td>B = 623,</td><td>C = 756</td><td>A = 325</td></tr>
<tr><td>A + B - C</td><td>325　A</td><td>948　D</td><td>A = A + 623</td></tr>
<tr><td>= D - C</td><td>+ 623　B</td><td>- 756　C</td><td>A = A - 756</td></tr>
<tr><td>= E</td><td>—————</td><td>—————</td><td>A = 192</td></tr>
<tr><td>= 192</td><td>948　D</td><td>192　E</td><td></td></tr>
<tr><td colspan="3" align="center">(用 5 个储存单元:A,B,C,D,E)</td><td align="center">(只用一个储存单元:A)</td></tr>
</table>

例 1 - 2 中,计算机算法语言 A = A + 623 这样的语句,用笔算体系的数学,无法解释。例如,若说它是方程,解得 623 = 0,显然不对。可是计算机专家为什么要这样写?就是因为运算模型不同。而珠算模型恰恰适合计算机。如例 1 - 2 中,取算盘三档的一段,用 A 表示,那么例 1 - 2 的运算都是在这一段上(即同一个储存单元里)完成的(见图 1 - 21),电子计算机算法语言含义在这里体现得十分明白具体,且还体现了程序含义。

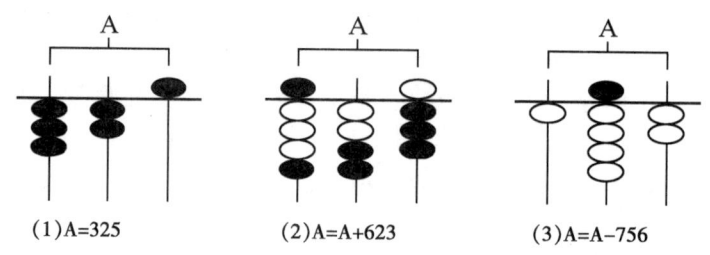

(1)A=325　　(2)A=A+623　　(3)A=A-756

图 1 - 21

按此模型脑算,若"算母"已内化脑中,将其拼排就能完成运算。而且该模型节省储存空间,对例 1 - 2,脑中只需记住三个珠码符号,每报一数随即将其拼排而刷新该段珠码符号,报数一停,脑中各档的珠码符号便呈现得数。实践证明,比较其他脑算方式,在脑中拼排珠码符号的是最容易学习和推广的脑算。

因此,可以说珠算模型具有普遍适用性。"算母"拼排是手操算、脑算、计算机运算通用算法模型。数学课程采用珠算模型,不仅教学手操算的同时就教学了高效率的脑算,而且把数学与计算机自然地整合到了一起。

三、珠算模型的一体性

珠算模型的一体性,是指它集输入、储存、运算、输出为一体。这种巧妙设计,使运算过程的速度接近极限。为了便于了解,这里画出图 1 - 22 与电子计算机进行比较。

图 1 - 22 中的珠算,向梁拨珠码 3 (图中白珠),是输入、是储存、是运算、也是输

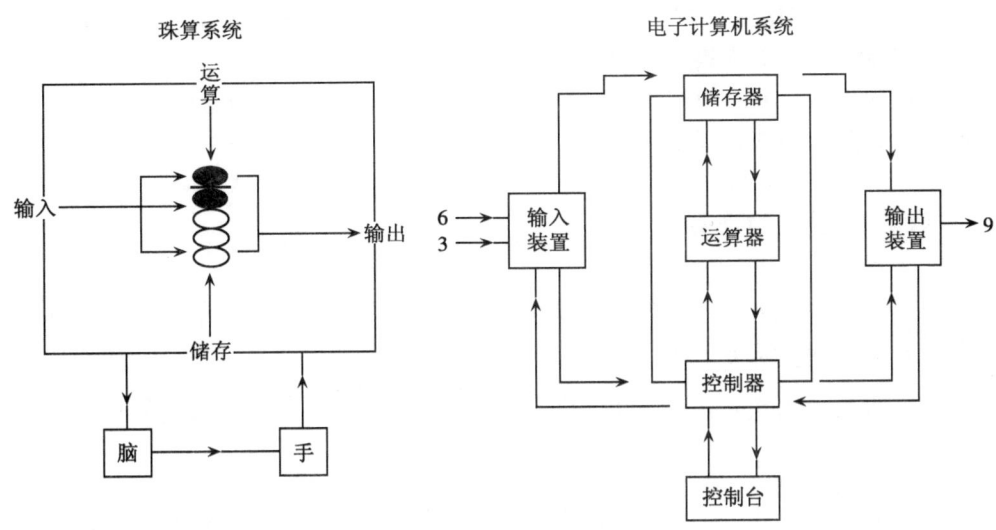

图 1-22

出，都同时完成了，既直观具体又快速无比；而用电子计算机，输入要用输入装置（如键盘），储存要专设储存器，运算需通过运算器，输出需要输出装置（如显示器）。可见，电子计算机目前还达不到珠算所具备的一体性设计。

四、珠算模型的二元示数

所谓二元示数是指在算盘上拨珠靠梁表示一个数时，靠框的算珠同时也表示出一个数。因此，算盘可以同时表示出本数、补数。

补数：两个正数（整数、小数）之和为 10^m（m 为整数）时，这两个数互称补数。

补数也是一个非常有用的概念，过去未学过的，应当掌握好它。二元示数有助于表示、运用补数。十进位值制下，能恰当表示补数的算盘，以上 1 珠、下 4 珠较好。通常，所取补数的位数，不应超过本数的位数。如：本数 74，那么，26、926、9926、99926……都是它的补数，但通常只取它的补数为 26。引用补数概念，也是珠算优越思想的一个体现。

梁珠数：由靠梁的珠码表示的多位数，称为梁珠数。

框珠数：在上 1 下 4 珠算盘上，末档靠框珠码多看 1 个，靠框珠码表示的多位数称为框珠数。

这样，梁珠数与框珠数就是互补的。

例如，当我们在空盘上拨梁珠数表示小数 6.37（黑珠）时，同时出现框珠数也表示一个小数 3.63（白珠末位多看一个）。如图 1-23 所示。

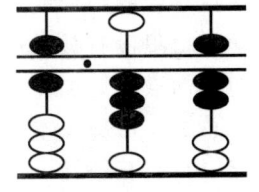

图 1-23

6.37 + 3.63 = 10，梁珠数、框珠数互补。所以，在算盘上很容易找一个数的补数：拨本数靠梁，则框珠数就是补数。由此，也可以得出一个找补数的法则：各位凑九，末位凑十。因为算盘各位都是九，末位框珠多看一个成了十。如 48.624 的补数是：5（4 凑 9）1（8 凑 9）3（6 凑 9）7（2 凑 9）6（4 凑 10），即 51.376。

在实际生活当中，二元示数很有用，例如，购物花费 6.37 元，给一张 10 元钞票，不用算,一看框珠数便知应找回 3.63 元。二元示数在计算上、算法论上,在数学、电脑及其教育上等都有着简捷而直接的应用。

在数学教学中,二元示数使正负数教学自然天成,大大简化;在计算机中运用二元示数可以使减法转化为加法,所以只制作加法器即够用。

五、珠算模型使数形融为一体

珠算模型使数形融为一体。在运用珠算的过程中,从数的角度看是在进行运算,而从图的角度看,是在进行数字化的图形变换。

例如,三变九:从数看,入盘 123456789,（图）;从数字化图形看,是在用点排出两面小旗图。输入数和作图,是一体完成的。

就此盘面数,见子打（档上有几就加几）三遍,末位加 9。小旗变换成（图）,好像由东风变成西风,小旗反向飘了。

从练习的角度看,这题不用记题、看题,可把精力集中在拨算珠上,而且计算是否准确无误,从结果的数字化的图形上立刻可知。笔算加法是设计不出这样数形结合的美妙的有趣的练习题的。练此题可以不断追求高速度,百练不厌!

数形结合是数学中最重要、最有效的基本思想方法。如果运用珠算教学数学,可以使学生学习数学一开始就浸润在数形结合的思想方法氛围里,有着无比的优越作用。

六、算盘是计算工具兼作图工具

从工具的角度看,算盘是计算工具,又是数字化的作图工具。如果用算珠作为点的模型,算盘就是天然的点阵。用点阵作图功能最强,有独到的优点。

例如,幼儿园孩子就可以在算盘上排线段、矩形、梯形……如果用珠点作面积单位,也可以计量出它的面积等,我国古代珠算,已经有人排出了许多象形图、写意图等,饶有兴趣。算盘也是一个天然的直角坐标系——如用梁作横轴,选某一档作纵轴,也可以确定某一点的坐标。

在点阵上可以作任何图形,而且容易把点用数表达出来。不会如直尺只能画线段、圆规只能画圆那样受局限。正是这种缘故,计算机也是采取算盘上那样用点阵作图的方式。所谓数字化的图形就是用离散化的方式表达的图形。所以,珠点表示图是现代化的。原来数学教材里没有教学这种方式表达的几何图形是个缺憾。因此,如果用珠算教学数学,可以使几何教学更加完善,并且可以使几何教学简易化。

总之,从珠算本性（基本机制和思想方法）来看,至少有六个特点或优点:有计算功能、具有普适性、一体性、二元示数、数形融合一体、算具兼图具。历史上世界各民族发明的算具算法没有胜过珠算的,这六大特点,堪称世界之最。

普及了计算机不等于就该淘汰珠算。通过研究可知,珠算有长远的意义和美好的发展前景。首先,珠算的当家本领是教学数学,运用珠算教学数学是世界上最好的方式;数学是主课,学校、学生、家长和社会各方面都非常重视数学,如果人们认识到珠算是教学数学的最好方式,自然会对珠算重视有加。其次,珠算可辅助实用,尤其是珠算内化成的珠心算（脑算）最容易学、练，而且效率最高；实用中广泛应用计算机是无疑的，但并非处处都是最简便、最有效的；珠心算处处有用，例如，谈话、演说、谈判，固然可以打开笔记本电脑看着说，但不如按腹稿即席发言方便、效果好；上街购物、买菜、饭馆点菜、结算，如果处处拿着计算器或笔记本电脑，不停地按键是一幅什么风景？不如用珠心算，边讨论商品特色、价格边珠心算账项精明能干；现在提倡"学习型社会"，人人终生都要学习，学习过程中不时要做些计算，显然用珠心算最简便……社会永远都需要珠心算。最后，无论教学数学、辅助实用，运用珠算、珠心算比起其他方式（如笔算、笔算概念式心算）能够更好地开发多元智能。仅就此三项，就足以说明珠算有长远的意义。

财经院校珠算教学意义深远。首先，财会人员有必要运用珠算、珠心算辅助处理财经信息，而且珠算是培养其基本财会素养的"队列训练"；其次，财经院校教学珠算可以为用珠算教学数学培养师资，弘扬国宝珠算文化；目前除财经院校外再没有学校教学珠算，教出来的学生都不会珠算，珠算可能失传，更谈不到有谁去用珠算教学数学了。最后，就是带动在实用和学习中用珠算、珠心算；财经院校教学珠算，保留了珠算火种，使中国数学这一文化瑰宝，能够在数学教育、辅助实用、开发智能等方面起必要而优越的作用。

［本章小结］本章论述财经数据表达、处理，及其需使用的珠算、珠心算的基本知识技能，着重在基本理论方面。真正了解了这些问题，就明确了学习本课程的目标和要领。

练 习

1. 选择(下列各题的四个选项中,只有一个符合要求,将它前面的字母填在括号里)。
(1)珠算模型(　　)。
　A. 不能留计算过程　　　　　B. 不可融合于数学体系
　C. 省储存空间　　　　　　　D. 没有笔算模型先进
(2)珠算模型(　　)。
　A. 只适用于手操算　　　　　B. 不适用于脑算
　C. 不适用于电子计算机　　　D. 是手脑机通用算法模型

2. 判断(下列各种说法中,对的在题后画√,不对的在题后画×)。
(1)计算器是适合于各种场合的通用算具算法。　　　　　　　(　　)
(2)笔算模型、计算器均有一体性。　　　　　　　　　　　　(　　)
(3)笔算模型、计算器均有普适性。　　　　　　　　　　　　(　　)
(4)古珠算已充分运用了珠算模型的二元示数特性。　　　　　(　　)
(5)把珠算模型符号引入数学教学体系,能把计算机与数学整合起来。(　　)

3. 名词解释。
(1)珠算模型的普遍适用性——
(2)一体性——
(3)二元示数——

4. 读写出图 1-24 所示各梁珠数、框珠数。

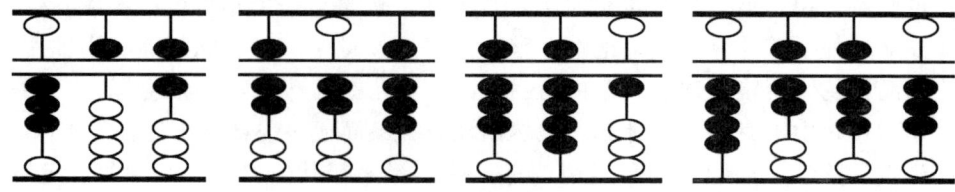

图 1-24

梁珠数：

框珠数：

5. 写出下面各数的补数（想一想：怎样才读得快！）

    32， 485， 78 624， 407 629； 3.25， 62.307， 0.258， 0.0003072。

第二章 珠算加减法

🎓 **学习目标**

通过本章学习，要求了解珠算系统从算珠开始衍化的第一个层次就是加减算法，以后的珠算都归结为珠算加减的程序，因而对珠算加减算法的理解、掌握具有根本的意义；珠算加减算法掌握不好，就不能奢望珠算乘除、珠算式脑算等能够掌握好，能够实际应用好。理解珠算贵在简单，加减方法更是越简单越好，珠码符号以及拼排动珠码符号实现加减是最简单的；二元示数使正负数简单；加减技巧也是追求简单。明确学习珠算只是理解不够，必须形成熟练的技能技巧，不仅要算得准确无误，而且要算得快。掌握26个动珠码符号拼排加减以及悬珠符号和正负数加减，达到每秒拨动1个算母（动珠码）方为及格。

本章重点是理解和掌握26个动珠码和悬珠，熟练正负整小数的珠算加减。

第一节 基本加减法

一、直加和直减

（一）认识静珠码

第一章已述及，珠码是由"算珠" ● 衍化成的。将其累积，即得图2-1的4个静珠码。再用"位值原则"，命梁上1珠表示5，结合累积，就得到图2-2的5个静珠码；再用空档表示0，就得到了十进位值制的10个基数码。

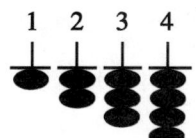

图 2-1

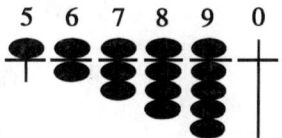

图 2-2

仅以算珠 ● 一种元素，运用累积、位值原则，繁衍出全部基数码，这是非常精明巧妙的设计，由此能带来一系列的优点。从含义不可再分割的符号角度来看，只有符号 ● 和 ⬬ 不可再分割；● 和 ⬬ 这两个符号，可称为"珠母"。一切珠码符号都是由珠母构造出来的。

由于珠码的直观性，很易认识静珠码。但这是基础，不可忽视，要能内化。至少要达到看见它们如同看到阿拉伯数码 1，2，3，4……一样自然。

（二）拨动珠码

最好在静态、动态交替中认识、掌握它们。基本规定是：向梁拨动为加；向框拨动为减。

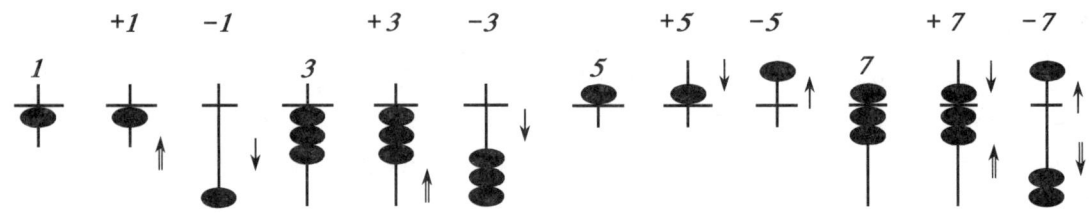

图 2-3

从图 2-3 容易看出，由认识静珠码到动珠码，是很容易的，由静态到动态而已。拨动珠码，要注意指法：⇑、⇓ 表示用拇指拨；↑、↓ 表示用食指拨。为了保持动珠码符号的整体性，+3、-3 "上—下" 拨；+7、-7 "合—分" 拨。一码只一个响声是拨珠码的基本原则。

减是加的逆运算，用动珠码表示更明显突出——加与减只是拨珠方向相反。因此，只着重记加的动珠码拨珠即可。为了简便，以后都只说加的动珠码，加的动珠码反向即是减。

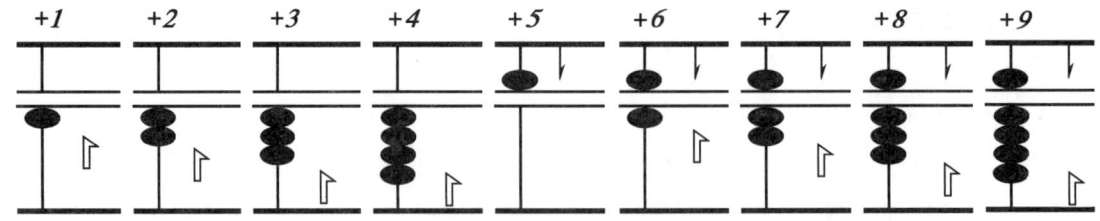

图 2-4

图 2-4 的动珠码，直接拨静珠码本身即可，所以简称"直本码式"。直本码式共 9 个，直接称各动珠码为"加几""减几"即可。如称" "为"+3"，比说"三加三"更简捷。练习时可以随拨随读，向梁拨读"加几"；向框拨读"减几"。熟练后不必读出。

拨珠基本要求：指法正确，一码一声，准、快、稳！

准——拨的珠不多不少；快——准中求快，达到每秒两码为及格；稳——用力适当，拨珠到位，又不能弹离。

练 习

1. 按照拨珠基本要求在算盘上反复做下面各题（多位数应从高位加减起）。

(1) ±1±2±3±4±5±6±7±8±9 （9秒完成及格）

(2) ±1 111±2 222±3 333±4 444±5 555±6 666±7 777±8 888±9 999 （36秒完成及格）

(3) 全盘练：±111……1±222……2±333……3±444……4±555……5±666……6±777……7±888……8±999……9 （17档算盘2分30秒完成及格）

(4) ±1 234±4 321±56 789±98 765±123 456 789±987 654 321 （80秒完成及格）

2. 珠算下面各题（多位数应从高位加减起，与读数顺序一致，顺当快速）。

(1) 345 + 654 − 736 − 263 = (2) 748 − 637 + 375 − 265 =

(3) 看竖式珠算

372	999	2.57	7.68	3 729	78 643	21 536
115	− 536	5.32	− 5.21	1 260	− 63 521	68 352
+ 512	− 261	− 6.76	− 2.65	− 2 654	56 762	− 75 628

（三）内化珠码

认识了直本动珠码，拨它们做加减法无非将其拼排一下即得，是多么容易简捷！由此，不难体会到动珠码的威力。应当充分运用它，以使我们作计算更方便。如果将它们符号化，并内化脑中，那么，不动算盘就能迅速完成计算，就更加理想了。

把珠码符号内化，需要较多的练习，本课程对此不作统一要求，学生可以自行安排。在珠算练习时，应有意识地把动珠码剥离、抽象出来，脑中想象动珠码形象。比如在做上述练习时，除全盘练外，还可以想象直本码的形象，在脑中拼排它们完成计算。相信坚持这样练习，一定会有意外的收获。

二、不进位加和不退位减

直本动珠码拼排加减之所以容易明白掌握，就是因为它的"动总"和"示数"相同。但是，遇到有些情况，"动总"和"示数"就不会相同。

[例2−1] 珠算 4+3（见图2−5）

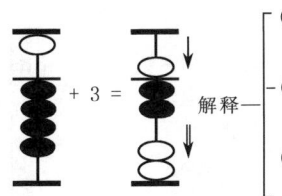

解释

(1) 无法直接拨3个下珠靠梁，就拨上珠靠梁，这是 +5，多加了2，要拨2珠靠框。把这些做法编成口诀："三下五去二"，就是，加三，无法直拨，就下五去二。

(2) 给出"凑数"概念，"3"的凑数是"2"，叫 +3，无法，就 +5，多加了凑数，所以要减去它。并且给出法则："下珠不够，加五减凑。"

(3) 道理可用珠码"5 换 5"直观讲；也可按上述（1）的讲法。但把所动的算珠，当作整体，说"下7"；把"下7"（白珠）作为"+3"的符号。

图 2−5

上例三种解释方法,道理相通,也都可行。(1)、(2)两种解释的区别是:(1)要编4句口诀,(2)只概括成一条法则。但基本思想都是分解为两个直本码(+5,再-2)拨动,把"+3"分割为两部分拨珠——"下五""去二"是两个部分,"加五""减凑"也是两个部分。这里都用3的凑数——两个数之和为5,这两个数互称凑数,故3的凑数是2;或要求会分解"5"。(3)是进行了符号化,把"+3"作为一个动珠码符号整体:"下7";没有分割的意思。"3"与"7"互为补数,不用"凑数"。总之,"+n"——"下补"即可,是最简捷的。

这里动珠码"下7",其动总是"7",示数是"3",二者不同但互补。

图2-6所示的4个动珠码,称为"齐补码式"。拨珠用拇、食二指(上一下)。它的"动总"与"示数"虽不同,但有关系。虽然它们没有直本码式简单("动总"与"示数"相同),但由于"互补",掌握起来也不难。

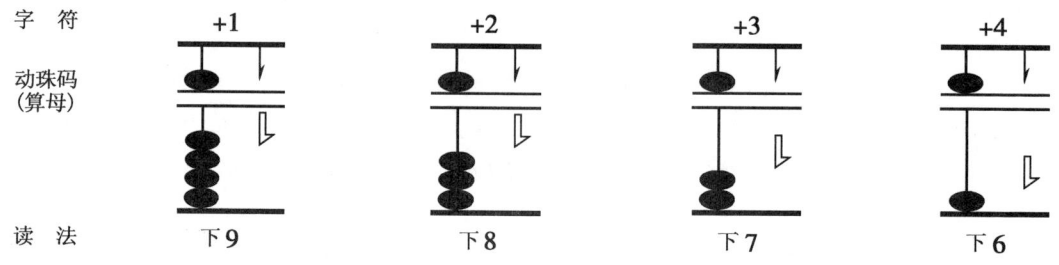

图2-6

作为符号,齐补码式相当上下结构的汉字,如"全"字,不能分割成"人""王"两个字来认、读,必须将它作为整体,视它为完全的"全"字。齐补码式也须保持整体性。

减只是加的动珠码的反向拨珠,可说"上几"。不必专意记减的动珠码。

[课堂讨论] 1. 什么叫直本码式?如何读与拨直本码?
          2. 什么叫齐补码式?如何读与拨齐补码?

练 习

1. 按照拨珠基本要求在算盘上反复做下面各题(每秒能拨2个动珠码为及格)。
(1) 4±1±2±3±4   (2) 4 444±1 111±2 222±3 333±4 444
(3) 全盘练:444……4±111……1±222……2±333……3±444……4
(4) 4 444±1 234±4 321±1 324±4 231±1 432±3 142±4 132±3 412±2 143

2. 珠算下面各题。
(1) 444+342-442+324-234=   (2) 423+234-423+342-142=
(3) 看竖式珠算

```
   342      444     2.43     8.56     3 124    57 685    21 432
   423      132     4.32    -4.23     2 431   -13 243    34 243
  -432     -234    -2.41     1.24    -2 413    42 314   -41 231
  ————    ————    ————    ————    ————    ————     ————
```

三、进位加和退位减

（一）反拨进位加和退位减

[例 2-2] 珠算 9+2（见图 2-7）

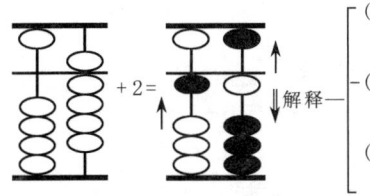

(1) 加 2 满十，十位拨 1，就是 +10。这多加 8，所以，要在本位减去 8，即拨 8 靠框。把做法编成口诀："二去八进一"。"二"是加二，"去八进一"是加二的方法。

(2) 用"补数"概念，叫 +2，满十，十位拨 1，+10；多加了补数，再减去补数。并且给出法则："本位满十，进一减补。"

(3) 道理可用珠码"十换 10"直观讲；也可按上述（1）的讲法。但把所动的算珠，当作整体，说"进框 8"；把"进框 8"（黑珠）作为"+2"的符号。

图 2-7

上例中（1）、（2）两种解释的基本思想也都是分解为两个直本码（+1，再 -8）拨动，把"+2"分割为两部分拨珠——"去八""进一"是两部分，"进一""减补"也是两部分。(3) 是进行了符号化，把"+2"作为一个直观的动珠码符号整体："进框 8"。"框 8"是就直观形象本档向框拨 8；左档"进 1"，却只说"进"，省略了"1"，因为凡"进"定是"1"，不可能进"2"、进"3"……所以省略"1"字不会混淆。"进框 8"是整体感觉，若说"进 1 框 8"就有分割成两部分的意味了。

"+2"的符号是"进框 8"。"2"与"8"互为补数，"动总"与"示数"虽不同，但容易掌握。总之，"+n"——"进框补"即可，也是很简捷的。"进框补"相当左右结构的汉字，如"栓"，必须作为整体认、读、用。左偏旁（档）都是"1"，不必专意记，只记本位是"框几"就可以了。但左档"1"相当汉字的"意旁"——它向梁即是加；向框为减。两档拨珠反向：一者向梁，另一者就向框。

图 2-8 所示的 8 个动珠码符号，称为反补码式。因为两档拨珠反向，动总与示数互补。为保证整体性，一码一声，要用两手拨珠：左手食指拨左档"进"（1），右手反拨补（分、合，或扭进—扭退）。

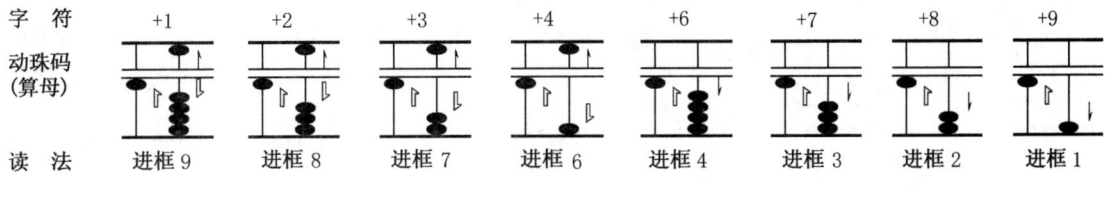

图 2-8

减只是加的动珠码的反向拨珠，就是"退梁补"，可说"退梁几"。掌握了加，就自然掌握了减，不必专意记减的动珠码。

练 习

1．按照拨珠基本要求在算盘上反复做下面各题（每秒能拨 2 个动珠码为及格）。

(1) 9 ± 1 ± 2 ± 3 ± 4 ± 6 ± 7 ± 8 ± 9

(2) 9 999 ± 1 111 ± 2 222 ± … ± 4 444 ± 6 666 ± … ± 9 999
（本题加时从左到右，减时从右到左）

(3) 全盘练（本题左空一档，加时从左到右，减时从右到左）
999……9 ± 111……1 ± 222……2 ± … ± 444……4 ± 666……6 ± …… ± 999……9

2．同码连加连减，按照拨珠基本要求在算盘上反复做（每秒能拨 2 个动珠码为及格）。

(1) 1 + 1 + 1 + 1 + 1 + 1 + 1 + 1 + 1 + 1 = 10，10 − 1 − 1 − 1 − 1 − 1 − 1 − 1 − 1 − 1 − 1 = 0

(2) 2 + 2 + 2 + 2 + 2 + 2 + 2 + 2 + 2 + 2 = 20，20 − 2 − 2 − 2 − 2 − 2 − 2 − 2 − 2 − 2 − 2 = 0

(3) 3 + 3 + 3 + 3 + 3 + 3 + 3 + 3 + 3 + 3 = 30，30 − 3 − 3 − 3 − 3 − 3 − 3 − 3 − 3 − 3 − 3 = 0

(4) 4 + 4 + 4 + 4 + 4 + 4 + 4 + 4 + 4 + 4 = 40，40 − 4 − 4 − 4 − 4 − 4 − 4 − 4 − 4 − 4 − 4 = 0

3．珠算下面各题。

(1) 999 + 423 − 341 + 432 − 324 =　　　(2) 978 + 234 − 342 + 134 − 231 =

(3) 看竖式珠算

869	798	8.76	12.10	6 987	101 213	89 679
342	432	2.34	− 4.23	2 431	− 12 324	32 431
− 432	− 324	− 3.41	3.42	− 3 241	34 213	− 42 342

（二）齐拨进位加和退位减

[**例 2 - 3**] 珠算 6 + 5、6 + 7（见图 2 - 9、图 2 - 10）

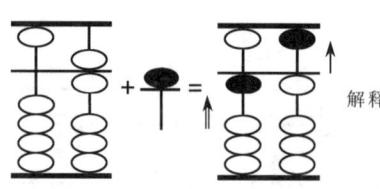

解释
- 这里，用反补码式完全可以。5 的补数是 5。进框 5 就行了。这就是图 2 - 9 表示的动珠码。用一只手就完成了拨珠。
- 但是，从图 2 - 9 动珠码的形象来看，左档与本档算珠齐向上，"齐向上"更直观。" + 5"——"齐上 5"，" − 5"——"齐下 5"，直观形象。就这样看，这样说。
- " + 5"的动珠码明白了，熟悉了，对于 + 6、+ 7、+ 8、+ 9 都容易明白、掌握。

图 2 - 9

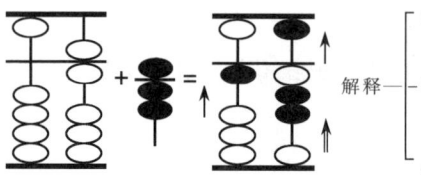

解释
- (1) 6 + 7 满十，左档进 1，是 + 10，多加 3；本档要减 3，下珠不够，只得减上珠，这是 − 5，多减 2，又得 + 2。把做法编成口诀："七上二去五进一"。
- (2) 用补数、凑数：6 + 7 用"本档满十，进一减补"。即要左档进 1，本档减 3；再用"下珠不够，减五加凑"。用两条法则，方完成此题拨珠。
- (3) 先加●的↑，齐上 5；再加●，也是上●；总体来看：齐上●。"齐上 7"。

图 2 - 10

同理，"+6"——"齐上6"；"+8"——"齐上8"；"+9"——"齐上9"。

显然，按照（1）、（2）的方法解释，都十分复杂；而按（3），作为符号，看形象，很直观，"+n"，就"齐上n"，反而更简单！

图2-11所示的5个动珠码符号，称为齐本码式。因为两档拨珠齐上，动总与示数相等。为保证整体性，一码一声，也要用两手拨珠：左手食指拨左档"进"（1），右手齐拨本数（齐上一齐下）。

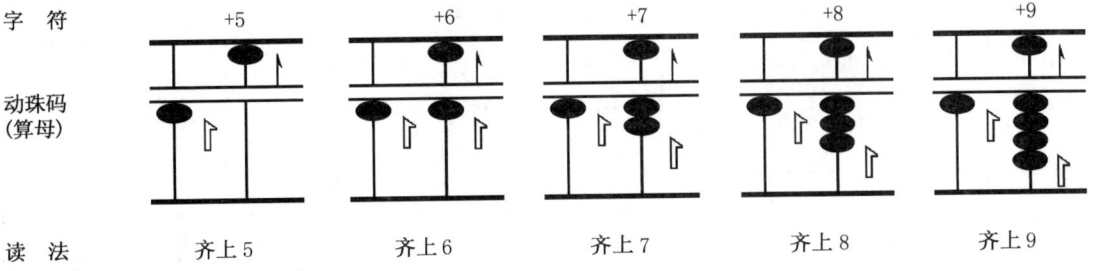

图2-11

减只是加的动珠码的反向拨珠，就是"齐下本"，可说"齐下几"。掌握了加，就自然掌握了减，不必专意记减的动珠码。

[课堂讨论] 1. 什么叫反补码式？如何读与拨反补码？
2. 什么叫齐本码式？如何读与拨齐本码？

练 习

1. 按照拨珠基本要求在算盘上反复做下面各题(每秒能拨2个动珠码为及格)。
(1) $5 \pm 5 \pm 6 \pm 7 \pm 8 \pm 9$
(2) $5\,555 \pm 5\,555 \pm 6\,666 \pm \cdots \pm 9\,999$(本题加时从左到右,减时从右到左)
(3) 全盘练(本题左空一档,加时从左到右,减时从右到左)：
   $555\cdots\cdots5 \pm 555\cdots\cdots5 \pm 666\cdots\cdots6 \pm \cdots\cdots \pm 999\cdots\cdots9$

2. 同码连加连减,按照拨珠基本要求在算盘上反复做(每秒能拨2个动珠码为及格)。
(1) $5+5+5+5+5+5+5+5+5+5=50,\quad 50-5-5-5-5-5-5-5-5-5-5=0$
(2) $6+6+6+6+6+6+6+6+6+6=60,\quad 60-6-6-6-6-6-6-6-6-6-6=0$
(3) $7+7+7+7+7+7+7+7+7+7=70,\quad 70-7-7-7-7-7-7-7-7-7-7=0$
(4) $8+8+8+8+8+8+8+8+8+8=80,\quad 80-8-8-8-8-8-8-8-8-8-8=0$
(5) $9+9+9+9+9+9+9+9+9+9=90,\quad 90-9-9-9-9-9-9-9-9-9-9=0$

3. 珠算下面各题。
(1) $999 + 746 - 875 + 698 - 769 =$ (2) $576 + 867 - 785 + 869 - 924 =$
(3) 看竖式珠算

769	576	6.57	12.13	6 578	101 213	59 678
675	768	9.76	-8.76	7 856	-68 796	95 776
-876	-685	-8.67	7.86	-8 769	79 687	-87 695

四、任意多位数加减

我们已经学习了 26 个动珠码符号。一切运算都可以由它们直接拼排出结果来。因此，可以称它们为"算母"。算母共 26 个，就像英文字母有 26 个一样。这样称呼，不仅简捷，其重大意义也就更加明确。"算母表"如表 2–1 所示。

表 2–1　　　　　　　　算母（动珠码）表

字　符	+1	+2	+3	+4	+5	+6	+7	+8	+9
直　本									
齐　补									
反　补									
齐　本									

显然，算母比字母容易掌握。因为每个基数码，除 5 外（5 只对应 2 个），都对应有 3 个"算母"符号，共 26 个算母，分为 9 组对应加的 9 个基数。加每个基数，选用哪个算母，就像一个人有 3 套衣服，在不同场合选用不同的衣服穿，所谓"冬穿棉，夏穿单，比赛要穿运动衫。"但在上一下四珠算盘上，运算具有"一意性"，即在任何一种情况下，加一码可以且只可以用一个动珠码（算母）。

本课程最低要求是，能在算盘上熟练拨用拼排算母完成运算。并且尽可能将其内化，能在脑中用算母拼排运算。

[课堂讨论] 1. 每个基数码对应几个动珠码？
　　　　　　2. 为什么在任何情况下加减一码只能选用一个动珠码？

习 题

1. 快速选取算母在算盘上拼排,反复做达到熟练(每秒能拨 2 个动珠码为及格)。
(1) 9±1±2±3±4±5±6±7±8±9   (2) 4±1±2±3±4±1±5±6±7±8±9

2. 全盘练((3)、(4)两题左空一档,加时从左到右,减时从右到左)。
(1) 111……1 ± 222……2 ± 333……3 ± … ± 999……9
(2) 444……4 ± 111……1 ± 222……2 ± … ± 444……4
(3) 999……9 ± 111……1 ± …… ± 444……4 ± 666……6 ± …… ± 999……9
(4) 555……5 ± 555……5 ± 666……6 ± …… ± 999……9

3. 同码连加连减,按照拨珠基本要求在算盘上反复做(每秒能拨 2 个动珠码为及格)。
(1) 1 + 1 + 1 + 1 + 1 + 1 + 1 + 1 + 1 + 1 = 10, 10 − 1 − 1 − 1 − 1 − 1 − 1 − 1 − 1 − 1 − 1 = 0
(2) 2 + 2 + 2 + 2 + 2 + 2 + 2 + 2 + 2 + 2 = 20, 20 − 2 − 2 − 2 − 2 − 2 − 2 − 2 − 2 − 2 − 2 = 0
(3) 3 + 3 + 3 + 3 + 3 + 3 + 3 + 3 + 3 + 3 = 30, 30 − 3 − 3 − 3 − 3 − 3 − 3 − 3 − 3 − 3 − 3 = 0
(4) 4 + 4 + 4 + 4 + 4 + 4 + 4 + 4 + 4 + 4 = 40, 40 − 4 − 4 − 4 − 4 − 4 − 4 − 4 − 4 − 4 − 4 = 0
(5) 5 + 5 + 5 + 5 + 5 + 5 + 5 + 5 + 5 + 5 = 50, 50 − 5 − 5 − 5 − 5 − 5 − 5 − 5 − 5 − 5 − 5 = 0
(6) 6 + 6 + 6 + 6 + 6 + 6 + 6 + 6 + 6 + 6 = 60, 60 − 6 − 6 − 6 − 6 − 6 − 6 − 6 − 6 − 6 − 6 = 0
(7) 7 + 7 + 7 + 7 + 7 + 7 + 7 + 7 + 7 + 7 = 70, 70 − 7 − 7 − 7 − 7 − 7 − 7 − 7 − 7 − 7 − 7 = 0
(8) 8 + 8 + 8 + 8 + 8 + 8 + 8 + 8 + 8 + 8 = 80, 80 − 8 − 8 − 8 − 8 − 8 − 8 − 8 − 8 − 8 − 8 = 0
(9) 9 + 9 + 9 + 9 + 9 + 9 + 9 + 9 + 9 + 9 = 90, 90 − 9 − 9 − 9 − 9 − 9 − 9 − 9 − 9 − 9 − 9 = 0

4. 风吹小旗反向飘。
先拨入 123 456 789,算珠形状像两面小旗。见子打:档上有几,再加几。三遍后末位再加 9,原来的两面小旗就反向飘。

5. 举旗前进。
(1) 先拨入 4 321,算珠排列像面小旗;再连加此数 9 遍,则小旗左移一位;再连减此数 9 遍,则小旗又右移原位。(2) 先拨入 98 765,按(1)题做法。

6. 加减九变九。
先拨入 123 456 789,连加此数 9 遍,得 1 234 567 890;再连减此数 9 遍,仍然得 123 456 789。(1 分 30 秒正确完成为及格)

7. 加减百子。
1 + 2 + 3 + 4 + … + 96 + 97 + 98 + 99 + 100 = 5 050,
5 050 − 1 − 2 − 3 − 4 − … − 96 − 97 − 98 − 99 − 100 = 0 (3 分钟完成此题为及格)

8. 用全国标准珠算技术等级鉴定 4~6 级加减题练习(每秒加减 1 码为及格)。

第二节 正负数珠算加减法

一、正负数的算盘表示法

算盘二元示数,而且梁珠数、框珠数巧妙体现了正负对立统一的关系。所以,珠算正负数自然天成。数学当中,是在数前附加"+""-"号区别正负数;中国数学在筹算法里也曾用黑筹表正、红筹表负,或在筹码里加一斜划表示负码。这些都达不到珠算正负数那样简捷巧妙的程度。

正负数表示相反意义的量,于是分别用梁珠数、框珠数表示正负数的绝对值,非常方便、自然。要达到简捷而左右逢源,需采取使梁珠数、框珠数互补的珠算盘设计。五升十进制珠算,采用上一下四珠算盘,不仅简单、省珠,而且正好有表示正负数的方便。

《数术记遗》中记述的算盘就是上一下四珠。把上二下五珠的算盘改回到上一下四珠的算盘,只不过是回归中国古算盘,不仅省材料,还增加了功能,使得靠梁、靠框的算珠都能运用,即二元示数,特别能够简化正负数教学。

(一) 悬珠符号

正数绝对值读梁珠数,负数绝对值读框珠数。但何时读梁珠数或框珠数(或何时为正或为负)要有一个标志。这一标志用拨动灵活的算珠表示比在算盘上另设辅助设施简捷适宜。上一下四珠算盘每档算珠靠梁(或靠框)只能表示出 10 种不同状态,已被表示 10 个不同基数(0,1,2……9)用完,只得从靠梁、靠框之外的第三态上挖潜。最易行的是悬一颗下珠。

定义:悬一颗下珠,表示本档减 1 (或 -1 或 $\bar{1}$);或表示后档框珠数的负号("-")。

拨悬珠的方法:可以用拇、食二指捏住算珠,靠梁拨,由于食指挡隔而留下空隙。

在运算过程中,视下悬珠是该档上的 -1;而在读(输出)盘上数时,视它是后档框珠数的负号("-")。

定义"悬一颗下珠"的意义,已足够用。切不可滥用"悬珠":如悬两颗表示 -2,悬三颗表示 -3,……悬九颗表示 -9。那样既不简捷,也容易出错。

运用悬珠符号,可以使计算更为简捷。

[例 2-4] 4 537 - 10 000 000 = -9 995 463(见图 2-12)

例 2-4 中,要减去 10 兆(1 千万),不必考虑不够减,只要在"十兆档"上悬一颗下珠(也就是 -1)就完成了运算。看得数,有悬珠

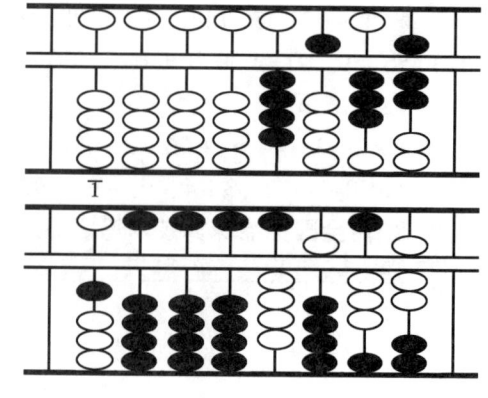

图 2-12

说明得的为负数，让悬珠作负号，绝对值看框珠数，于是，就自动呈现出得数 -9 995 463（末位框珠多看 1 个——这其实是取这位后的框珠数 999……的极限。末位框珠多看 1，其后的无限多个框珠 9 就可以不看了）。

（二）不够减与够减统一算法

由于珠算二元示数，定义了悬珠的双重含义，使得不够减与够减的计算法则一致。不论减数大小，都能够依先后次序进行，而不必颠倒减数、被减数。

[**例 2-5**] 如图 2-13 所示。

(1) 167 - 96 = 71　　　　(2) 67 - 96 = -29

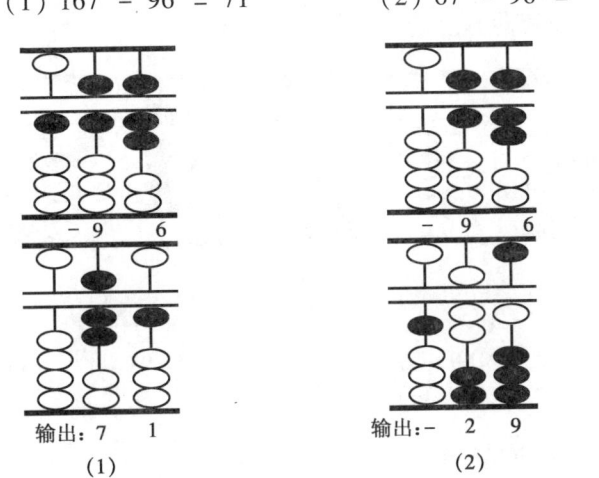

图 2-13

例 2-5 中，(1) 够减，(2) 不够减。其算法：(1) 的百位有 1 可退，就退 1；(2) 的百位无 1 可退，就悬 1 下珠（其意也是退 1）。其他拨珠方法完全相同。即"不够减与够减的计算法则一致"。

[**例 2-6**] 如图 2-14 所示。

15 - 79 + 82 - 96 = -78

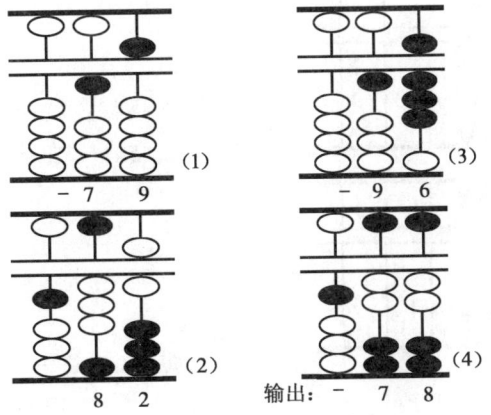

图 2-14

例2-6中，用珠算可按算式从左至右依次计算到底，每步计算后得数在算盘上可以明确显示出来：15-79后得-64，再加82后得18，再减96后得-78。

例2-5、例2-6若列竖式笔算，可能要颠来倒去，就麻烦得多。尤其在有些情况下还难以操作。笔算要"倒减"；但珠算是依次进行的，不需"倒减"。说"珠算倒减法"，不仅不符合实际，而且抹杀了珠算的很基本的特点和优点。

练 习

1. 读、写出（输出）下面算盘上的数目（见图2-15）。

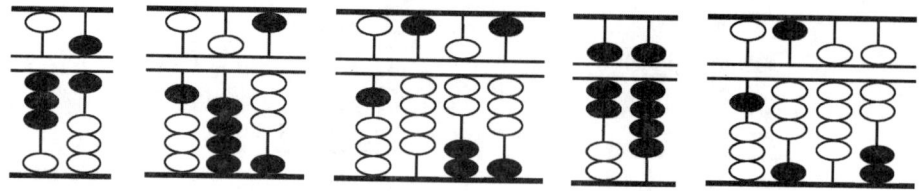

图2-15

2. 珠算下面各题。

(1) 417 - 1 000 000 = 　　(2) 69 - 97 = 　　(3) 57 - 85 + 47 - 76 + 95 =

(4) 528 - 10 000 000 = 　(5) 58 - 73 + 52 = 　(6) 28 - 97 + 86 - 35 - 28 =

二、代数和的珠算法

珠算代数和最易于学习、掌握，又十分简捷，不再需要什么新法则，只要理解和掌握了上述悬珠的定义和运用即可。所以，珠算代数和的重点在于练习，在于熟练。

[例2-7] -372 - 516 = -888 （见图2-16）

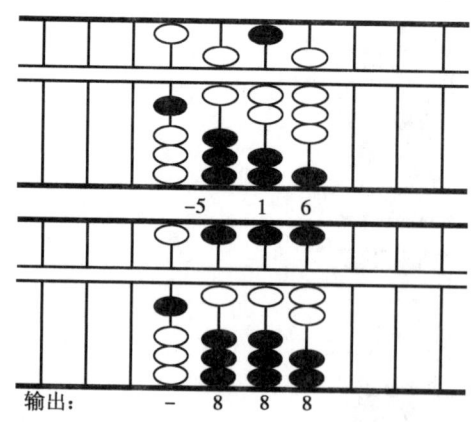

图2-16

-372入盘，可能不习惯。方法有二：

(1) 直接摆：拨悬珠，后框珠数拨371。

(2) 从空盘上直接减372。

直接减516，得-888。

[例 2-8]　$-264+852=588$（见图 2-17）

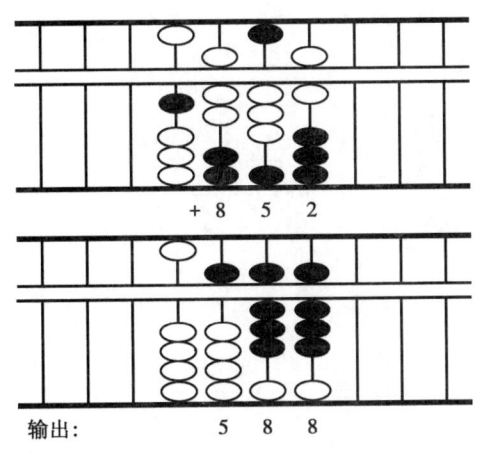

图 2-17

-264 入盘，可能不习惯。方法有二：

（1）直接摆：拨悬珠，后框珠数拨 263。
（2）从空盘上直接减 264。

百位加 8，进 1，与左档悬珠抵消；本档 +2。
后档 +52。

[例 2-9]　$-472-917=-1\,389$（见图 2-18）

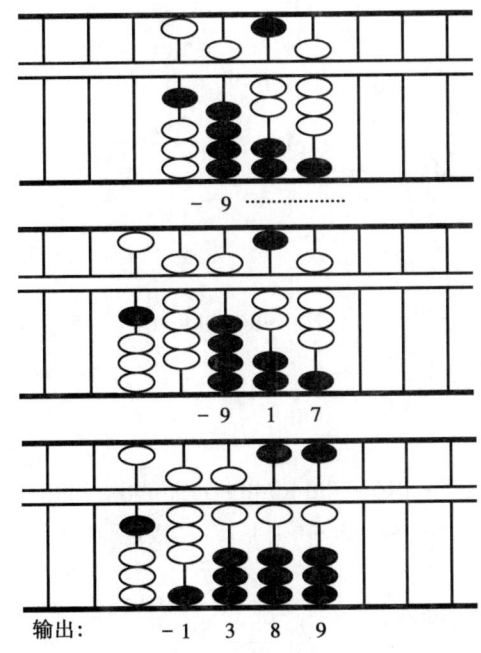

图 2-18

-472 入盘。

百位减 9，需退 1，但左档有悬珠；

办法是先作恒等变形：将悬珠左移 1 档，再减。

百位减 9，退梁 1；后位再减 17。

[例2-10] 154-186+3 728=3 696（见图2-19）

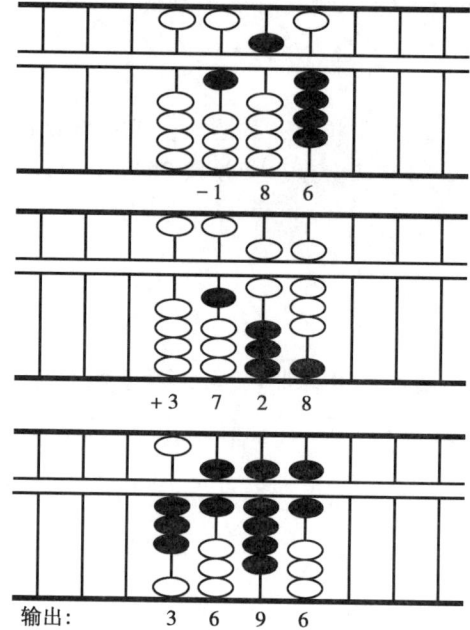

154入盘。

百位悬珠，后照减。

千位加3，百位加7抵消悬珠拨6，后照加。

图2-19

练 习

1. 珠算正负百子（加奇减偶）。

1-2+3-4+5-6+7-8+9-10+11-12+ … -96+97-98+99-100=-50

（此题应反复练习：1分30秒完成为及格。）

2. 珠算下列各题（可反复练习，达到熟练）。

(1) -7 438+9 276-8 679-9 578=

(2) 59-86+55-97-58+495-957+765-195+816-798+748-759-96+28=

(3) -28-67+76-78-58+8 156-8 498-516-49-3 876+4 517-658-95+863-758+385+525=

（想一想：若是笔算这些题目，麻烦在哪些地方？）

三、正负数加减法

正负数虽有绝对值大小及正、负含义两方面的区别，但又统一视为数，因此免不了要对这样的数进行运算。

由于阿拉伯数码表数，不能二元示数，用它们表示正负数，要在数前附加"＋""－"号。因此，对正负数的运算，就是对带着"＋""－"号的数运算。于是，就产生了如下形式的算式：（＋3）＋（＋5），（＋9）－（＋6），（＋8）＋（－3），（＋5）－（－4），（＋7）－｛－2－［＋5＋（＋3）］｝……造成在两个数间有多个"＋""－"号。而对两个数要么加、要么减，不可能又加又减，或加了又加、减了又减。

对阿拉伯数码表示的正负数运算式，笔算另有一套"计算及符号法则"。而珠算作正负数运算却不需再有一套计算符号法则，就能自然而然地进行。另外，笔算中正负数计算的符号法则，用珠算也容易解释。若不用珠算解释这些符号法则，反而很难理解，常见这样的情况，即人们能用符号法则进行运算，但道理何在，就说不上来了。

由于珠算二元示数，用珠算解决正负数加减计算问题也便有得天独厚的优越条件。可以说"加减正数就是加减梁珠数，加减负数就是加减框珠数。"例如：

（＋6）＋（＋2）＝6＋2（6＋＋2，加正2，即梁珠加2，所以需靠梁拨2；等号右，也是此意）；

（＋9）－（＋2）＝9－2（9－＋2，减正2，即梁珠减少2，所以需向框拨2；等号右，也是此意）；

（＋7）＋（－2）＝7－2（7＋－2，加负2，即框珠加2，所以需向框拨2；等号右，也是此意）；

（＋7）－（－2）＝7＋2（7－－2，减负2，即框珠减少2，只得向梁拨2；等号右，也是此意）。

如此，不必专意教学正负数加减的法则，即能作正负数加减。进而，从符号上看，当两数间有多重＋、－号时，可以概括出："＋号可省，－、－换＋"。这样，就很容易掌握了。如果不用珠算，遇到7－（－2），大都知道"减负等于加正"，所以要7＋2；如果要问："为什么减负等于加正？"很少有人能随口答出来。

［例2－11］257＋（－845）－（－729）＝141（见图2－20）

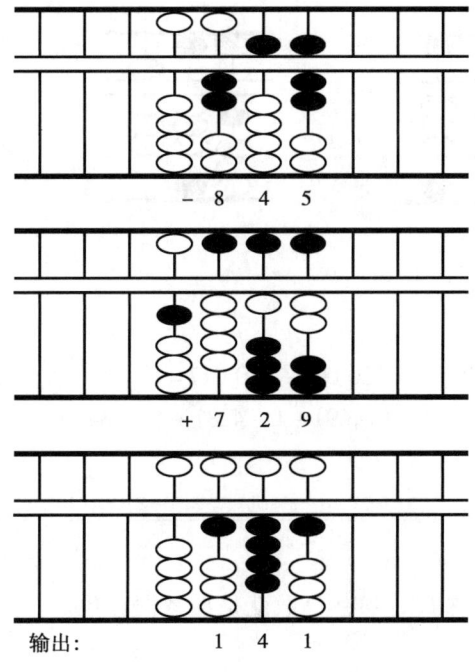

257入盘。

加负，即加框珠数，即减梁珠数。

得 －588；再减负，就是减框珠数。

即加梁珠数。

图2－20

也可按法则："+"号可省；"-、-"换"+"，先将算式改为：257 - 845 + 729，再算。

练 习

1. 流利读、快速写出下面算盘输出之数（见图 2-21）。

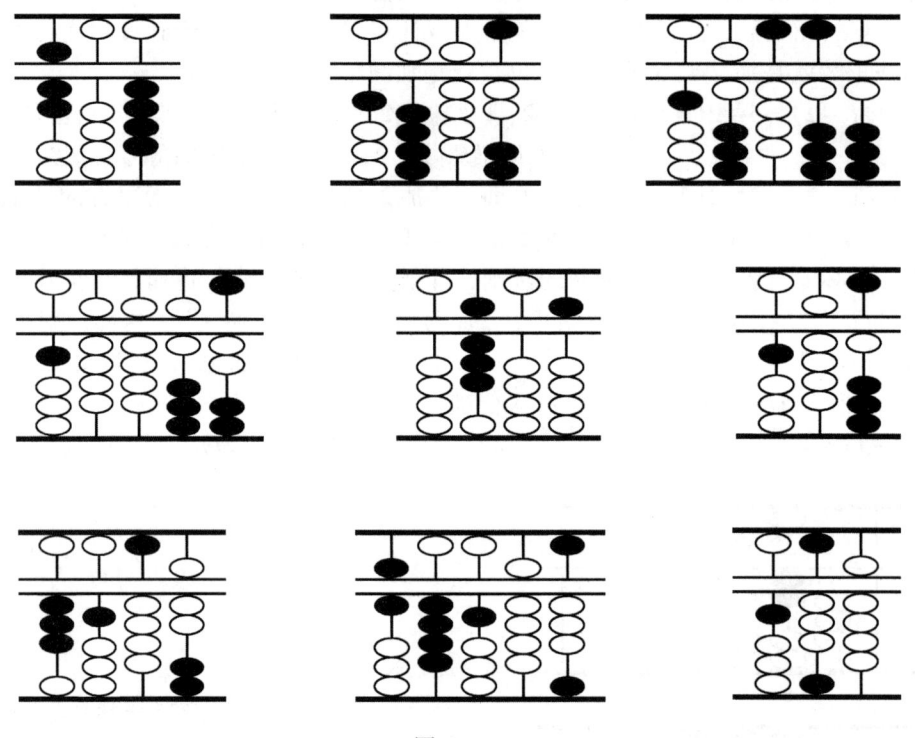

图 2-21

2. 珠算下面各题。

(1) - 16 + 95 - 468 - 879 + 130 000 - 128 749 + 10 000 - 120 000 + 110 017 =

(2) 25 + (- 48) - (+ 65) + (+ 76) - (- 47) - (+ 58) + (- 69) - (- 428) + (+ 284) + (- 585) - (+ 38) + (+ 349) =

[课堂讨论] 1. 如何拨"悬珠"？

2. 举例说明：加减正数就是加梁珠数，加减负数就是加减框珠数。

第三节 珠算加减基本技巧

一、熟练拨珠

珠算模型本身的机制优良，只要拼排加减数的各算母（动珠码），立即显示结果。所以，熟练拨算母是学习珠算的基本。拨动珠码技能的要领，前述内容已经明确：即一码一声；为此，大多要用两指或三指同时拨动，还要准、稳、快！这些都需要通过练习，达到熟练，形成条件反射。事实表明，拨动珠码达到条件反射的程度是不难练习的，只要下功夫，不分智力高低，人人可以实现。

除了各种算母（动珠码式）的基本练习题外，通过反复练习加减九变九、加减百子和正负百子三道题，也能促进解决拨动珠码熟练的问题。这几题都不用看题，可以把精力集中在拨动珠码上。练习时先要求正确，在正确基础上求快。每练习一次，都要记住完成的时间，并争取不断刷新纪录。

练　习

1. 加减九变九。
先拨入 123 456 789，连加此数 9 遍，得 1 234 567 890；再连减此数 9 遍，仍然得 123 456 789。

2. 加减百子。
$1+2+3+4+\cdots+96+97+98+99+100=5\,050$
$5\,050-1-2-3-4-\cdots-96-97-98-99-100=0$

3. 正负百子（加奇减偶）。
$1-2+3-4+5-6+7-8+9-10+11-12+\cdots-96+97-98+99-100=-50$

二、先十法

掌握珠算，熟练拨动珠码是基础。但是，只强调拨珠功夫仍然不够，还要想法减少拨珠次数。所谓"先十法"，就是运用简单的脑算，减少拨珠次数。具体做法就是：

加本位数码时，顾一下后位，后位若满十本位就多加 1；
减本位数码时，顾一下后位，后位若不够减本位就多减 1。
这样可减少后位的进位、退位时的拨珠次数，有时也可减少本位拨珠次数。

[例 2-12] 如图 2-22 所示。
（1）在往十位加 4 时，顾后位满十，这里多加 1 就是加 5，个位只减 3 即可；如果，不用先十法，本档要下 6，个位要进框 3，拨珠次数多 1 倍。

（2）在十位减 4 时，顾后位不够减，这里多减 1 就是减 5，个位只加 2 即可；如果不用先十法，本档要上 6，个位要退梁 2，拨珠次数也多 1 倍。

（1）28 + 47 = 75　　　　　　　　　　　　　　（2）76 − 48 = 28

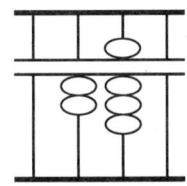 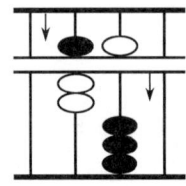　　　　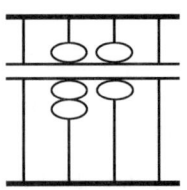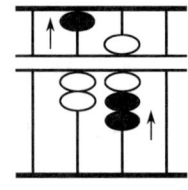

图 2 − 22

当然，例 2 − 12 是就最特殊的情况而言。一般情况下，先十法的作用不是太大。

练　习

用先十法做下面各题。
(1) 24 + 49 =　　(2) 54 + 97 =　　(3) 36 + 94 =　　(4) 249 + 478 =
(5) 83 − 48 =　　(6) 163 − 95 =　　(7) 276 − 98 =　　(8) 1 764 − 875 =

三、运用补数、连进连退

基本拼排算母加减，进、退位时，要"进框补""退梁补"。这里，补数多理解为一位数的补数。其实，补数可以是多位的。因此，"进框补""退梁补"（也可说："进一减补""退一加补"）可推广到多位数加减的连进连退的情况，不过做不到"一码一声"就是了。

进行加时，如果接连多位都满十，需要接连进位：往最高位的左位进 1，然后，向框拨动后位加数的补数（说框补或说减补）。

进行减时，如果接连多位都不够减，需要接连退位：在不够减位的左位退 1，然后，向梁拨动后位减数的补数（说梁补或说加补）。

[**例 2 − 13**] 如图 2 − 23 所示。

例 2 − 13（1），各位码之和都满十，需接连进位。如果一位一位计算，拨珠次数多得多。这里，用"进框补"，向第六位进 1，减去加数 74 865 的补数：25 135，只向框拨它们，简捷得多。其道理不难明白，这里是 + 100 000 − 25 135 = + 74 865。或写为 $/\overline{25135}$ = 74 865。

例 2 − 13（2），除第六位外，各位都不够减，需接连退位。如果一位一位计算，拨珠次数多得多。这里，用"退梁补"，第六位多减 1，加减数 84 947 的补数：15 053，只向梁拨它们，简捷得多。其道理也不难明白，这里是 − 100 000 + 15 053 = − 84 947。或写为 $\overline{1}$15 053 = − 84 947。

如果加时，大多位满十，也可以"进框补"。可以分段进行，使每段各位都满十。

如果减时，大多位不够减，也可以"退梁补"。也可分段进行，使每段各位都不够减。

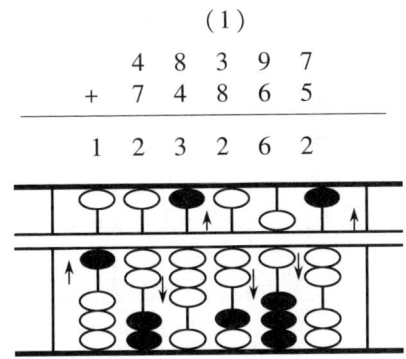
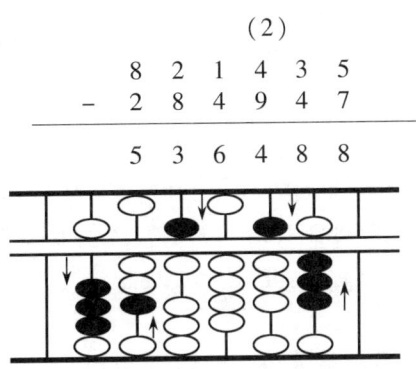

图 2-23

练 习

用进框补、退梁补做下面各题。

(1) 76 + 49 =   (2) 846 + 365 =   (3) 7 483 + 5 698 =   (4) 7 932 + 4 278 =
(5) 156 − 68 =   (6) 8 143 − 685 =   (7) 6 276 − 897 =   (8) 4 125 − 847 =
(9) 4 326 785 − 1 845 896 =   (10) 6 372 485 + 8 943 627 =
(11) 7 135 482 − 5 768 925 =   (12) 4 742 389 + 4 389 248 =

四、运用负数

多个多位数加减时，可以运用正负数（补数）将其中一些码化为 0 或较小的码。这样不仅可使珠算减少拨珠次数，还可以脑算出来。

[**例 2-14**]　　$128 + 989 + 749 + 697 + 1\,897$

$\qquad = 13\bar{2} + 10\bar{1}\bar{1} + 749 + 1\,\bar{3}0\bar{3} + 2\,\bar{1}0\bar{3}$

$\qquad = 4\,460$（千位：$1+1+2=4$，百位：$1+7-3-1=4$，十位：$3-1+4=6$，个位：$-2-1+9-3-3=0$）

显然，例 2-14 中的数，如果不进行这样的变形，是难以脑算的。如果按变形后的数拨珠，可以使拨珠次数大大减少。

至于在多位数的乘除计算中，正负数的使用将更显出巨大威力。

进行这样的变形不难：进一减补即可。即向前位进 1，在后位补数字码头上画"−"号，然后，下写后位数的补数即可。如 697，向千位进 1，其后位码上画"−"号，下写补数 303 就得 $1\,\bar{3}0\bar{3}$。

> **练 习**
>
> 用进一减补的方法，将下列各数中超过5的码化为小于5。
> (1) 38 697 = 4 $\bar{1}$ 3 0 $\bar{3}$　　(2) 29 698 =　　(3) 897 298 =　　(4) 28 973 496 =
> (5) 892 876 =　　(6) 27 981 697 =　　(7) 39 720 897 =　　(8) 48 091 896 =

五、珠算结合脑算加减法

手拨动珠码，是机械性的，受到手指活动频率的限制。因此，把脑算结合到珠算中，可以有效地减少拨珠次数。

20世纪后半叶，珠算工作者们在珠算活动过程中，创造了多种笔算式心算方法，以适应原来只有笔算式心算基础的青年人（例如，大、中专财经院校的学生）的情况，结合珠算学习提高心算能力。

（一）一目三行弃九加减心算法

1. 纯加的算法

在使用珠算多行数连加法时，可以设法把相加的多行数，通过心算并为一行再加在算盘上。

三行并一行心算的法则是："提前进一，前位弃九，末位弃十（或末位弃9再弃1）。"

这等于在原要相加的三行数上再加上 199……9$\bar{9}$（$\bar{9}$ 表示 −10），而此数为0，加它不影响原数相加的结果；但却把计算改成了最高位之前进一，以后各位减9（弃九），末位减拾（弃十）。因每位都减去九或十，从而减少了大脑记忆负担，便于心算。

[例 2 −15]

```
    4 8 5 3 6
    3 7 4 2 1
  + 5 1 2 6 9
  ─────────────
   提 弃 弃 弃 弃 弃
   前 九 九 九 九 十
   进 为 为 为 为 为
    1 3 7 2 2 6
```

这样，把3行15个码，脑算并成6个码，只拨6个码，比原来拨珠次数减少60%。

提前进1后，该位之右的各位弃九、弃十，大多数位上的三数码之和弃九后都余一个小于十的数。理由如下：

每个数码的平均值是 (0 + 1 + 2 + … + 9) ÷ 10 = 45 ÷ 10 = 4.5

3个数码之和平均值为13.5，弃九之后余4.5，乃是数码的平均值。这说明弃九后通常余一个数码之值（0 − 9）而不会超十或为负数。或者说具体些，弃九后余数小于十、余数超过十、余数为负这三种情况出现的机率是不相等的：余数小于十的机率最大；余数超过十和余数为负的机率都很小。

当个别情况下，某位三个数码之和小于9，弃九得负值，如3、2、1三码之和弃九得 -3，记为 $\bar{3}$。

而当个别情况，某位三个数码之和弃九后超过10，如7、6、8三码之和弃九得12，可在2上画个圆点。

[例2–16]

```
    6 5 4 2 7 3
    2 8 3 1 6 7
  + 4 9 3 4 3 4
  ─────────────
  提  弃 弃 弃 弃 弃 弃
  前  九 九 九 九 九 十
  进  余 余 为 余 余 为
  1   3 3̇ 1 2̄ 7 4
```

在把此数输入算盘时，遇 $\dot{3}$ 加13，遇 $\bar{2}$ 减2即可。

如果习惯了弃九，而末位弃十不习惯，可能出现错误。那么，末位也可"弃九，再弃1"；对全题有5个3行（15行），先在末位总的弃五，然后，就可一律弃九了。每三行提前进一，15行可以在算头三行时一次进五，以后不再提前进一，只弃九即可。

15行题加总法则：前总进5，后总弃5，各位都弃九。

如果数的位数不等，高位可直接相加，直到哪位的数码之和满9时，就往它的左位上进一（左位多加1），然后将各位弃九（末位再弃一）。

为了"弃九"做得快，要熟记两个码或三个码成九的组合。计有下列这些：

两个数码成9的组合：

$$\text{成} 9 \begin{cases} 1 & 2 & 3 & 4 \\ 8 & 7 & 6 & 5 \end{cases}$$

三个数码成9的组合：

$$\text{成} 9 \begin{cases} 1 & 1 & 1 & 1 & 2 & 2 & 3 \\ 1 & 2 & 3 & 4 & 2 & 3 & 3 \\ 7 & 6 & 5 & 4 & 5 & 4 & 3 \end{cases}$$

这一共13个组合，每个组合内，不论各数码的顺序如何都成9，计算时弃掉。这要形成条件反射，习惯成自然。

如果不是这样的组合，对照这些组合折拼，可立刻求得弃九的余数（正余或负余）。如，对4、8、3三码，对照组合（4，2，3），很快知弃九后余6（8比2多6）。

练习时，可先集中练"一目三行"心算，达到能像读一行数那样流畅迅速；然后再一边心算三行合一，一边拨入算盘（注意要将三行合成一个数后，再一次拨入算盘；不可将某一位的三个码之和弃九得一余码，就马上将其拨入算盘）。算盘放在题卷上面，三行三行地向下移动，以便注视计算的三行数。

三行合一脑算法还有多种，但以"进一弃九法"较好，优点较多，因为可以减少记忆量和拨珠次数。

2. 加减混合的算法

若在竖式的三行数中有一个是减数，那就将此数用"退一加补"的方法加以变形，再按"纯加的算法"心算，这样可以省去提前"进一"，因为它与"退一加补"时的"退一"相抵消了。

[例 2-17]

$$
\begin{array}{r}
34\ 567 \\
-76\ 589 \\
74\ 298 \\
\hline
\end{array}
\rightarrow 变为
\begin{array}{r}
\bar{1}\ 23\ 411 \\
\end{array}
\longrightarrow \bar{1} 与将提前进的 1 抵消 \longrightarrow
\begin{array}{r}
34\ 576 \\
23\ 411 \\
74\ 298 \\
\hline
\end{array}
$$

（退一加补）

各位弃九得 ⟶　　32 285 （末位弃十）

其他情况（如两负数一正数等），按此思路不难明白。当然，也可以每位按加减抵消的方法来算。

如果教学和练习的时间不多，可以只将纯加按"一目三行弃九"的算法算，加减混合用珠算。以免造成干扰，弄巧成拙。

（二）一目五行弃双九加减心算法

一目五行心算的法则是："提前进二，前位弃双九，末位弃双十。"

这等于在原五行加法题上加

$$
\begin{array}{r}
1\ \bar{9}\ \bar{9}\ \bar{9}\ \cdots\ \bar{9}\ \bar{9} \\
1\ \bar{9}\ \bar{9}\ \bar{9}\ \cdots\ \bar{9}\ \dot{\bar{9}} \\
\end{array}
$$

即加上了 0，不改变原题，却改变了算法，减少了用脑记数的记忆量。

[例 2-18]

$$
\begin{array}{r}
5\ 4\ 3\ 7\ 8\ 6 \\
4\ 8\ 5\ 3\ 2\ 7 \\
6\ 9\ 1\ 4\ 7\ 2 \\
3\ 1\ 6\ 5\ 8\ 4 \\
+\ 3\ 2\ 4\ 2\ 1\ 8 \\
\hline
\end{array}
$$

提前进	弃双九余	弃双九余	弃双九余	弃双九余	弃双九余	弃双十
2	3	6	1	3	8	7

至于"一目五行弃双九"加减混合脑算法，也可以由"一目三行弃九"加减混合脑算法类推。

这里，把原来要拨的 30 个码，变成拨 7 个码，拨珠次数减少更多。当然，这需要脑算五行并一行非常熟练。

练 习

用"一目三行"、"一目五行"脑算法计算下列各题。

```
    8 5 3 1 9 4          4 7 8 6 2 4          2 4 6 2 7 5
    1 6 4 2 8 9        − 8 2 3 4 7 9            8 2 8 3 7
  + 3 7 4 3 4 3        + 7 6 4 2 6 1        + 5 2 5 4 6 2
  ─────────────        ─────────────        ─────────────
```

```
    5 3 4 9 6 8                          4 1 2 7 8 3
    3 6 5 4 1 9                            5 3 6 4 7
    8 7 2 3 9 1                          1 4 6 2 1 9
    6 2 8 5 6 3                            8 5 4 2 5
  + 4 1 3 1 2 6                        + 2 7 6 2 9 4
  ─────────────                        ─────────────
```

六、珠算式脑算

珠算加减技巧达到的最高境界是珠算式脑算，简称"珠心算"。其原理就是把 26 个算母内化脑中，在脑中拼排它们直接得到结果。

教学珠算式脑算，没有多少新概念、新法则。无非是通过怎样的练习途径，可以使算母迅速地内化。一般来说，珠算与珠算式脑算同步学习、练习，比较有效。另外，学习、练习珠心算，与年龄有关。4~13 岁的少儿最为容易练习；20 岁以前的青年，又比 20 岁以后的成年人练习掌握起来更为有效。

由于本课程不要求学生掌握珠算式脑算，具体练习的方法步骤，这里不作介绍。有兴趣的读者，可以阅读有关珠算式脑算（珠心算）的教材、著作（本教材第五章有提要）。

[课堂讨论] 1. 提高珠算加减运算水平的途径有哪些？
2. 为什么运用补数、负数和脑算都直接提高了珠算加减的水平？

第四节 传票算与账表算

一、传票算法

传票算是典型的珠算加减应用练习题。在财经实务中，对凭证的计算处理是第一道工序，"传票算"就是由此总结概括出来的。传票有各种式样，但作为练习题，中国珠算协会规定了统一的"传票算"规格式样和题型，并纳入比赛项目：①规格长 19 厘米，宽 6 厘米；用 4

号手写体印制;每页各行数字下加横线;用60克书写纸印成。②传票在左上角装订成册,每本共100页。③每页5行;各行数字从1页至100页,合计550个码;每笔最高为7位,最低为4位;全为(有两位小数的)金额单位。④每连续20页为一题,计110字,数码均衡出现。

做"传票算"的方法步骤大体如下：

1. 整理传票

为了便于正确翻页,需将"传票本"先整理成"扇面"。方法是左手拇指摸"传票本"的封面左上角,其余四指摸封底左下角；右手拇指摸封面右下角,其余四指摸封底右上角；两手同时按反时针方向捻动,使页页均散开；将"传票本"左上角（订钉处）向封面翻折,最后用纸夹夹住。

2. 找页

传票题指出从某页始到某页止,如第1题：7~26。要能做得快,必须迅速找到第7页。这就要在练习中,细心掌握手感：如10页、20页……有多厚,以便翻动最少次数找到题目的起始页。

3. 算盘与翻页

若用大、中型算盘,传票本可放在算盘左边；若用小型算盘,传票本可放在算盘上面。翻页用左手：小指、无名指压住传票本左下角以稳定传票本,拇指、食指、中指（中指有时也用来稳定传票本）用以翻页。

4. 一次翻一页算法

小、无名、中三指用以稳定传票本,当起始页之某行数目拨入算盘后,拇指掀起一页食指随即将其堵住,夹于食指、中指之间；把第二页某行数目加到算盘上后,拇指掀起该页食指随即将其堵住,夹于食指、中指之间……直到该题最后一页,看清数目拨加到算盘上的同时,左手即翻到新题的起始页。总之,尽量配合默契,充分利用时间。此外,算盘也可来回打,如果能用珠算式心算更好,那将更快。

5. 一次翻双页算法

小指、无名两指用以稳定传票本,中指和无名指夹住已计算过的页；食指、中指夹双页的首页,拇指、食指掀夹双页的次页,脑中将该双页指定的行之数目加在一起,并拨加入算盘后,即将此双页掀到中指和无名指之间……直到该题最后两页,看清数目拨加到算盘上的同时,左手即翻到新题的起始页。这里,结合了心算,减少了拨珠次数,从而可以加快速度。当然,算盘也可来回打,如果能用珠算式心算将更加方便和快捷。

在传票算中可以充分显示珠算、珠心算熟练的威力和作用。当然,翻页技巧也非常起作用。可以练习一次翻3页,用一目三行脑算法并成一数,再拨加到算盘上,这将快得多。最有效的办法是用珠算式脑算,边翻页边在脑中加,非常迅速。

练 习

用"传票算"题本,按照正确方法步骤反复练习,不断提高。

二、账表算

账表算也是典型的珠算加减应用练习题。在财经实务中,经常要做账表计算。当然,大多数情况下可以用计算机处理。但有些场合还是需要直接由会计人员用手操算或脑算的。

账表、统计图表的样式更多。但作为练习题,中国珠算协会规定了统一的"账表算"规格式样和题型,并纳入了比赛项目:

①全卷二张。格式:每张表由横 5 栏纵 20 行数目组成,纵向 5 个算题,横向 20 个算题,要求纵、横轧平,算出总计数。②账表中各行数字最低 4 位,最高 8 位;纵向每题 120 字,4~8 位各 4 行;横向每题 30 个字码,4~8 位各一个数。均为整数,不带小数。③每张表有 4 个减号,纵向第四、五题中各有 2 个,横向分别在 4 个题中各有 1 个。④不设倒减法。

账表算纵向算题,20 行 120 个数码字,如同竞赛加减题目一样,算法也可共用。例如,可以用一目三行、一目五行脑算结合珠算,也可以用珠算式脑算。横向每题 5 个数目,却是一字排列的,不同于鉴定题、竞赛题,需要特别练习一目多行脑算结合珠算方法,最好能用珠算式脑算,那就灵活了。

账表算要求轧平,能轧平者另外加高分(纵向每题 14 分,横向每题 4 分,全卷合计 150 分,而能轧平,再加 90 分)。因此,计算精确度要求很高,一处出错,影响全局。

账表算需要进行反复练习,练习中根据自己的情况,确定适合的做法,如怎样脑算,或脑算结合珠算,算盘放置题卷上何处,怎样折叠、移动题卷,写答数,等等。

[课堂讨论] 1. 如何提高传票算的运算水平?
2. 如何提高账表算的运算水平?

[本章小结]本章从基因学的新角度,以 ● 和 ◯ 两个符号为珠母,繁衍出 0 至 9 十个基数码。进而概括出 26 个动珠码符号,科学地介绍了基本加减法;从算盘二元示数的特点引入正负数珠算加减法,算法简捷、统一;珠算加减基本技巧和传票算、账表算显示出珠算加减模型的优越性。

练 习

全国统一标准珠算技术竞赛题　　单位　　姓名　　号码　　竞赛题　账表( )( )

序数	一	二	三	四	五	答数
1	42 139 065	5 863	70 491	435 628	9 807 142	
2	9 807 142	10 974	483 562	42 196 053	3 586	
3	5 638	428 356	14 265 039	8 904 217	40 719	
4	40 719	21 453 096	9 801 724	5 368	456 283	
5	462 835	8 902 471	8 635	-90 147	21 439 065	
6	8 965	158 649	27 483 650	37 102	9 307 124	
7	71 203	42 736 580	9 301 742	195 864	-9 658	
8	149 586	3 902 417	9 856	74 258 360	71 203	
9	74 265 830	5 869	23 701	3 904 271	186 495	
10	9 307 124	12 307	164 958	5 986	42 765 830	
11	50 891	5 638 109	4 672	13 950 274	842 736	

续表

序数	一	二	三	四	五	答数
12	827 364	7 624	10 985	5 619 308	39 140 572	
13	13 950 274	90 518	836 427	-7 642	6 581 903	
14	6 581 903	873 642	91 320 475	80 159	2 674	
15	4 267	39 140 572	6 593 801	864 273	50 891	
16	968 042	97 025	85 724 136	6 134	3 108 579	
17	78 546 321	982 064	3 109 758	52 079	3 641	
18	3 108 579	57 813 462	6 341	946 028	-29 057	
19	6 413	1 305 987	75 092	78 561 243	968 042	
20	29 057	4 163	924 086	1 307 895	57 832 614	
答数						

全国统一标准珠算技术竞赛题　　单位　　姓名　　号码　　竞赛题 账表( ),( )

序数	一	二	三	四	五	答数
1	31 486 079	9 278	50 364	389 712	6 205 431	
2	6 205 431	40 653	328 971	31 467 098	8 927	
3	9 782	312 897	43 179 086	2 603 145	30 546	
4	30 546	14 398 067	6 204 513	9 872	397 128	
5	371 289	2 601 354	2 789	-60 435	14 386 079	
6	2 679	492 736	15 328 790	85 401	6 805 413	
7	54 108	31 587 920	6 804 531	469 273	-6 792	
8	436 927	8 601 345	6 297	53 192 870	54 108	
9	53 179 280	9 276	18 504	8 603 154	427 369	
10	6 805 413	41 805	473 692	9 627	31 579 280	
11	90 264	9 782 406	3 751	48 690 153	231 587	
12	215 873	5 713	40 629	9 746 802	86 430 951	
13	48 690 153	60 942	287 315	-5 731	7 924 608	
14	7 924 608	258 731	64 810 359	20 496	1 753	
15	3 175	86 430 951	7 968 204	273 158	90 264	
16	672 031	65 019	29 513 487	7 483	8 402 956	
17	52 937 814	621 073	8 406 592	91 056	8 734	
18	8 402 956	95 248 371	7 834	637 012	-16 095	
19	7 348	4 809 625	59 061	52 974 138	672 031	
20	16 095	3 478	613 027	4 805 269	95 281 743	
答数						

第三章
珠算乘法

学习目标

通过本章学习，要求了解乘法的基本原理、算法程序、用破头乘法做连乘。理解珠算乘法是以加法为基础而形成的一种算法，如果将算盘比作"硬件"，则乘法大九九表和脑算单积等就是珠算乘法的"软件"。明确学好珠算乘法能提高眼、脑、手三者之间相互协调的能力，做到"心灵手巧"。掌握空盘前乘法、滚乘法、乘积的定位法和脑算2倍、5倍单积。

本章重点是空盘前乘法和乘积的固定个位档定位法。

第一节 概 述

一、珠算乘法的概念

乘法是求同一个数连续相加的简捷算法。例如：求5个6是多少，用加法是 $6+6+6+6+6=30$；用乘法则是 $6×5=30$，其中6是被乘数，5是乘数，30是乘积。即被乘数×乘数＝乘积。

乘法具有交换律、结合律和分配律等性质。利用乘法的这些性质能够简化运算过程，提高计算效率。

珠算乘法要运用大九九表。口念口诀得码积或脑算单积、手拨珠打加减法，可以说只是加减码积或单积的程序。

二、乘法大九九表

珠算乘法必须以大九九口诀作为软件，方可保证准确、高速。初学者应熟练地掌握大九九口诀。

乘法口诀是根据1至9九个数字分别乘以从1至9九个数字编制的，又叫"九九歌诀"。根据史料记载，"九九歌诀"源于春秋时期。全部有81句，称为"大九九"。在81句中有36句属于交换码的位置而得的码积重复的口诀。由于笔算不强调速度，人们为了便于记忆删去"逆九九"(大数字在前小数字在后的36句)不用,将剩下的45句称为"小九九"。"小九九"由"顺九九"36句(小数字在前大数字在后)和"平九九"9句(前后两个数字相同)组成。珠算强调高速度,用"小九九"易出错,所以珠算必须用"大九九"(见表3-1)。

表3-1　　　　　　　　　　　大九九口诀表

口诀数\被乘数\乘数	一	二	三	四	五	六	七	八	九	
一	一一01	二一02	三一03	四一04	五一05	六一06	七一07	八一08	九一09	逆九九(36句)
二	一二02	二二04	三二06	四二08	五二10	六二12	七二14	八二16	九二18	
三	一三03	二三06	三三09	四三12	五三15	六三18	七三21	八三24	九三27	
四	一四04	二四08	三四12	四四16	五四20	六四24	七四28	八四32	九四36	
五	一五05	二五10	三五15	四五20	五五25	六五30	七五35	八五40	九五45	
六	一六06	二六12	三六18	四六24	五六30	六六36	七六42	八六48	九六54	
七	一七07	二七14	三七21	四七28	五七35	六七42	七七49	八七56	九七63	
八	一八08	二八16	三八24	四八32	五八40	六八48	七八56	八八64	九八72	
九	一九09	二九18	三九27	四九36	五九45	六九54	七九63	八九72	九九81	

小九九(45句)

表3-1中,口诀每句由四个字组成,其中第一个中文数字表示乘数,第二个中文数字表示被乘数,后两个阿拉伯数字表示码积。在读口诀时只读数字不读数位,以避免运算中错位,提高效率。例如,"二二04"读作"二二零四","四五20"读作"四五二零"。

两个一位数相乘,其积有一位的(属不进位乘法),也有两位的(属进位乘法),为了防止加积时错档,统一将积看作两位,即十位和个位,十位上没有数的,以"0"代替。例如,"二三06"读作"二三零6"。在运算过程中,要特别注意乘积中的十位和个位的"0"的处理,以免出错。

在学习中我们应该改掉用小九九的习惯,以避免被乘数与乘数频繁换位造成差错。熟记口诀,形成条件反射可通过以下四种方式训练:第一,纵横结合记忆法。被乘数是1时,读出其分别与乘数1至9相乘的口诀;被乘数是2时,读出其分别与乘数1至9相乘的口诀,以此类推。第二,正反对照记忆法。将顺九九与逆九九一一对应记忆,从而能突破难点,迅速熟记逆九九。如三九27与九三27。第三,问答法。重点抽查其逆九九的反应能力。适合一人提问一人回答或一人提问多人回答。第四,"2 025法"。它是一种边念口诀边累加其乘积的训练方法。由于81句口诀码积累加的结果等于2 025,所以又称"2 025法"。以上方式中第一、二、四种适合个人自我训练提高。

三、脑算单积

脑算单积是以笔算式心算或珠码拼排等方式在大脑中或算盘上一次直接读出或拼成一位数乘以多位数的乘积。如果用笔写出脑算的结果,可称为"一笔成""一笔清"。如果用口说出脑算的结果,俗称"一口清"。

相对于大九九表而言,脑算单积强调心算,它是一种更为难练而高效的应用软件。大九九表是面向普及的方法,而脑算单积是面向提高的方法。有关脑算单积的方法详见本书第五章脑算部分。

四、位数

在算盘上进行计算,必须定位,"位数"概念对定位很重要。位数概念参见第一章第一节。

五、定位

定位是按照某种方法,根据被乘数和乘数的位数来确定乘积的位数。算盘的位是可以任意指定的,如果不定位就无法得到正确结果。例如,25×4,0.25×4,0.0025×40,三道题在算盘上的结果都是"1",但被乘数和乘数位数的不同决定了它们的乘积分别是 100,1,0.1。

(一) 公式定位法

从"乘法大九九表"中可以看出:两个一位因数相乘,凡是积头小的积有两位,积的位数等于两因数位数之和;两个一位因数相乘凡是积头不小的,积只有一位,积的位数比两因数位数之和少一位。进一步推广到多位数乘法,设被乘数为 M 位,乘数为 N 位,则乘积的位数可由以下两个公式决定:

1. 两因数相乘,积头小的,乘积的位数 = M + N

[例 3 – 1] $6 \times 9 = 54$

∵ 5 < 6 ∴ 积小 1 + 1 = 2(位)

[例 3 – 2] $256 \times 823 = 210\,688$

∵ 2 < 8 ∴ 积小 3 + 3 = 6(位)

[例 3 – 3] $63.7 \times 4.2 = 267.54$

∵ 2 < 6 ∴ 积小 2 + 1 = 3(位)

[例 3 – 4] $8.6 \times 0.0075 = 0.0645$

∵ 6 < 7 ∴ 积小 1 + (−2) = −1(位)

2. 两因数相乘,积头不小的,乘积的位数 = M + N − 1

[例 3 – 5] $2 \times 4 = 8$

∵ 8 > 4 ∴ 积大 1 + 1 − 1 = 1(位)

[例 3 – 6] $10 \times 100 = 1\,000$

本例积头与两因数的头一样大,所以不属于积头小,积定位 2 + 3 − 1 = 4(位)。

[例 3 – 7] $12 \times 125 = 1\,500$

∵ 15 > 12 ∴ 积大 2 + 3 − 1 = 4(位)

[例 3 – 8] $10.6 \times 0.081 = 0.8586$

∵ 8 > 1 ∴ 积大 2 + (−1) − 1 = 0(位)

在实际运用中,本法的关键是正确判断积头小或不小。应抓住积头与两因数中任一个因数头比较。这种方法由于不受计算方式、方法和计算工具的限制,所以又称为"通用定位法"。

(二) 固定个位定位法

固定个位定位法是一种算前盘上定位法,它是指在计算前先定好小数点,然后根据被乘数位数与乘数位数相加所得的位数,作为乘积首位或被乘数首位的起拨档,按算法程序运算,最后运算完毕直接看盘写数的定位法。

固定个位定位法特别适合应用于乘法,尤其在连乘法、滚乘法和省乘法中使用更觉方便。

[例 3-9] $463 \times 69 = 31\,947$(见图 3-1)

起拨档 $= 3 + 2 = 5$(位)

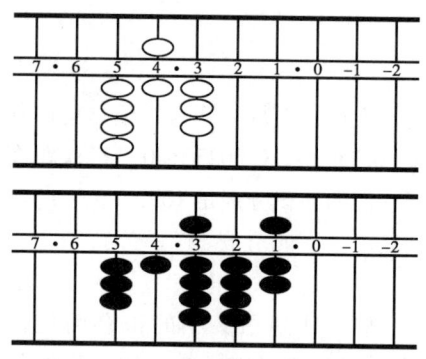

(1)从正五位档拨入被乘数 463。

(2)按照破头乘法的程序进行运算,结果是 31 947。积的个位正好落在算前选定的个位档上。

图 3-1

[例 3-10] $16.5 \times 0.042 = 0.693$(见图 3-2)

起拨档 $= 2 + (-1) = 1$(位)

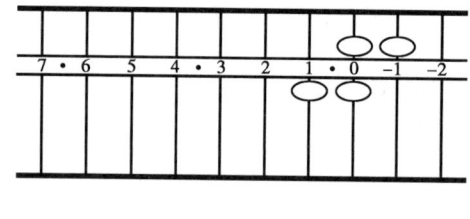

(1)从正一位档拨入被乘数 165。

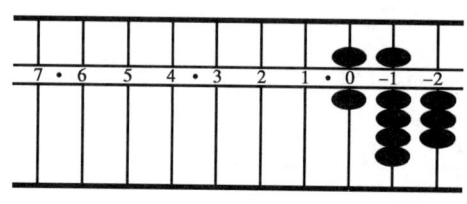

(2)按照破头乘法的程序进行运算,结果是 0.693。

图 3-2

[课堂讨论] 1. 怎样熟练掌握大九九口诀表?
2. 公式定位法的要领是什么?
3. 固定个位定位法的要领是什么?

练 习

1. 填空。

小九九 45 句口诀的乘积累加的结果是 _____;

大九九 81 句口诀的乘积累加的结果是 _____。

2. 指出下列各数的最高位数字。

(1) 7 394   (2) 0.08

(3) 87 301　　　　　　　　(4) 937
(5) 20 000　　　　　　　　(6) 0.74
(7) 9.04　　　　　　　　　(8) 0.00625
(9) 4.73　　　　　　　　　(10) 0.0004

3. 指出下列各数的位数。
(1) 384　（　　）　　　　(2) 4.63　（　　）
(3) 0.57　（　　）　　　　(4) 2 040　（　　）
(5) 87.12　（　　）　　　(6) 0.0471　（　　）
(7) 86 003　（　　）　　 (8) 0.0007　（　　）
(9) 260.01　（　　）　　 (10) 40 000　（　　）

4. 根据括号内指定的位数，在横线上写出下列各数的数值。
(1) 826　（正一位）_____　　(2) 96 714　（正三位）_____
(3) 63　（零　位）_____　　　(4) 428　（负一位）_____
(5) 580　（正五位）_____　　(6) 93　（负二位）_____
(7) 172　（正四位）_____　　(8) 7 691　（零　位）_____
(9) 12　（正六位）_____　　 (10) 18　（正四位）_____

5. 下列各数相乘盘面结果都是 96，用公式定位法确定它们的积。
(1) 3 200 × 0.03 =　　　　(2) 4 000 × 0.24 =
(2) 0.48 × 2 000 =　　　　(4) 19.2 × 0.005 =
(5) 1 200 × 0.08 =　　　　(6) 320 × 300 =
(7) 480 × 200 =　　　　　 (8) 192 × 5 000 =
(9) 150 × 640 =　　　　　 (10) 6 400 × 15 =

6. 下列各数相乘盘结果都是 4 032，用公式位法确定它们的积。
(1) 6 720 × 0.006 =　　　　(2) 0.004 × 1 008 =
(3) 13.44 × 300 =　　　　　(4) 8 000 × 504 =
(5) 0.0576 × 0.07 =　　　　(6) 0.36 × 0.112 =
(7) 960 × 42 =　　　　　　 (8) 64 × 630 =
(9) 0.252 × 160 =　　　　　(10) 0.0896 × 0.45 =

第二节　空盘前乘法

一、空盘前乘法的概念及特点

空盘前乘法是具有"空盘"和"前乘"两个特点的算法。"空盘"是指在运算前被乘数与乘数都不拨在算盘上，盘上是空的；"前乘"是指被乘数与乘数都按从高位到低位的顺序运算。

空盘前乘法的两大特点使它区别于传统的乘法,在实际工作中具有如下优点:

(1) 由于算前不布被乘数和乘数,因而减少了拨珠量。传统乘法至少要布被乘数,有的还要求布乘数。

(2) 运算时从左到右,不需要左顾右看,符合手指拨珠习惯,能避免加错档位,节约看数拨珠的时间。采用本法计算时,试题放在算盘的下方,左手指着被乘数或乘数,向上看算盘、向下看数字,做到了眼、脑、手的高度统一。

(3) 运算方法灵活多变,能减少拨珠量,提高运算速度。

(4) 在复核会计凭证上几笔乘积的累计金额时,可以直接在算盘上滚乘累加,运算一步到位。省去传统乘法每求一个积数后需要记数、清盘,最后再逐笔相加的麻烦。

(5) 便于进一步与脑算单积结合形成珠算式心算乘法。多位数心算乘法是以脑算单积为基础,采用空盘前乘法的程序,便于将每个脑算单积在大脑中累加起来。

综上所述,空盘前乘法向下易普及,向上能提高,是近年来广泛应用的主流算法。

二、一位数乘法程序

被乘数或乘数只有一个非零数字的乘法叫一位数乘法。一位数乘法是多位数乘法的基础,熟练地掌握一位数乘法对提高乘算的水平有着重要作用。

一位数乘法的运算程序是:

(1) 选择一位数作为乘数去乘被乘数。两因数均不拨入算盘,要求脑记一位数,眼看被乘数。

(2) 运算顺序是用乘数依次去乘被乘数的第一位、第二位……直到最末位。为表述方便也有将被乘数从首位到末位依次叫第一位、第二位……直到末位数。

(3) 加积的规则:

①用大九九口诀时,刚入门可念出口诀,以后默念,熟练后逐步形成条件反射,摆脱口诀的束缚。使用大九九口诀或脑算单积对应位加积。

②定好位标,计算起拨档,从起拨档开始拨入乘积。为了表述方便从起拨档开始依次称为运算的第一档、第二档、第三档……起拨档 = 被乘数位数 + 乘数位数。

③加积的档位规律是:乘数与被乘数第几位相乘,乘积的十位就加在算盘的第几档上,积的个位加在下一档(如图3-3所示)(注意:为了简化,只记梁上标的档位数即够,不必再记第一档,第二档……)。

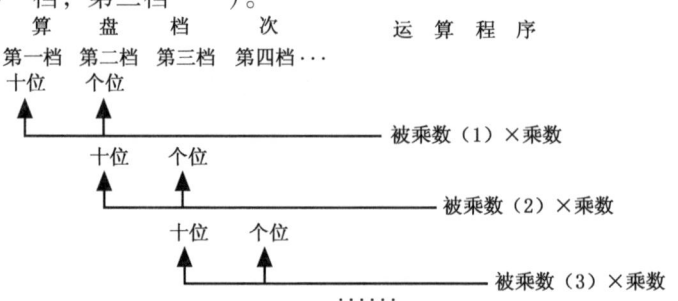

图3-3 一位数乘法加积示意图

④为了避免加错档次，右手应始终在算盘横梁上水平移动，做到"手不离起档，依次错位相加"。

（4）看盘写数。运算完毕，根据精确度的要求直接看盘写出答案。

[例3–11] $684 \times 7 = 4788$（见图3–4）

盘式图　　　　　　　　　　　运算程序

（1）选择7乘以$\overrightarrow{684}$，要求脑记7，眼看684，从高位开始乘。起拨档 = 3 + 1 = 4（档）。

（2）用乘数7乘被乘数首位6，将积的十位数4加在+4档（第一档）上，个位数2加在+3档（第二档）上。

（3）用乘数7乘被乘数第二位8，将积的十位数5加在第二档上，个位数6加在第三档上。

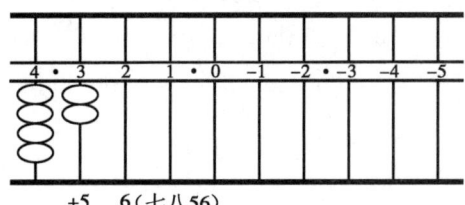

（4）用乘数7乘被乘数第三位4，将积的十位数2加在第三档上，个位数8加在第四档上。

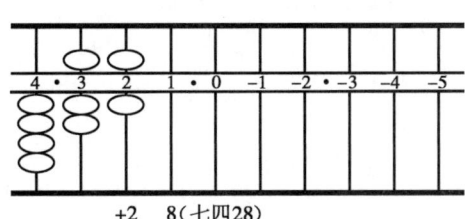

（5）看盘写数：本题答数4 788。

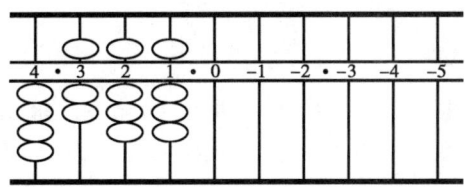

图3–4

[例3–12] $125 \times 8 = 1\,000$（见图3–5）

运算程序

（1）选择8乘以$\overrightarrow{125}$，要求脑记8，眼看125，从高位开始起乘。起拨档 = 3 + 1 = 4（档）。

盘式图

(2) 用乘数8乘被乘数首位1,将积的十位数0加在第一档上,个位数8加在第二档上。

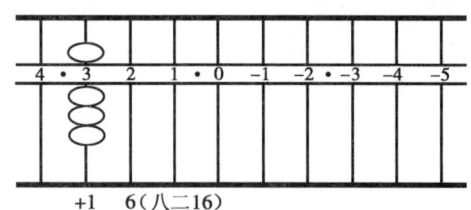

(3) 用乘数8乘被乘数第二位2,将积的十位数1加在第二档上,个位数6加在第三档上。

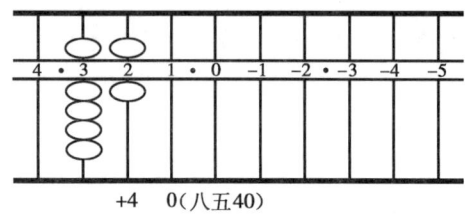

(4) 用乘数8乘被乘数第三位5,将积的十位数4加在第三档上,个位数0加第四档上。

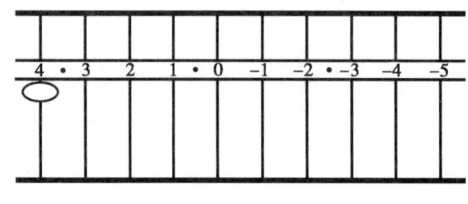

(5) 看盘写数:本题答数1 000。

图3-5

[**例3-13**] $0.00104 \times 30 = 0.0312$ (见图3-6)

盘式图   运算程序

(1) 选择3乘以$\overrightarrow{104}$,要求脑记3,眼看104,从高位开始起乘。起拨档 = -2 + 2 = 0(档)。

(2) 用乘数3乘被乘数第一位数1,将积的十位0加在第一档,积的个位数3加在第二档上。

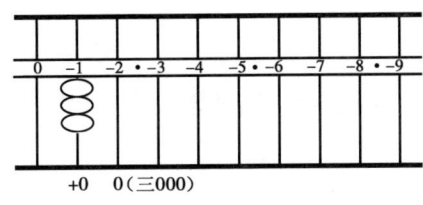

(3) 用乘数3乘被乘数第二位数0，将积的十位数0加在第二档上，积的个位数0加在第三档上。

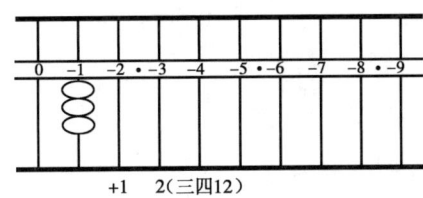

(4) 用乘数3乘被数第三位数4，将积的十位数加在第三档上，积的个位数加在第四档上。

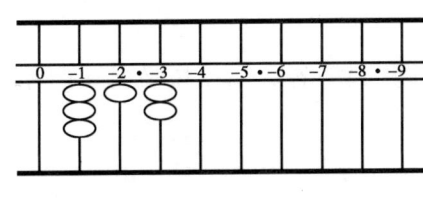

(5) 看盘写数：本题答数0.0312。

图 3-6

三、多位数乘法程序

（一）含义

被乘数和乘数的非0有效数字是两个或两个以上的乘法叫作多位数乘法。多位数乘法算法以一位数乘法为基础，根据乘法的分配律将多位数乘法拆成若干组一位数乘法。

例如：32 × 567 = （30 + 2）× 567
                = 30 × 567 + 2 × 567
                = 17 010 + 1 134
                = 18 144

简单地说：两个多位数的码两两相乘，所得码积按位数入盘（码积位数等于两码位数之和）。

（二）运算的程序

1. 选择好乘数

乘数选得好、拆得好能减少口诀运算的时间、简化运算方式、避免加错档次，达到事半功倍效果。选择乘数的标准是：第一，选有效数字较少的因数；第二，选中间含"0"较多的因数；第三，选含相同数字的因数；第四，选接近整数（$A \times 10^N$）因数。

2. 运算顺序是被乘数和乘数都按从高位到低位的方向相乘

先用乘数的第一位去乘被乘数的各位，然后再用乘数的第二位、第三位……依次去乘被乘数的各位数。

3. 计算起拨档，从起拨档开始拨入乘积

为了表述方便从起拨档开始依次称为运算的第一档、第二档、第三档……起拨档＝被乘数位数+乘数位数。

4. 加积的规则

所拆的数字是乘数的第几位,那么它与被乘数之积就从算盘第几档开始拨入(如图3-7所示)。

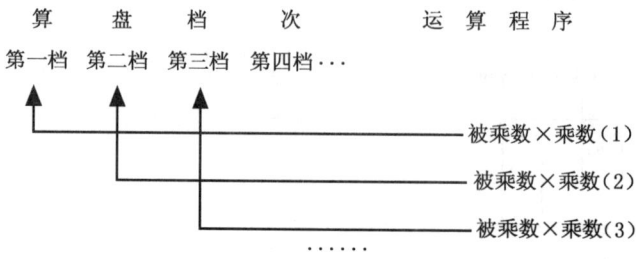

图3-7 多位数乘法加积档次示意图

5. 看盘写数

运算完毕,根据精确度要求确定积的数值,如无特别说明答数一律精确到0.01位,以下四舍五入。

(三)举例说明

[**例3-14**] 568×32=18 176(见图3-8)

盘式图　　　　　　　　　　　运算程序

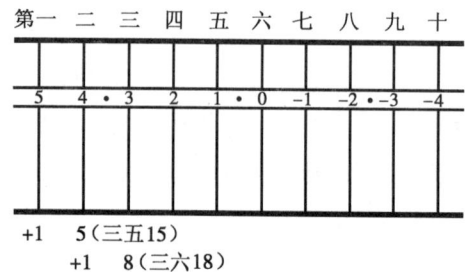

　　+1　5(三五15)
　　　+1　8(三六18)
　　　　+2　4(三八24)

(1) 选择32作为乘数,将本题拆成两组一位数乘法:30×568+2×568。要求脑记乘数,手指、眼看被乘数。起拨档=3+2=5(档)。

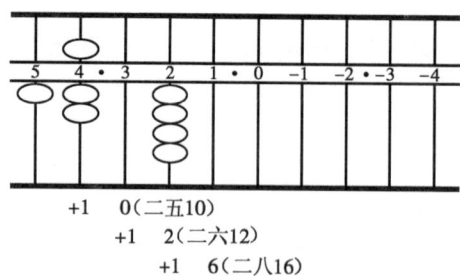

　　+1　0(二五10)
　　　+1　2(二六12)
　　　　+1　6(二八16)

(2) 用乘数第一位数3与被乘数568从高位到低位逐位相乘,并将乘积从第一档开始拨入。

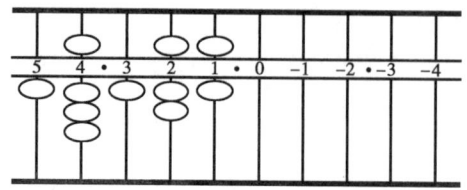

(3) 用乘数第二位数2与被乘数568从高位到低位逐位相乘,并将乘积从第二档开始拨入。

(4) 看盘写数:本题答数18 176。

图3-8

[例3-15] 207×319=66 033（见图3-9）

盘式图　　　　　　　　　　运算程序

（1）选择207作为乘数，将本题拆成两组一位数乘法：200×319+7×319。要求脑记乘数，手指、眼看被乘数。起拨档=3+3=6（档）。

+0　6（二三06）
　+0　2（二一02）
　　+1　8（二九18）

（2）用乘数第一位数2与被乘数319从高位到低位逐位相乘并将乘积从第一档开始拨入。

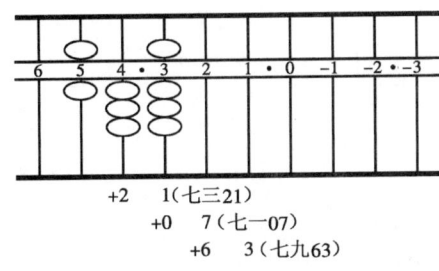

+2　1（七三21）
　+0　7（七一07）
　　+6　3（七九63）

（3）用乘数第三位数7与被乘数319从高位到低位逐位相乘，并将乘积从第三档开始拨入。

（4）看盘写数：本题答数66 033。

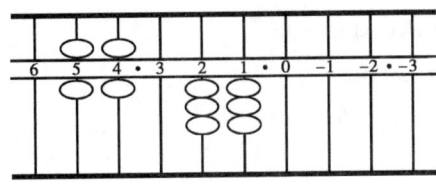

图3-9

[例3-16] 0.0056×29.7=0.17（精确到0.01位，见图3-10）

盘式图　　　　　　　　　　运算程序

（1）选择56作为乘数，将本题拆成两组一位数乘法：5×297与6×297。起拨档=-2+2=0（档）。

+1　0（五二10）
　+4　5（五九45）
　　+3　5（五七35）

（2）用乘数第一位数5与被乘数297从高位到低位逐位相乘，并将乘积从第一档开始拨入。

+1　2（六二12）
　+5　4（六九54）
　　+4　2（六七42）

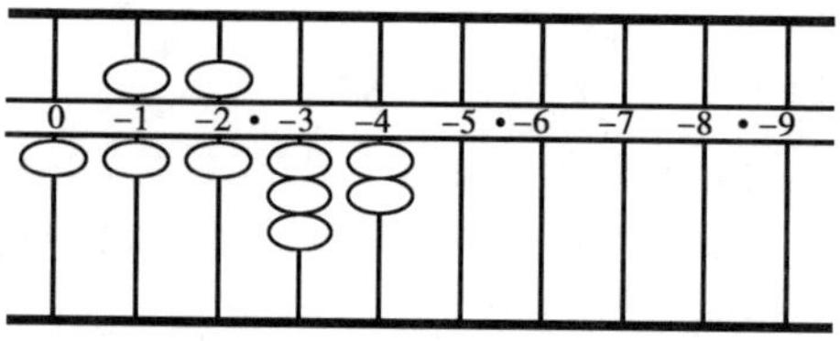

图 3-10

（3）用乘数第二位数6与被乘数297从高位到低位逐位相乘，并将乘积从第二档开始拨入。

（4）看盘写数：本题答数 0.16632，精确到 0.01 位，实际结果是 0.17。

［课堂讨论］一位数与多位数乘法的运算程序是什么？

练习（得数精确到 0.01 位）

1. 计算下列一位数乘法的积。

(1) 92×20＝
(2) 430×300＝
(3) 300×17＝
(4) 125×80＝
(5) 1 024×40＝
(6) 4 053×0.04＝
(7) 2.48×0.09＝
(8) 0.7108×60＝
(9) 2 758×0.06＝
(10) 293.48×0.5＝

(11) 123 456 789 ×
  1＝
  2＝
  3＝
  4＝
  5＝
  6＝
  7＝
  8＝
  9＝

(12) 987 654 321 ×
  1＝
  2＝
  3＝
  4＝
  5＝
  6＝
  7＝
  8＝
  9＝

2. 用空盘前乘法计算下列各题。

(1) 59×24＝
(2) 47×21＝
(3) 24×130＝
(4) 78×16＝
(5) 312×48＝
(6) 904×52＝
(7) 8.35×0.043＝
(8) 10.7×82＝
(9) 2.45×3.7＝
(10) 0.726×3.8＝

第三节 破头乘法与连乘法

一、破头乘法

(一) 破头乘法的含义

多位数乘法中被乘数从低位到高位分别与乘数从高位到低位逐位相乘的方法叫"破头乘法"。由于一开始计算即破被乘数本位改积,破头乘法由此得名。

破头乘法的优点是:被乘数与乘数从左到右相乘,符合读数和拨珠顺序,将被乘数置入算盘使初学者容易掌握起拨档,被乘数本档改积运算方便、快捷。破头乘法虽不如空盘乘法简捷,但遇到连乘法,就用得着破头乘法。

(二) 破头乘法的程序

1. 置数定位

(1) 采用公式定位法时,从算盘左一档置入被乘数,运算完毕再根据首档(左一档)是否有数确定积的位数和结果,简称"有数相加,无数加后减1"。

(2) 采用固定个位定位法时,先计算起拨档(被乘数位数加乘数位数),再从起拨档置入被乘数,运算完毕直接看盘写数。另外,如无特别要求,乘数不上盘,用左手指着或尽量用脑默记。

2. 运算顺序

被乘数从低位到高位分别与乘数从高位到低位相乘,如图3-11所示。

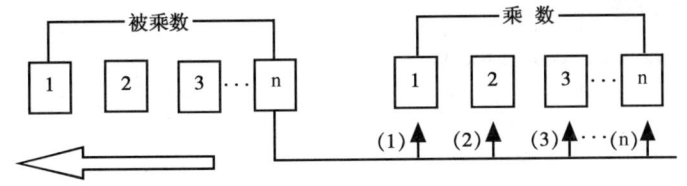

图 3-11 运算顺序示意图

3. 加积的规则

被乘数本位与乘数首位相乘时,积的十位数由被乘数的本位改成,积的个位加在右一档;被乘数本位与乘数其他各位相乘的乘积按"十个、十个、十个……"的档次叠加相加。或理解为每次加积的个位档是下次加积的十位档,呈阶梯状叠位相加。如图3-12所示。

(三) 举例说明

[例 3-17] 604×371=224 084 (见图3-13)

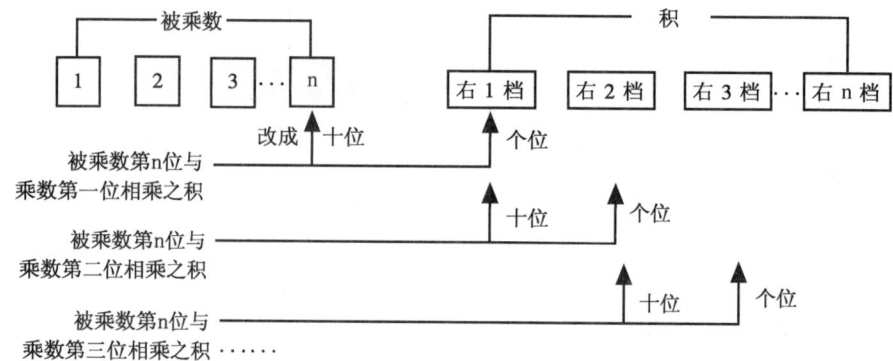

图 3-12 加积档次示意图

盘式图

```
第一 二 三 四 五 六 七 八 九 十
 6  5  4 · 3  2  1 · 0  -1 -2 · -3
              -4
           +1    2(四三12)
              +2    8(四七28)
                 +0    4(四一04)
```

运算程序

（1）定好位标，计算起拨档，置入被乘数。起拨档 = 3 + 3 = 6（档），从算盘第一档起拨入被乘数 604。

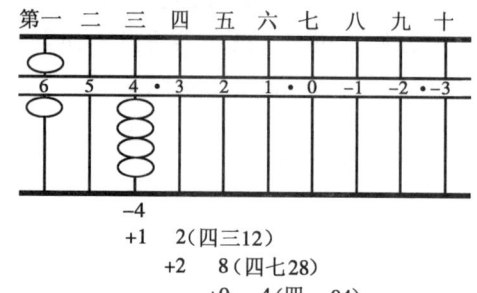

```
              -6
           +1    8(六三 8)
              +4    2(六七42)
                 +0    6(六一06)
```

（2）用被乘数第三位数 4 依次与乘数 371 相乘，从第三档减去 4，再将乘积按顺序叠位相加。

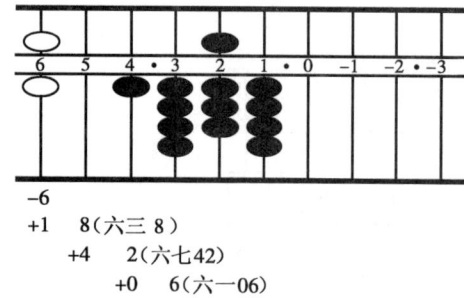

（3）用被乘数第一位数 6 依次与乘数 371 相乘，从第一档减去 6，再将乘积按顺序叠位相加。

（4）看盘写数：本题答数 224 084。

图 3-13

[**例 3-18**] 16.02 × 0.375 = 6.01（精确到 0.01 位，见图 3-14）

盘式图 　　　　　　　　　　　　运算程序

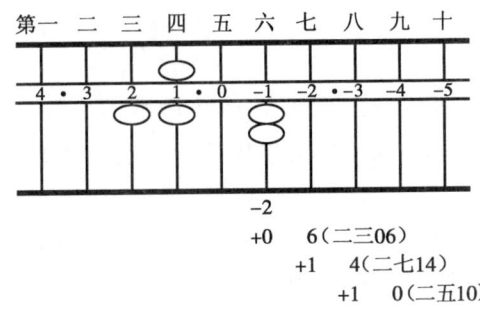

（1）定好位标，计算起拨档，置入被乘数。因为起拨档=2+0=2（档），所以从+2档置入被乘数1 602。

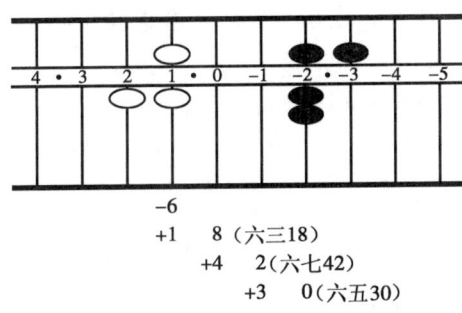

（2）用被乘数2依次与乘数375相乘，从-1档减去2，再将乘积按顺序叠位相加。

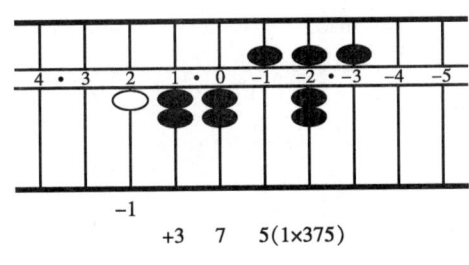

（3）用被乘数6依次与乘数375相乘，从+1档减去6，再将乘积按顺序叠位相加。

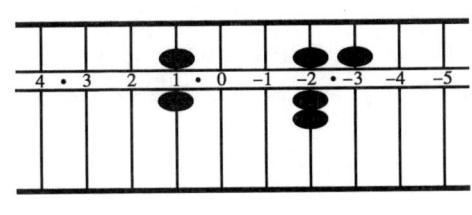

（4）用被乘数1依次与乘数375相乘，从+2档减去1，再从+1档加上乘积375。盘面结果6.0075，精确到0.01位后得答数6.01。

图3-14

二、连乘法

有三个及三个以上的因数相乘的乘法叫连乘法。可以接连用空盘乘法及破头乘法，实际工作中，一些财务指标的计算、银行利息的计算等都广泛地运用了连乘法。

连乘法的算法可以空盘前乘法结合破头乘法。即先用空盘前乘法进行前两因数相乘的计算，然后用破头乘法将乘积与第三因数相乘，以下如有连乘均用破头乘法。

正确进行连乘法计算，定位非常重要。连乘法可用公式定位法和固定个位定位法两种方法定位,以下分别加以介绍。

(一) 公式定位法

设 J 表示乘积的位数,m_1、m_2、$m_3\cdots m_n$ 分别表示第一、二、三…n 个因数的位数,k 表示算盘左边空档的个数。则 $J = m_1 + m_2 + m_3 + \cdots + m_n - k$。用文字描述为:积的位数等于各因数位数之和,再减去左边空档个数。

例如:三因数连乘运算完毕算盘左边空一档,则 $k = 1$,$J = m_1 + m_2 + m_3 - 1$;如果左边空两档,则 $k = 2$,$J = m_1 + m_2 + m_3 - 2$;如果首档有数,则 $k = 0$,$J = m_1 + m_2 + m_3$。

[例 3-19] 某储户于 2018 年 1 月 1 日存入活期存款 6 200 元,同年 7 月 1 日该储户要求取走存款和利息,假设该时间内国家规定利率为月息 1.96‰,同时银行按利息总额的 20% 代征利息税,请问该储户实际可取走多少本利和(精确到 0.01 位,盘式图见图 3-15)?

算式:该储户实际应得利息 = 6 200 × 6 × 1.96‰ × (1 - 20%)

= 6 200 × 6 × 0.00196 × 0.8(连乘法计算)

= 58.33(元)

该储户实际应得本利和 = 6 200 + 58.33 = 6 258.33(元)

盘式图

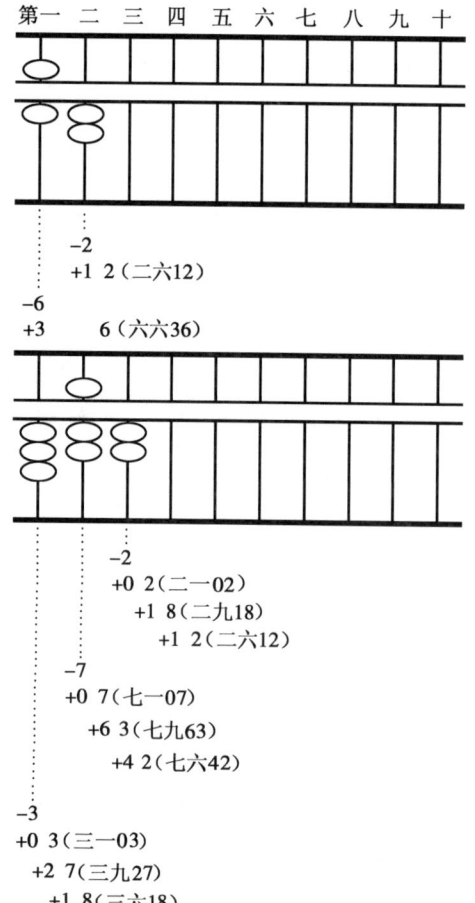

运算程序

(1) 从算盘第一档置入被乘数 6 200。

(2) 用破头乘法将被乘数 62 分别与 6 相乘,本档 62 减去,同时拨入相应乘积,盘面结果 372。

第三章 珠算乘法 71

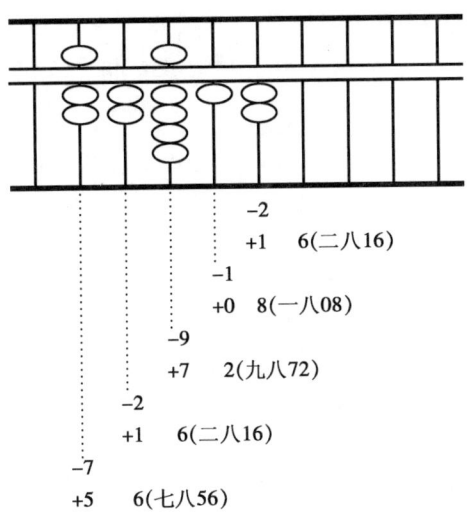

（3）以372作被乘数与196相乘，本档减去372，同时拨入相应乘积，盘面结果072 912。

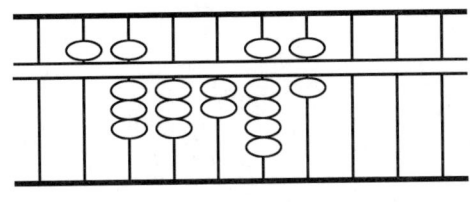

图3-15

（4）以72 912作为被乘数与8相乘，本档减去72 912，同时拨入相应乘积，盘面结果0 583 296。

（5）定位写数。积的位数 = 4 + 1 + (-2) + 0 - 1 = 2（位），得答数58.33。

答：因此该储户实得利息58.33元，实际可取走本利和6 258.33元。

（二）固定个位定位法

计算前在算盘上定好位标，然后计算起拨档，按前述两种方法连乘，最后根据盘面结果确定乘积。

设起拨档为Q，各因数位数同（一）中假定，则 $Q = m_1 + m_2 + m_3 + \cdots + m_n$

[例3-20] 李某于2015年10月购入国家发行的三年期国库券15 000元，年票面利率5.3%，问2018年10月期满时，李某投资国库券的收益是多少（盘式图见图3-16）？

算式：投资国库券收益 = 15 000 × 3 × 5.3%
　　　　　　　　　　　= 15 000 × 3 × 0.053
　　　　　　　　　　　= 2 385（元）

盘式图

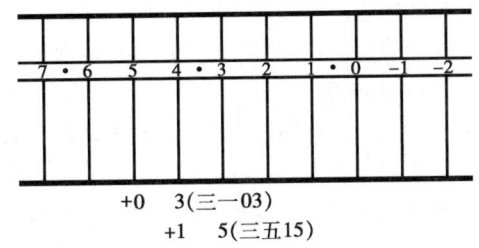

运算程序

（1）起拨档 = 5 + 1 + (-1) = 5（位），选择3作为乘数，用空盘前乘法去乘15 000乘积从 +5 档开始拨入。

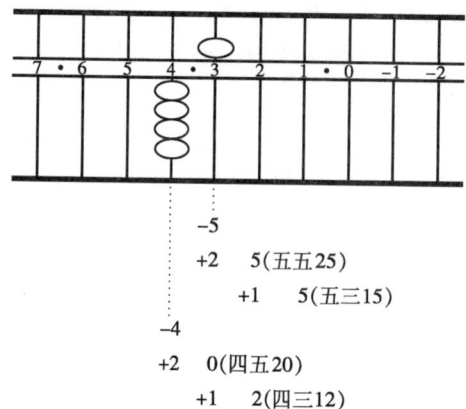

（2）以45作为被乘数，用破头乘法与53相乘，本档分别减去45，同时拨入相应乘积。

```
        -5
       +2    5（五五25）
            +1    5（五三15）
        -4
       +2    0（四五20）
            +1    2（四三12）
```

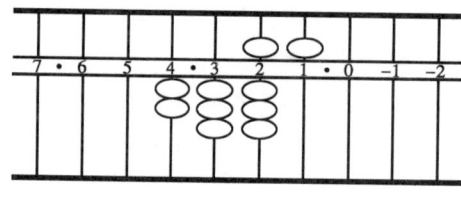

（3）运算完毕，直接看盘写数，得数2 385。

图 3－16

答：李某投资国库券的到期收益是2 385元。

[课堂讨论] 1. 破头乘法的运算程序是什么？
　　　　　2. 连乘法的运算程序是什么？

练习（得数精确到0.01位）

1. 运用破头乘法计算下列各题。

（1）432 × 156 =　　　　　　（2）307 × 256 =

（3）876 × 425 =　　　　　　（4）106 × 429 =

（5）734 × 618 =　　　　　　（6）1 402 × 350 =

（7）18.05 × 3.04 =　　　　　（8）7.46 × 31.8 =

（9）237.5 × 0.080 2 =　　　 （10）150.2 × 8.17 =

2. 运用连乘法计算下列各题。

（1）某储户于2018年6月30日存入活期存款8 500元，同年12月31日，该储户要求取走存款和利息，假设该时间内国家规定利率为月息1.96‰，同时银行按利息总额的20%代征利息税，请问该储户实际可得到的本利和是多少？

（2）王某于2013年10月购买国家发行的五年期国库券23 000元，年票面利率7.4%，问2018年10月期满时，王某投资国库券收益是多少？

第四节 混合运算——滚乘法

一、滚乘法的程序

滚乘法是将多笔乘算的乘积在算盘上累加起来的方法。应采取乘积的固定个位定位法定位。

滚乘法的运算程序是：
(1) 确定好位标，定好小数点。
(2) 计算起拨档。每项乘算都要重新计算起拨档，起拨档＝被乘数位数＋乘数位数。
(3) 运用空盘前乘法进行计算。
(4) 运算完毕看盘写数。

二、滚乘法的应用

在企业的经济核算中，滚乘法有着广泛的应用，如商业企业营业员的收银计算，营业额的复核以及仓库领料单、入库单、发货票等。凡涉及多种商品的数量、单价求总金额的问题都可运用滚乘法。滚乘法能省去常规算法每项乘算需要置数、定位、记录乘积、清盘和最后累加汇总等手续，它极大地提高基层核算人员计算速度和复核工作的效率。

[例 3 – 21] 某顾客到粮油副食店购食盐 2 斤（单价 0.75 元），购色拉油 8 斤（单价 2.65 元），购大米 25 斤（单价 1.2 元），求该顾客购物的总金额（盘式图见图 3 – 17）？

算式：该顾客购物总金额 = 2 × 0.75 + 8 × 2.65 + 25 × 1.2 = 52.70（元）

盘式图

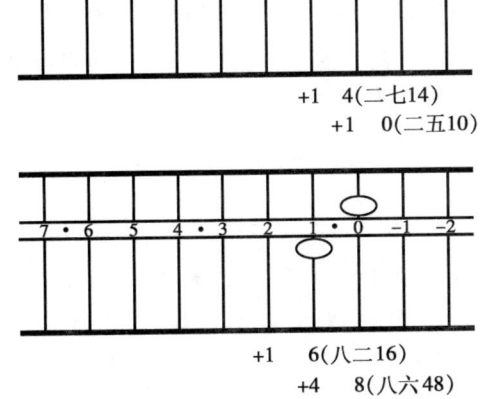

运算程序

(1) 确定好位标。第一项 2 × 0.75，起拨档 = 1 + 0 = 1，从 +1 档开始拨入乘积，盘面金额 1.50（元）。

(2) 第二项 8 × 2.65，起拨档 = 1 + 1 = 2，从 +2 档开始拨入乘积，盘面累计金额 22.70（元）。

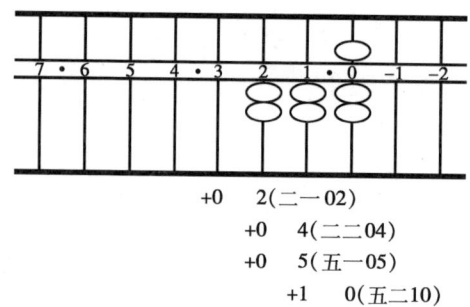

（3）第三项 25×1.2，起拨档 = 2 + 1 = 3，从 +3 档开始拨入乘积 20×1.2，从 +2 档拨入乘积 5×1.2。

+0 2（二一02）
+0 4（二二04）
+0 5（五一05）
+1 0（五二10）

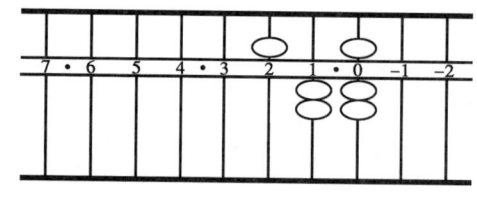

（4）盘面显示该顾客购物总金额是 52.70（元）。

图 3-17

[例 3-22] 某商场核算人员用滚乘法复核如表 3-2 所示销货单的总金额（盘式图见图 3-18）。

电器经营部销货单

表 3-2　　　　　　　　　　　　　　　2018 年 10 月

品　名	数量	单位	单价（元）	小计金额（元）
21 寸长虹彩电	12	台	1 050	12 600
25 寸长虹彩电	4	台	1 650	6 600
29 寸长虹彩电	2	台	2 360	4 720
冰箱	3	台	1 640	4 920
洗衣机	5	台	1 800	9 000
合计大写人民币叁万柒仟捌佰肆拾元整				37 840.00

盘式图

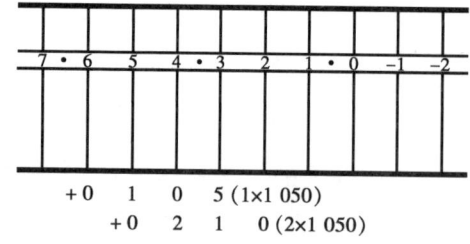

+0 1 0 5（1×1 050）
+0 2 1 0（2×1 050）

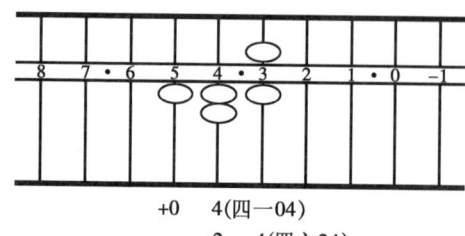

+0 4（四一04）
+2 4（四六24）
+2 0（四五20）

运算程序

（1）确定好位标。第一项 12×1 050，起拨档 = 2 + 4 = 6，从 +6 档开始拨入乘积，盘面金额 12 600（元）。

（2）第二项 4×1 650，起拨档 = 1 + 4 = 5，从 +5 档开始拨入乘积，盘面累计金额 19 200（元）。

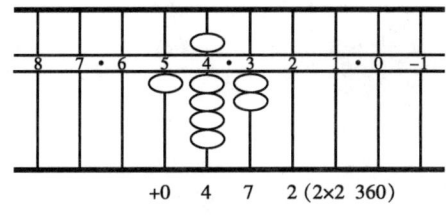

(3) 第三项 2×2360，起拨档 $= 1 + 4 = 5$，从 +5 档开始拨入乘积 04 720，盘面累计金额 23 920（元）。

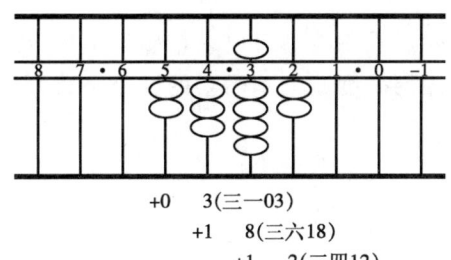

(4) 第四项 3×1640，起拨档 $= 1 + 4 = 5$，从 +5 档开始拨入乘积，盘面累计金额 28 840（元）。

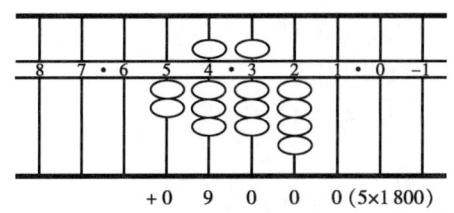

(5) 第五项 5×1800，起拨档 $= 1 + 4 = 5$，从 +5 档开始拨入乘积 09 000，盘面累计金额 37 840（元）。

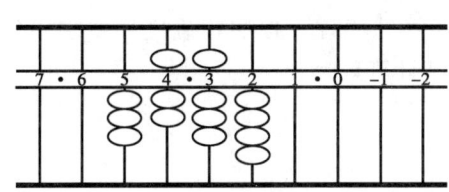

复核表明盘面累计金额与销货单合计金额相符，该凭证正确无误。

图 3-18

［课堂讨论］滚乘法的程序是什么？它有哪些应用？

练 习

1. 李某在某文化用品商店购买办公用大红纸 200 张，单价每张 0.12 元；练习本 500 本，单价每本 1.25 元；圆珠笔 20 支，单价每支 0.18 元；墨水 5 瓶，单价每瓶 2.78 元。问李某采购的办公用品总金额是多少？

2. 某零售商从该市电池厂购进 1 号电池 280 支，单价每支 1.40 元；5 号电池 320 支，每支 2.60 元；7 号电池 150 支，单价每支 3.10 元。问该零售商采购电池的总金额是多少？

3. 某厂从该市劳保商店购买毛巾 250 条，单价每条 0.90 元；棉纱手套 600 双，单价每双 0.85 元；劳保服装 60 套，单价每套 75 元。问该厂采购劳保用品的总金额是多少？

第五节 省乘法

一、省乘法的含义

在实际工作中,经常会遇到多位数小数乘法,这时对乘积往往只要求精确到小数后两位数,如果按常规算法需要算出全部小数,然后再按照精确度删去不需要的部分小数,显然这样做很费周折,浪费了时间,影响了工作效率。

例如:4.3612×0.369=1.61(精确到0.01位)

笔算竖式:

$$
\begin{array}{r}
4.3612 \\
\times\ 0.369 \\
\hline
39|2508 \quad \cdots\cdots 0.009\times 4.3612 \\
2616|72 \quad \cdots\cdots 0.06\times 4.3612 \\
13083|6 \quad \cdots\cdots 0.3\times 4.3612 \\
\hline
1.6092828
\end{array}
$$

从上式可以看出,竖线右边的计算对实际结果影响不大,可以省略不计。

所谓省乘法,又叫"省略乘法",它是根据近似计算的原理,按照精确度的要求,省出一些对乘积影响甚微的计算步骤,以简化运算,提高计算效率。

二、省乘法的程序

省乘法是基本乘法的应用算法,运用时必须结合乘积的固定个位档定位法定位。下面以空盘前乘法为例介绍省乘法算法程序:

(1)根据精确度的要求,确定好位标。

①如果乘积精确到0.01位,保险系数为1,则小数部分只留三档,位标见图3-19。

②如果乘积精确到0.0001位,保险系数为1,则小数部分只留五档,位标见图3-20。

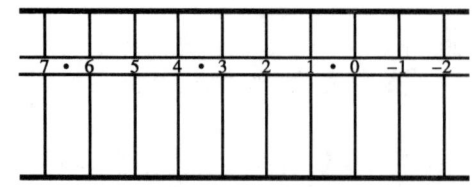

图3-19 (精确到0.01位时)

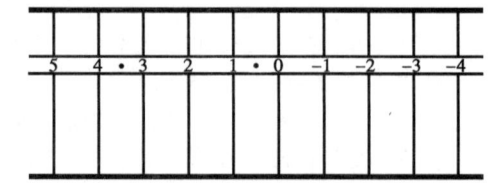

图3-20 (精确到0.0001位时)

(2)运用空盘前乘法进行计算。每当乘积加到右边框上时,均按四舍五入处理,右边框以后计算全部省去。

(3)运算完毕根据精确度要求看盘写数。

三、举例说明

[例 3-23] $4.3612 \times 0.369 = 1.61$（精确到 0.01 位，见图 3-21）

盘式图

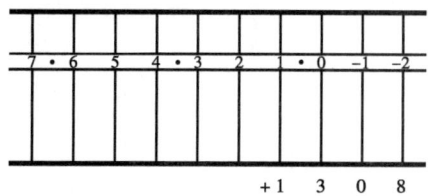

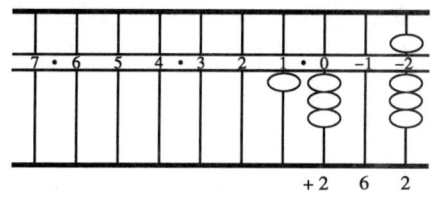

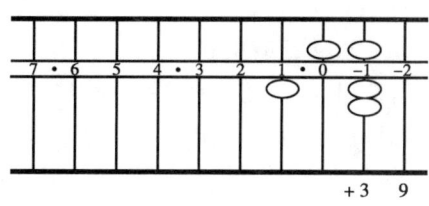

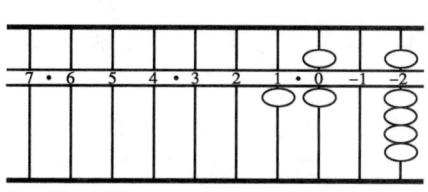

图 3-21

运算程序

（1）计算起拨档，选择 369 为乘数进行拆的变化。起拨档 = 1 + 0 = 1（位）。

（2）用乘数 0.3×4.3612，从 +1 档拨入乘积 13 083，末位 3 落在右边框上属四舍，实际拨入 1 308。

（3）乘数第二位 0.06×4.3612，从 0 档拨入乘积 261 672，第四位数 6 落在右边框上属五入，后两位 72 省去，实际拨入 262。

（4）用乘数第三位 0.009×4.3612，从 -1 档拨入乘积 392 508，第三位数 2 落在右边框上属四舍，后三位 508 也省去，实际拨入 39。

（5）盘式结果 1.609，精确到 0.01 位时乘积是 1.61。

[课堂讨论] 省乘法的程序是什么？

练 习

用省乘法计算下列各题：其中（1）至（5）题精确到 0.01 位，（6）至（10）精确到 0.0001 位。

(1) $4.62859 \times 0.3514 =$
(2) $0.48315 \times 3.4907 =$
(3) $0.73685 \times 2.4195 =$
(4) $2.7368 \times 0.05432 =$
(5) $0.24036 \times 1.3642 =$
(6) $0.03425 \times 0.16857 =$
(7) $0.783541 \times 0.02817 =$
(8) $0.10425 \times 2.68409 =$
(9) $0.0357104 \times 0.36502 =$
(10) $0.08236 \times 0.01927 =$

第六节 提高乘算水平的基本途径

提高乘算水平除掌握算法、刻苦练习外，还应从基本功入手，运用多种技巧，不断提高眼、脑、手的协调反应能力。

一、练好加减法，为学习乘法打好基础

无论哪种乘法算法都是一种口里念口诀（或脑算单积）、手上打加法的运算，所以要学好乘法，必须从练习加减法入手，尽最大可能提高手指运算频率。如何练好加减法可参照第二章珠算加减法的有关内容。在练习时间上要合理安排，保证加减算与乘算能得到均衡练习，共同提高。

二、熟记口诀，摆脱口诀，逐步运用脑算单积

任何乘法算法都离不开口诀或脑算单积。初学乘法者要求熟记有关口诀。

在熟记口诀的基础上，乘算水平有了一定提高，渐渐地口念口诀束缚了手指拨珠。因此必须摆脱口诀，做到眼看乘数，脑记被乘数，不念九九口诀就能将乘积拨入算盘，形成条件反射。

显然，摆脱口诀减少了口诀运算时间，但它依然是一种逐字拨珠运算的过程。不过，可以通过对算法软件升级，逐步运用脑算单积，从而体现珠算与脑算的结合，减少拨珠量，既动脑又动手，眼、脑、手三者协调一致。

脑算单积教学要根据教学对象、教学时数的情况因材施教、灵活掌握。一般以低倍脑算单积为主，重点学习一、二、五倍的脑算单积，对其他倍数的脑算单积采用多种方式转化为低倍脑算的单积。要求学习一个、练习一个，练好一个、运用一个，并持之以恒，逐步掌握。

三、精选算法，重点练好空盘前乘法

珠算乘法算法繁多，不可能一一掌握。从普及和提高的角度看，空盘前乘法是学习的首选算法，应该重点掌握拆的变化，达到一定熟练程度后再学习跟踪乘法、运用补数的乘法，最后结合脑算单积进行乘法的运算。

（一）跟踪乘法

1. 跟踪乘法的含义

在被乘数或乘数中，如果含有相同的两个数字，那么它们与一因数相乘时所得乘积的有效数字是相同的。因此，一个数字和被乘数相乘得出乘积后，另一个与其相同的数字不必再重算，只要再将乘积照搬，拨在相应的档次上。这种简捷算法称为"跟踪乘法"。显

然，它只在特殊情况下才可用。

2. 跟踪乘法的程序

（1）选择含相同数字的因数作为乘数。

（2）改变运算顺序，先拆相同数字进行搬的运算，后拆其他数字。

（3）照搬时，根据乘积的固定个位档定位法确定起拨档次。要注意相同的数字是乘数的第几位，就将乘积从算盘的第几档开始拨入。为了方便运用，照搬时可遵循等距离原则，即"相邻积相邻，相隔积相隔"。如果相同的数字是相邻的关系，那么它与被乘数之积就从相邻档搬入；如果相同的数字相隔几位，那么它的乘积也相隔几位搬入。

（4）运算完毕看盘写数。

3. 举例说明

[例3-24] $122 \times 567 = 69\,174$（见图3-22）

盘式图　　　　　　　　　　　运算程序

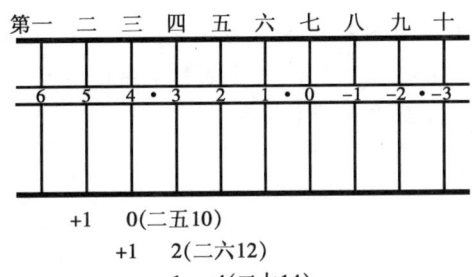

（1）选择122作为乘数，先拆2、再搬2、后拆1，本题拆成 $20 \times 567 + 2 \times 567 + 100 \times 567$。起拨档 $= 3 + 3 = 6$（档）。

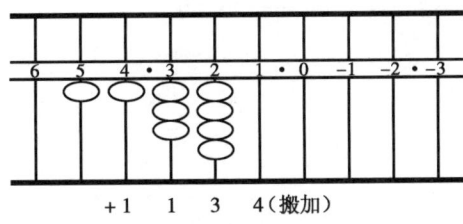

（2）乘数第二位数2与被乘数567从高位到低位逐位相乘，并将乘积从第二档开始拨入。盘面乘积为1 134。

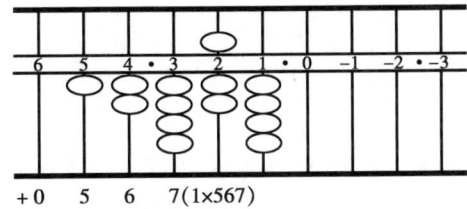

（3）因为相同的2是相邻关系，所以从第三档开始搬加乘积1 134。

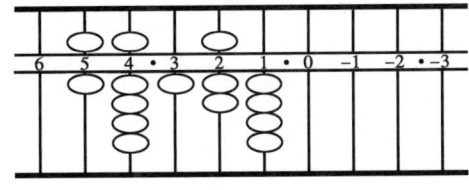

（4）用乘数第一位数1与被乘数567从高位到低位相乘，直接从第一档加上0 567（或理解为退后一档加被乘数）。

图3-22

（5）看盘写数：本题答数69 174。

[例3-25] 404×2 173=877 892（见图3-23）

盘式图　　　　　　　　　　　运算程序

　　　　+0　8(四二08)
　　　　　+0　4(四一04)
　　　　　　+2　8(四七28)
　　　　　　　+1　2(四三12)

（1）选择404作为乘数，先拆4后搬加，本题拆成400×2 173+4×2 173。起拨档=3+4=7（档）。

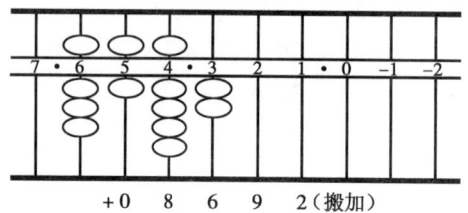

　　　+0　8　6　9　2(搬加)

（2）用乘数第一位数4与被乘数2 173从高位到低位逐位相乘，并将乘积从第一档开始拨入。盘面乘积为08 692。

图3-23

（3）因为相同的4是相隔一位关系，所以从第三档开始搬加乘积08 692。

（4）看盘写数：本题答数877 892。

[例3-26] 0.3036×48 200=14 633.52（见图3-24）

盘式图　　　　　　　　　　　运算程序

第一　二　三　四　五　六　七　八　九　十

　　5　4・3　2　1・0　-1　-2・-3　-4

　　+1　2(三四12)
　　　+2　4(三八24)
　　　　+0　6(三二06)

（1）选择0.3036作为乘数，当成整数先拆3、后搬加，本题拆成3 000×48 200+30×48 200+6×48 200。起拨档=0+5=5（档）。

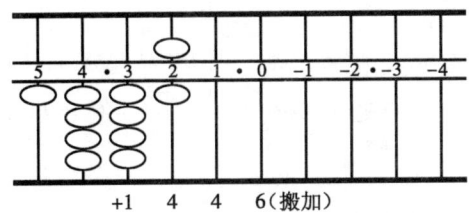

（2）乘数第一位数 3 与被乘数 48 200 从高位到低位逐位相乘，并将乘积从第一档开始拨入。盘面乘积为 1 446。

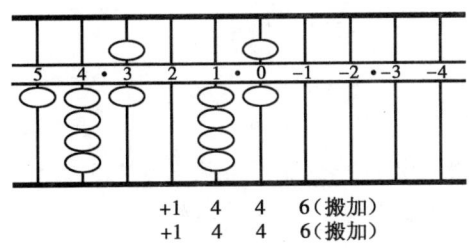

（3）因为相同的 3 是相隔一位的关系，所以从第三档开始搬加乘积 1 446。

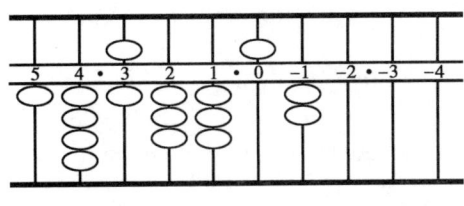

图 3－24

（4）乘数第四位 6 可以看成 3＋3，所以从第四档连续搬加乘积 1 446 两次。

（5）看盘写数：本题得答数 14 633.52。

（二）凑整乘法

1. 凑整乘法的含义

在多位数乘法中，某一因数接近 $a \times 10^n$（a 为小于 10 的整数）时，采取凑整减补等方法简化运算方式，这种简捷算法称为"凑整乘法"。显然此法能将 6～9 大数码乘法变为 0～5 小数码乘法，减少口诀与脑算的负担，从而减少拨珠量，提高计算速度。

2. 凑整乘法的程序

（1）选择接近 $a \times 10^n$ 的因数作为乘数。

（2）运用凑整减补的方法简化乘数，并进行拆的变化。

（3）简化乘数后，如果出现相同数字，可以先搬后拆，做到凑整乘法、跟踪乘法、空盘前乘法三种方法结合运用。

（4）运算完毕看盘写数。

3. 举例说明

[例 3－27] 415×98＝40 670（见图 3－25）

盘式图

运算程序

（1）选择98作为乘数，将98转化成100 - 2 或 $10\bar{2}$，原题变式为 $415 \times 10\bar{2}$。起拨档 = 3 + 3 = 6（档）。

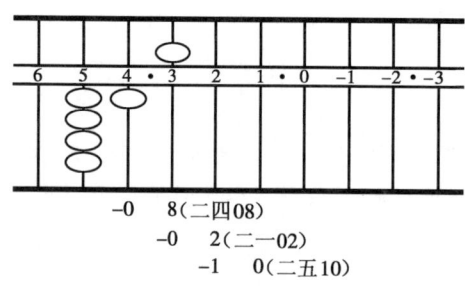

（2）用乘数第一位数1与被乘数415从高位到低位逐位相乘，并从第二档直接拨入被乘数415。

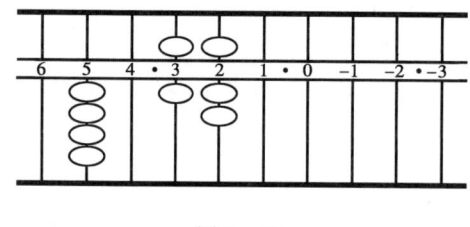

（3）用乘数第三位数 $\bar{2}$ 与被乘数415从高位到低位逐位相乘，并从第三档开始减去乘积。

图 3 - 25

（4）看盘写数：本题答数 40 670。

[**例 3 - 28**] 398 × 517 = 205 766（见图 3 - 26）

盘式图

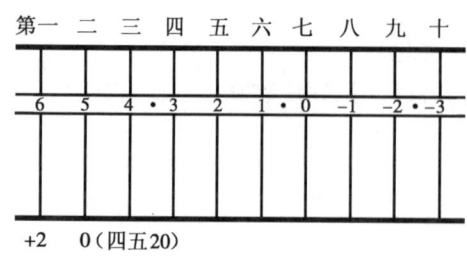

运算程序

（1）选择398作为乘数，将398转化成 $40\bar{2}$，原题变式为 $40\bar{2} \times 517$。起拨档 = 3 + 3 = 6（档）。

第三章 珠算乘法

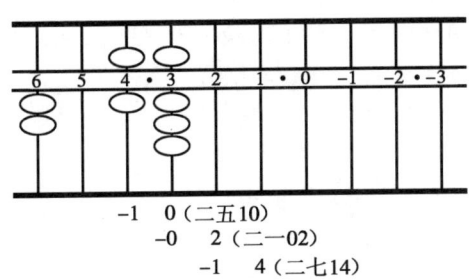

（2）用乘数第一位数4与被乘数517从高位到低位逐位相乘，并将乘积从第一档直接拨入。

-1　0（二五10）
　-0　2（二一02）
　　-1　4（二七14）

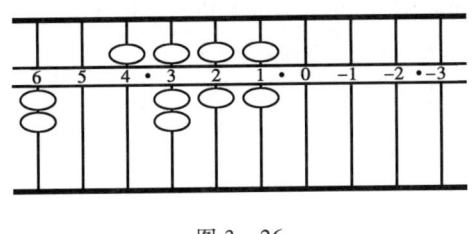

（3）用乘数第三位数$\bar{2}$与被乘数517从高位到低位逐位相乘，并从第三档开始减去乘积。

图 3-26

（4）看盘写数：本题答数205 766。

[例 3-29] 14.93×7.36=109.88（精确到0.01位，见图3-27）

盘式图　　　　　　　　　　运算程序

（1）选择14.93作为乘数，将14.93看成整数转化成1 5$\bar{1}$3，原题变式为1 5$\bar{1}$3×736。起拨档=2+1=3（档）。

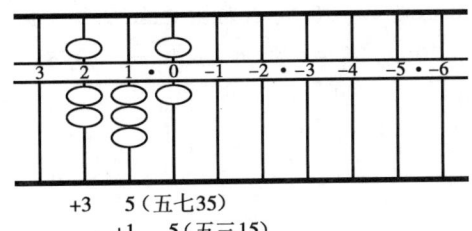

+0　7　3　6（1×736）

（2）用乘数第一位数1与被乘数736从高位到低位逐位相乘，并将乘积从第二档开始直接拨入736。

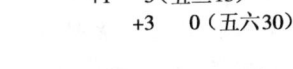

+3　5（五七35）
　+1　5（五三15）
　　+3　0（五六30）

（3）用乘数第二位数5与被乘数736相乘，并从第二档开始拨入。

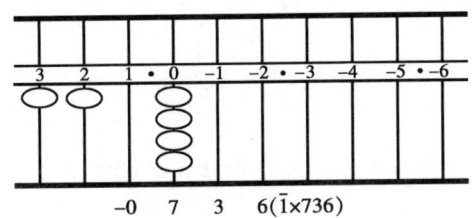

-0　7　3　6（$\bar{1}$×736）

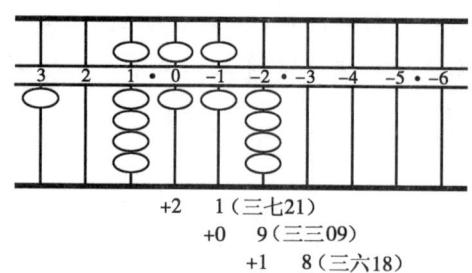

(4) 用乘数第三位 $\overline{1}$ 与被乘数736相乘，可从第四档开始直接减去736。

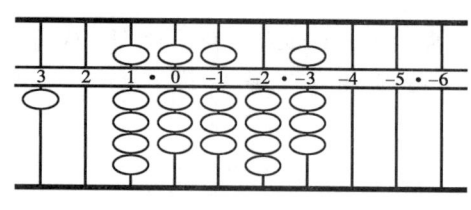

图 3-27

(5) 用乘数第四位3与被乘数736相乘，并将乘积从第四档开始拨入。

(6) 看盘写数：本题答数109.88。

[例3-30] $1\,998 \times 672 = 1\,342\,656$（见图3-28）

盘式图　　　　　　　　　　　运算程序

(1) 选择1 998作为乘数，将原题变式为 $2\,00\overline{2} \times 672$。起拨档 $= 4 + 3 = 7$（档）。

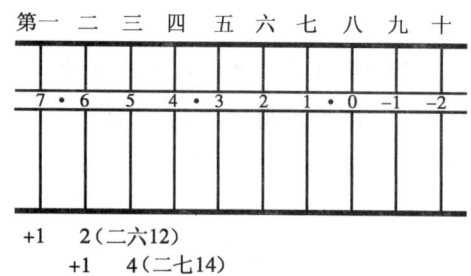

(2) 用乘数第一位数2与被乘数672相乘，并将乘积从第一档开始拨入，盘面结果1 344。

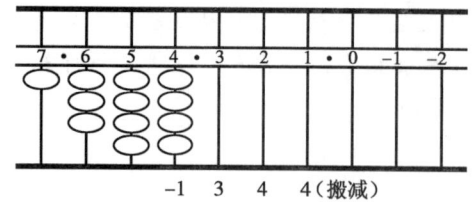

(3) 乘数 $\overline{2}$ 与乘数第一位数2相隔两位，可直接从第四档搬减相同乘积1 344。

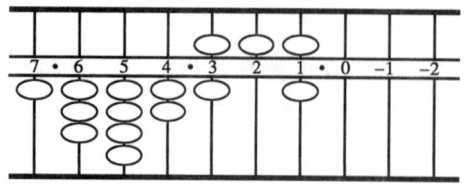

图 3-28

(4) 看盘写数：本题答数1 342 656。

(三) 脑算单积在乘法中的运用

上面介绍的乘法均以大九九表为算法软件,是一种口诀运算、逐字拨珠。然而手指运算的频率总是有限的,要进一步提高空盘前乘法的运算速度,必须突破一位乘一位口诀运算的束缚,运用脑算向一位乘两位、一位乘多位甚至多位乘多位发展,这种算法软件的升级实际上是脑算在珠算乘法中的运用。

下面以一、二、五、十倍脑算乘法为例介绍脑算单积在乘法中的运用。

通过运用一、二、五、十倍脑算单积的规律,以加减形式实现乘法运算。这种方法不用九九口诀,以加减代替乘法,充分发挥了珠算加减的优越性,又将脑算单积与珠算空盘前乘法结合,能进一步提高乘法的运算水平。

(1) 乘数是1的脑算规律:1乘以任意数,其积保持不变。但在珠算,乘法涉及加积档次问题,因此凡不进位乘法乘积首位加0或简记为"1乘下加被乘数"。例如:$1 \times 367 = 0\ 367$。

(2) 乘数是2的脑算规律:被乘数本位加一倍取和的个位数,后位满5提前进1。

(3) 乘数是5的脑算规律:偶数直接折半;奇数减1变成偶数折半,减去的1与后位数一起折半。例如:①全偶型:$5 \times 2\ 468 = 12\ 340$(偶数结尾时积的末位添0);②全奇型:$5 \times 13\ 579 = 067\ 895$(奇数结尾时,积的末位添5);③奇偶搭配型:$5 \times 43\ 816 = 219\ 080$。

(4) 其他乘数可通过前述变式方法,间接使用一、二、五、十倍的脑算。例如:乘数是4、6、7的先用5的脑算,再作加减被乘数的调整;乘数是8、9的可变成$1\bar{2}$、$1\bar{1}$,变大数字为小数字进行脑算。

在多位数乘法中运用脑算单积时,加积档次遵循前面加积的规定,为了避免出错,也可以进一步总结为:凡脑算单积增位的(比被乘数多一位)从本档加,凡脑算单积不增位的(与被乘数位数一样)从右一档(或下档)加。

[例3-31] $512 \times 164 = 83\ 968$ (见图3-29)

盘式图

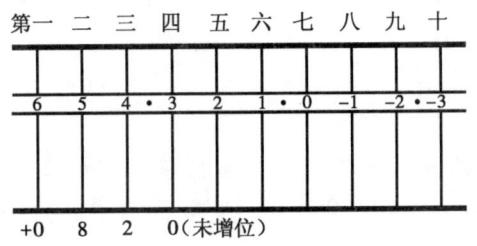

运算程序
(1) 选择512作为乘数,进行拆的变化。
起拨档 = 3 + 3 = 6 (档)。

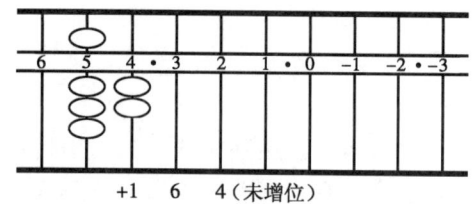

+1　6　4（未增位）

(2) 用乘数第一位数5与被乘数164相乘，单积是0820，直接从第一档拨入。或5×164单积的有效数字是820，与被乘数位数三位一样属未增位情形，直接从下档（第二档）拨入82即可。

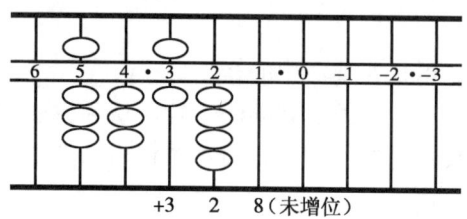

+3　2　8（未增位）

(3) 用乘数第二位数1与被乘数164相乘，直接退后一档从第三档拨入单积164。

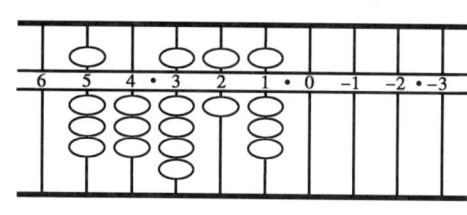

图 3-29

(4) 用乘数第三位数2与被乘数164相乘，脑算单积的有效数字是328，未增位，所以从第四档拨入。

(5) 看盘写数：本题答数83 968。

[例 3-32] 6 495×486＝3 156 570（见图 3-30）

盘式图　　　　　　　　　　　　运算程序

(1) 选择6 495作为乘数，将原题变式为 6 5̄05×486。起拨档＝4＋3＝7（档）。

+2　4　3　0（增位）
　+4　8　6（未增位）

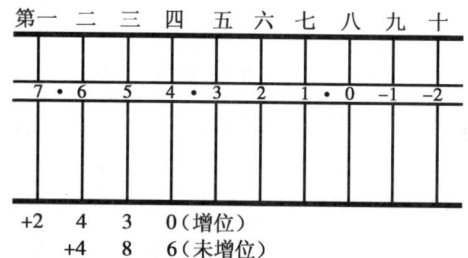

+2　4　3　0（增位）

(2) 用乘数第一位数6与被乘数2 486相乘，加积分两部分完成：本档（第一档）加5×486的单积2 430，下档（第二档）加1×486的单积486。

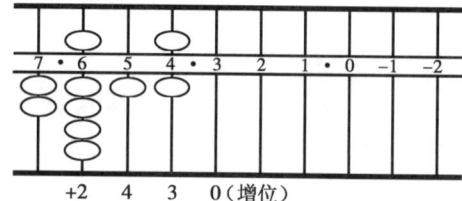

−2　4　3　0（增位）

(3) 用乘数第二位数5与被乘数486相乘，脑算单积2 430直接从本档（第二档）拨入。

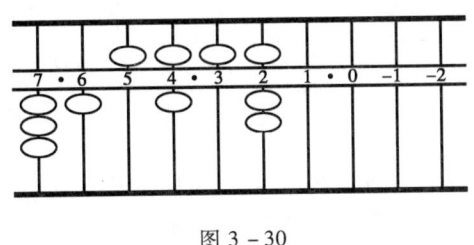

图 3-30

(4) 用乘数第四位数 $\bar{5}$ 与被乘数 486 相乘，脑算单积 2 430 直接从本档（第四档）减去。

(5) 看盘写数：本题答数 3 156 570。

四、苦练内功，重视基本功的训练

（一）看数记数的训练

1. 看数定位的训练

采取固定个位法时，要求能一眼确定起拨档。

2. 看数记数的训练

要求对应分节号和小数点有规律、有节奏地训练看数、记数的能力。逐步做到眼看乘数，脑记被乘数。

（二）看数写数清盘的训练

1. 握笔写数的训练

要求握笔方法正确，书写清晰、流畅、点撇分明。

2. 看数写数清盘的训练

要求算完一题后，眼睛迅速看并记下盘面数，右手握笔写数的同时，左手准备清盘，答数一旦写完，盘面已清为 0，下一题的计算马上又开始。这样题与题之间，每个题的几个运算环节之间连贯一致，不断提高眼、脑、手的协调反应能力。

五、运用各种技巧，简化运算，提高计算效率

(1) 选择好乘数，能简化运算，提高空盘前乘法的运算效率。请参见第二节空盘前乘法的有关内容。

(2) 运用补数，改变运算算式，化大数字的乘算为小数字的乘算，为低倍脑算的运用创造条件。

(3) 结合脑算单积，能提高计算的效率。

［课堂讨论］你认为提高乘算水平的基本途径有哪些？

［本章小结］学习珠算乘法的基础是珠算加减、乘法大九九表或脑算单积和定位；空盘前乘法和破头乘法是乘法的主要算法；而连乘法、滚乘法和省乘法是乘法的应用算法。空盘前乘为基本，不仅能解决两个数乘还能解决加减乘混合；破头乘只在做连乘时用。提高乘算水平必须从基本功入手，运用多种技巧。

> 练 习

1. 乘法趣味练习题。

所谓乘法趣味练习是从民间流传的练习中精选出来的传统练习。这些练习的结果在算盘上的造型有山、有水；有花、有鸟；有人、有景。发挥你的想像，会增添你对生活的乐趣，同时能开发你的智力，激发创造的灵感。

（1）一条龙：以 123 456 789 作为被乘数，然后分别用 9、18、27、36、45、63、72、81 去乘，其乘积依次是 1 111 111 101 到 9 999 999 909。

（2）万众一心：

①3 125 000 × 32 = 100 000 000

②6 250 000 × 16 = 100 000 000

③1 562 500 × 64 = 100 000 000

④781 250 × 128 = 100 000 000

（3）狮子滚绣球：以 1 953 125 作为被乘数，分别用 512 和它的 2 至 9 倍数（即 1 024、1 536、3 072、3 584、4 096、4 608）去乘，算盘上乘积的有效数字依次是 1、2、3、4、5、6、7、8、9。

（4）孤雁出群：999 × 999 = 998 001。

（5）单蝴蝶：102 568 × 125 = 12 821 000。

（6）双蝴蝶：102 568 102 568 × 125 = 12 821 012 821 000。

（7）凤凰单展翅：7 715 625 × 16 = 123 450 000。

（8）凤凰双展翅：493 817 284 × 25 = 12 345 432 100。

（9）孔雀开屏：16 225 679 × 35 = 567 898 765。

（10）雁南飞：440 888 924 × 1.25 = 551 111 155。

（11）蜻蜓戏水：100 168 × 125 = 12 521 000。

（12）州字图：767 676 × 25 = 19 191 900。

（13）倒山影：1 308 875 × 24 = 31 413 000。

（14）红旗招展：991 299 129 912 × 0.125 = 123 912 391 239。

（15）货郎担：4 449 448 125 × 16 = 71 191 170 000。

（16）渔翁垂钓：56 944 470 625 × 16 = 911 111 530 000。

（17）牌楼：122 244 375 × 16 = 1 955 910 000。

（18）隔帘相望：72 355 272 × 125 = 9 044 409 000。

（19）大拱桥：617 291 743 125 × 16 = 9 876 667 890 000。

（20）八仙过海：11 883 541 395 306 × 85 = 1 010 101 010 101 010。

2. "五四"青年节。

（1）9 828 × 5.55 = 　　　　　（2）819 × 666 =

（3）777 × 702 = 　　　　　　（4）7 371 × 74 =

(5) $14\ 742 \times 37 =$

(6) $5\ 994 \times 91 =$

(7) $2\ 997 \times 182 =$

(8) $614.25 \times 888 =$

(9) $3\ 496.5 \times 15.6 =$

(10) $3\ 685.5 \times 14.8 =$

3. "六六"大顺。

(1) $310.8 \times 2\ 145 =$

(2) $293.04 \times 2\ 275 =$

(3) $6\ 825 \times 97.68 =$

(4) $5\ 775 \times 115.44 =$

(5) $4\ 884 \times 136.5 =$

(6) $167.9683 \times 39.69 =$

4. "七七"相会。

(1) $3\ 367 \times 231 =$

(2) $5\ 439 \times 143 =$

(3) $1\ 813 \times 429 =$

(4) $203.5 \times 3\ 822 =$

(5) $679\ 875 \times 1\ 144 =$

(6) $477.75 \times 1\ 628 =$

5. 计算表3-3中的乘积并核对横竖乘积累加的结果是否相等。

表3-3

乘积＼乘数＼被乘数	25	307	198	828	合计
384					
165					
917					
4 562					
2 043					
合计					

6. 运用跟踪乘法计算下列各题。

(1) $33 \times 61 =$

(2) $606 \times 924 =$

(3) $222 \times 174 =$

(4) $188 \times 317 =$

(5) $626 \times 631 =$

(6) $404.4 \times 128.7 =$

(7) $5\ 255 \times 0.0731 =$

(8) $3\ 621 \times 4\ 144 =$

(9) $0.707 \times 4.26 =$

(10) $0.2024 \times 36.7 =$

7. 运用凑整乘法计算下列各题。

(1) $3\ 428 \times 98 =$

(2) $56\ 432 \times 997 =$

(3) $1\ 436 \times 987 =$

(4) $42\ 617 \times 9\ 996 =$

(5) $72\ 960 \times 199 =$

(6) $4\ 995 \times 1\ 782 =$

(7) $198\ 297 \times 348 =$

(8) $3\ 991 \times 4\ 026 =$

(9) $0.297 \times 0.614 =$

(10) $0.1989 \times 3.25 =$

8. 综合运用乘法提高型算法计算下列各题。

(1) $367 \times 25 =$

(2) $123 \times 486 =$

(3) $276 \times 198 =$

(4) $75 \times 218 =$

(5) $612 \times 378 =$

(6) $529 \times 857 =$

(7) $0.247 \times 0.322 =$

(8) $43.87 \times 0.5255 =$

(9) 0.428 × 0.981 =　　　　　　　(10) 0.2345 × 71.62 =

9. 全国珠算技术等级鉴定乘算模拟题。

普通六级（要求：限时 5 分钟，准确率 80% 以上）

(1) 62 × 95 =　　　　　　　(2) 83 × 26 =
(3) 407 × 38 =　　　　　　　(4) 59 × 702 =
(5) 16 × 49 =　　　　　　　(6) 38 × 56 =
(7) 907 × 18 =　　　　　　　(8) 48 × 107 =
(9) 57 × 984 =　　　　　　　(10) 219 × 73 =

普通五级（要求：同六级）

(1) 419 × 87 =　　　　　　　(2) 52 × 309 =
(3) 63 × 164 =　　　　　　　(4) 0.287 × 5.29 =
(5) 709 × 48 =　　　　　　　(6) 36 × 205 =
(7) 0.8071 × 0.96 =　　　　　(8) 184 × 63 =
(9) 518 × 734 =　　　　　　　(10) 92 × 6 051 =

普通四级（要求：同六级）

(1) 3 902 × 46 =　　　　　　(2) 564 × 915 =
(3) 87 × 7 804 =　　　　　　(4) 5 716 × 24 =
(5) 578 × 1 029 =　　　　　　(6) 93 × 768 =
(7) 9 305 × 14 =　　　　　　(8) 0.183 × 9 057 =
(9) 8 362 × 0.039 1 =　　　　(10) 2 902 × 46 =

普通三级（要求：同六级）

(1) 708 × 6.03 =　　　　　　(2) 257 × 654 =
(3) 3.69 × 0.901 =　　　　　(4) 154 × 80 239 =
(5) 583 × 539 =　　　　　　(6) 9 162 × 451 =
(7) 647 × 180 =　　　　　　(8) 79 028 × 9.75 =
(9) 481 × 267 =　　　　　　(10) 0.540 3 × 7.63 =

普通二级（要求：限时 5 分钟，准确率 90% 以上）

(1) 0.408 3 × 16.72 =　　　　(2) 639 × 3 198 =
(3) 7 386 × 9 021 =　　　　　(4) 91.74 × 420.6 =
(5) 4 786 × 235 =　　　　　　(6) 58.4 × 0.045 7 =
(7) 40.28 × 0.371 2 =　　　　(8) 21 308 × 748 =
(9) 375 × 50 924 =　　　　　(10) 50.73 × 892 =

普通一级（要求：同二级）

(1) 27 406 × 1 574 =　　　　　(2) 10.58 × 2 096.7 =
(3) 320.4 × 1.530 4 =　　　　(4) 50.398 × 7 138 =
(5) 5 819 × 8 709 =　　　　　(6) 0.582 4 × 715.4 =
(7) 173.6 × 0.923 8 =　　　　(8) 9.452 × 6 402 =
(9) 0.176 9 × 928.6 =　　　　(10) 7 136 × 6 293 =

第四章
珠算除法

学习目标

通过本章学习，要求了解珠算除法的基本原理和程序、用脑算单积简化除法的估商和减积，了解省略除法和珠算式心算除法。理解珠算除法是乘法的逆运算，它是以珠算加减法为基础而形成的程序。正确使用脑算试商法。掌握商除法程序、商的固定个位档定位法、百分比的计算方法。

本章重点是商除估商的方法，难点是估商方法和得负余、入负商的算法程序及运用。

第一节 一位数除法

一、除法的概念

除法是已知两因数的乘积和其中一个因数，求另一个因数的运算方法。除法是乘法的逆运算，也是同一减数连续相减的简捷算法。积÷因数＝另一个因数，其中，积称为被除数，因数称为除数，另一因数称为商。

珠算除法即是在算盘上实现求商和减积运算的方法，它的算法很多，其中最有代表性的是商除法与归除法。本章主要介绍商除法。

商除法是运用乘法大九九口诀进行估商和减积运算的一种算法。明朝著名珠算家程大位在《算法统宗》一书中说："商除者，商量法实之多寡而除之。""商"是"商量""比较"的意思，即除数与被除数比较，得出商数。"除"是"去掉""减积"的意思，即将商与除数相乘的积从被除数中减去。可见商除法就是通过估商与减积逐位求商的方法。由于商除法与笔算除法较一致，逆用乘法九九，不用记繁琐的归除口诀，使用方便，因而被广泛地采用，成为一种主流算法。

二、隔位商除法程序

商除法有隔位除法和不隔位除法两种模式。比较而言，隔位除法容易理解，学习方便,特别是能进一步与脑算单积结合,适应不同层次教学对象的需要。因此,本章以隔位商除法为主介绍珠算除法的算法程序。

(一)定位置数

同珠算乘法一样,珠算除法需要对商数定位。商的定位法有公式定位法、固定个位定位法等。从提高效率的角度出发,我们将置数与定位合二为一介绍商的固定个位定位法。

(1)确定好位标,定好商的个位档(见图4-1)。

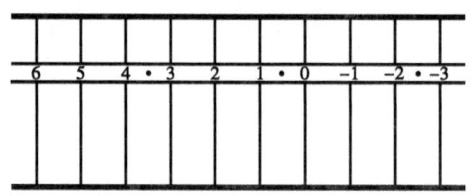

图4-1

(2)计算起拨档,置入被除数。商的固定个位法要求在运算之前就预先定好商的个位档,是一种"算前盘上定位法"。这样被除数从哪一档拨入就不再是任意的,而是计算一个起拨档,按起拨档置入被除数。

公式:起拨档 = 被除数位数 - 除数位数 - 1

这样就能确保运算完毕商数位的正确性。

[例4-1] 8÷4 = 2

∵ 起拨档 = 1 - 1 - 1 = -1(档)

∴ 从-1档开始置入被除数8(见图4-2)

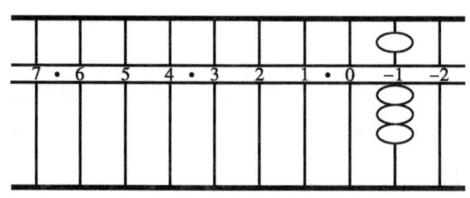

图4-2

[例4-2] 12÷2 = 6

∵ 起拨档 = 2 - 1 - 1 = 0(档)

∴ 从0档开始置入被除数12(见图4-3)

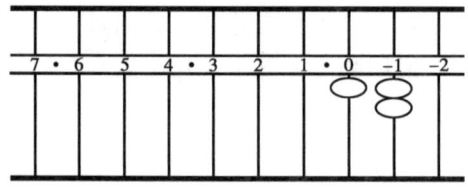

图4-3

（二）商除顺序

商除法的基本运算是试商与减积，两者之间的关系是先商后除，每商除一次就得到一位非零的商数。对被除数而言从高位到低位进行"商"的运算，对除数而言从高位到低位进行"除"的运算，直到除尽或者达到要求的商的精确位数为止。

（三）置商位置

根据"等位够除，隔档置商；增位够除，挨档置商"的原则确定置商的位置。

"等位够除"是指被除数与除数截取相同个有效数字进行比较，被除数的数字值大于或等于除数的数字值。这时商数放在与被除数首位数字相隔一档的位置上，称为"隔档置商"。

"增位够除"是指被除数增加一位有效数字与除数比较，被除数的数字值大于除数的数字值。这时商数放在被除数首位数字相邻档的左一档上，称为"挨档置商"。

[例 4-3] $8 \div 4 = 2$
盘式图

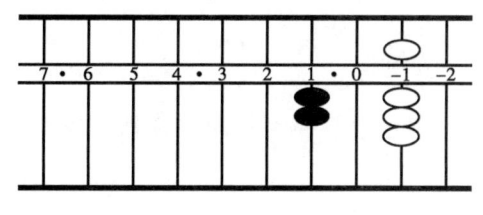

图 4-4

运算程序
∵ 8 > 4
∴ 等位够除，隔位置商数（见图4-4）

[例 4-4] $12 \div 2 = 6$
盘式图

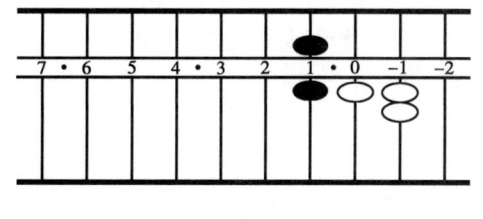

图 4-5

运算程序
∵ 12 > 2
∴ 增位够除，挨档置商数（见图4-5）

（四）估商方法

初学者一般采用除首试商法，其方法是逆向使用乘法大九九口诀，抓住除数的首位数去与被除数的一位或两位比较，通过思考迅速得出中间数——商数。当除数第二位数较大时（大于或等于5），还要适当调减商数，以保证试商的准确性。

（五）减积要领

（1）使用乘法大九九口诀进行减积。其运算特点是"口里念口诀，手上打减法"，这是一个乘减合一的运算。要求眼、脑、手密切配合，逐步做到眼看除数（或默记除数）、脑闪口诀、手拨乘积，直到摆脱口诀的依赖。如果掌握了乘法脑算单积，也可以部分或全部使用心算指导减积。

（2）弄清减积的档次。它的规律是：乘积从所立商的右一档开始减起；试商与除数第几位数字相乘，其积的十位就从商的右几档减去，积的个位从下档减去，如图4-6所示。

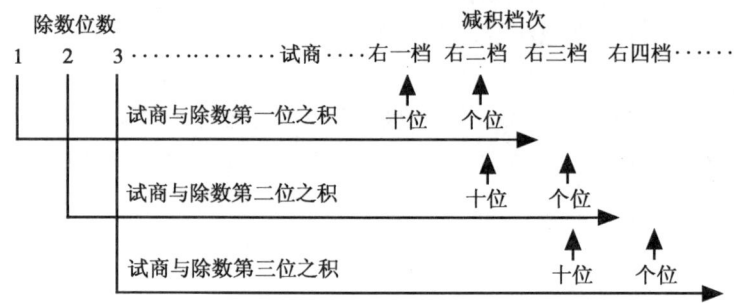

图4-6 隔位商除法减积示意图

（3）在实际减积运算中，为避免错档，可遵循从试商的右一档开始手不离档，依次移动叠位相减。

[例4-5] $8 \div 4 = 2$

盘式图

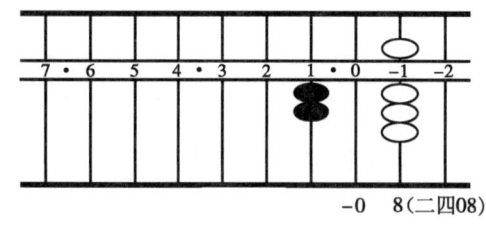

图4-7

运算程序

用商数2与除数4相乘，从0档开始减去十位积0，-1档减去个位积8。除尽，盘面结果是2（见图4-7）。

[例4-6] $12 \div 2 = 6$

盘式图

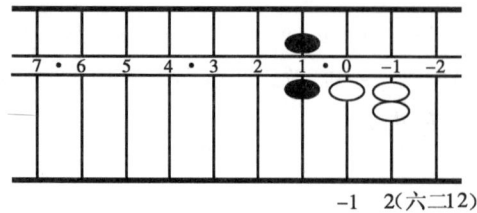

图4-8

运算程序

用商数6与除数2相乘，从0档开始减去十位积1，-1档减去个位积2。除尽，盘面结果是6（见图4-8）。

三、一位数除法

除数只有一位非零有效数字的除法称为一位数除法。一位数除法估商与减积都比较简单，下面举例介绍如何应用商除法算法程序进行一位数除法的运算。

[例 4-7] $2520 \div 6 = 420$（见图 4-9）

盘式图

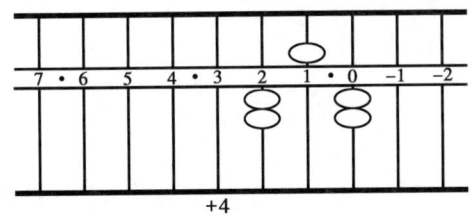

运算程序

(1) 定位置数：起拨挡 = 4 - 1 - 1 = 2（挡），从 +2 挡置入被除数 2520，默记除数 6。

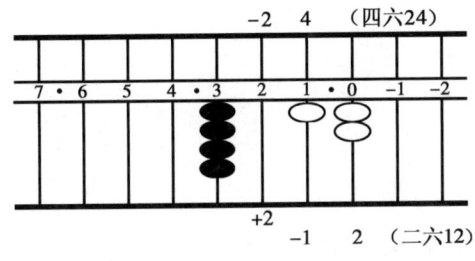

(2) 置首商 4：2 小于 6，增位 25 与 6 对比，挨挡商 4，从 +2 挡开始减积 24。

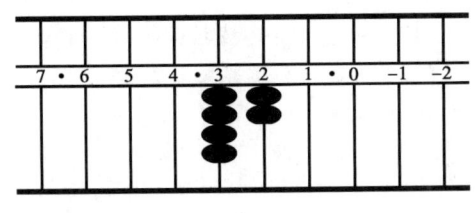

(3) 置第二位商 2：12 与 6 对比，挨挡商 2，从 +1 挡开始减积 12。除尽，盘面结果是 420。

图 4-9

[例 4-8] $9360 \div 30 = 312$（见图 4-10）

盘式图

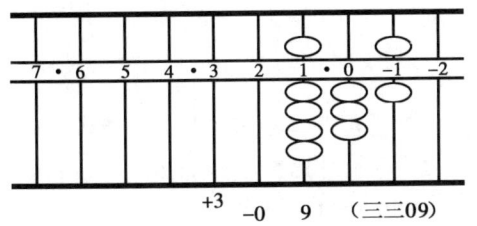

运算程序

(1) 定位置数：起拨挡 = 4 - 2 - 1 = 1（挡），从 +1 挡置入被除数 9360，默记除数 30。

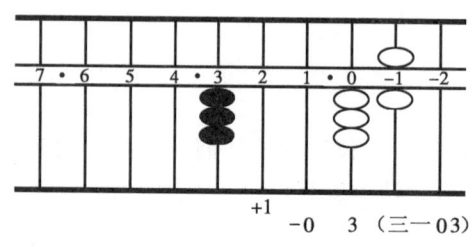

（2）置首商 3：9 大于 3，隔档商 3，从 +2 档开始减积 09。

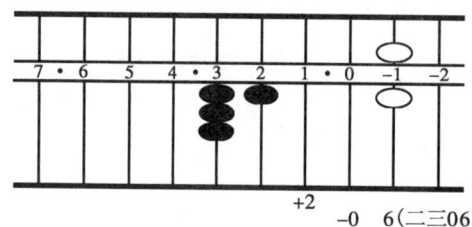

（3）置第二位商 1：3 等于 3，隔档商 1，从 +1 档开始减积 3。

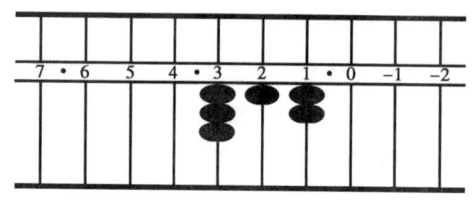

（4）置第三位商 2：6 大于 3，隔档商 2，从 0 档开始减积 6。盘面结果是 312。

图 4-10

[例 4-9] $0.2671 \div 0.4 = 0.67$（精确到 0.01 位，见图 4-11）

盘式图　　　　　　　　　　　　　　运算程序

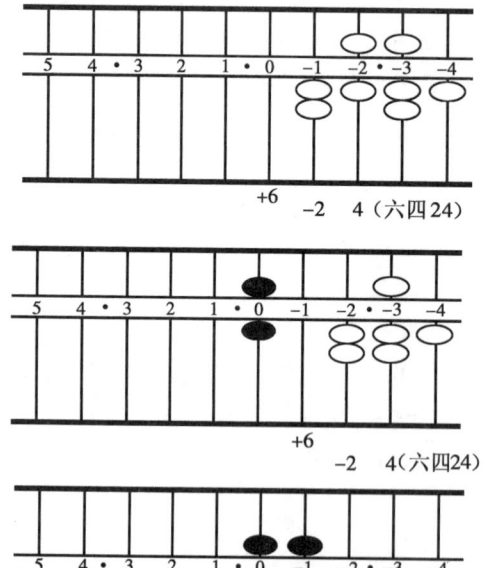

(1) 定位置数：起拨挡 = 0-0-1 = -1（档），从 -1 档置入被除数 "2671"，默记除数 "4"。

(2) 置首商 6：2 小于 4，增位 26 与 4 对比，挨档商 6，从档开始减积 24。

(3) 置第二位商 6：2 小于 4，增位 27 与 4 对比，挨档商 6，从 -2 档开始减积 24。

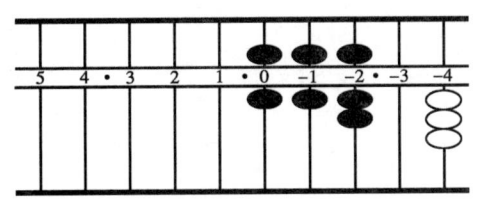

图 4-11

（4）置第三位商7：3小于4，增位31与4对比，挨档商7，从-3档开始减积28。盘面结果是0.667余3，精确到0.01位得答数0.67。

[课堂讨论] 1. 隔位商除法的程序是什么？
2. 置商的原则是什么？
3. 如何估商？
4. 如何减积？

练 习

1. 计算下列各题。

(1) $61\,395 \div 3 =$
(2) $146\,517 \div 7 =$
(3) $10\,632 \div 4 =$
(4) $32\,058 \div 6 =$
(5) $4\,275 \div 5 =$
(6) $0.4275 \div 0.09 =$
(7) $2\,382.75 \div 0.09 =$
(8) $8.9202 \div 0.06 =$
(9) $0.0614 \div 0.02 =$
(10) $1\,638.32 \div 0.008 =$

2. 八盘乘除互练法。

先用 123 456 789 分别乘以 2、3、4、5、6、7、8、9，然后再除以 2、3、4、5、6、7、8、9，结果仍然是 123 456 789。

3. 除法趣味练习题。

(1) 双狮耍绣球： $8\,760\,647 \div 7 = 1\,251\,521$
(2) 樵夫晚归： $1\,644\,764\,456 \div 4 = 411\,191\,114$
(3) 蜡扦图： $48\,952\,928 \div 8 = 6\,119\,116$
(4) 蜻蜓点水： $62\,605 \div 5 = 12\,521$
(5) 牌楼： $1\,564\,728 \div 8 = 195\,591$
(6) 渔翁垂钓： $182\,222\,306 \div 2 = 91\,111\,153$
(7) 凌空万里： $8\,095\,805 \div 5 = 1\,619\,161$
(8) 比翼双飞： $10\,007\,919\,999 \div 9 = 1\,111\,991\,111$

4. 计算下列各题的商（精确到0.01位）。

(1) $362\,880 \div 2 \div 3 \div 4 \div 5 \div 6 \div 7 \div 8 \div 9 =$
(2) $201\,398\,400 \div 2 \div 3 \div 4 \div 5 \div 6 \div 7 \div 8 \div 9 =$

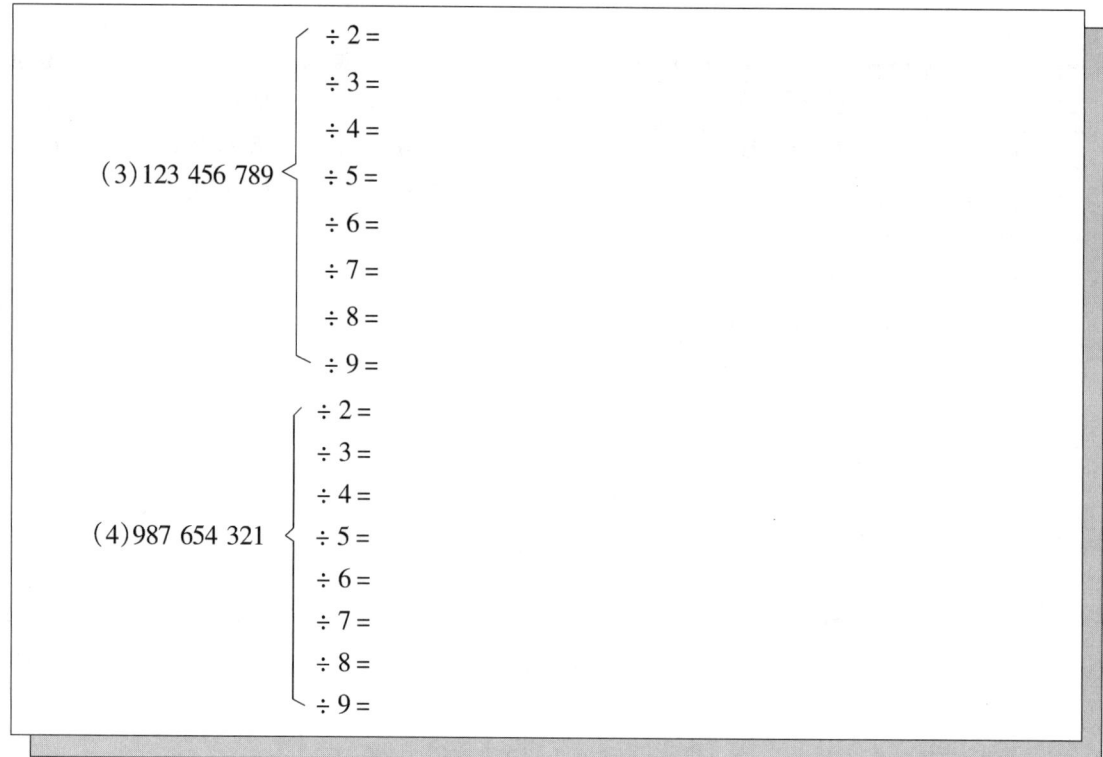

第二节 多位数除法

除数有两位或两位以上非零有效数字的除法称为多位数除法。与一位数除法相比,多位数除法在运用算法程序时应注意三个问题:第一,在估商时,不仅要考虑除数的首位数,而且还要考虑除数的次位数对商数的影响。第二,在减积时,商数要与除数的各位相乘减,注意减积档次。第三,试商不准时,需要进行调商运算(包括得负余、入负商的运算)。

一、估商方法

在多位数除法运算中,估商始终是重点和难点。从实际应用角度看用基本估商法争取一次估准商数可避免调商运算,是初学者的最佳选择。但要注意,不要搞复杂的估商法则。下面的估商法只作参考。

(一)基本估商法

1. 等位相比够除时就看被除数含有几个除数,按其倍数立商和减积

其方法可简记成:"前大隔商几,隔档减几除"。例如:

(1) 96÷32,9含3三倍,隔档立商3。

(2) 64÷16,64含16四倍,隔档立商4。这里除首是1,为保证商准,应以除数两位数16与被除数两位数64进行对比。

(3) 612÷102,6含1六倍,隔档立商6。这里除首是1,除数第二位是0,这时一般只

用首位进行对比。

(4) 87÷29，8 含 2 四倍，考虑除数第二位较大，偏小一点隔档立商 3。

2. 等位相比不够除时，采用除首试商法

这种方法的特点是仅用除首与被除数的两位对比，用九九反推出商数，简明易学。其难点在于当除数次位数偏大时（如等于 5 或大于 5 时），还要考虑是否调减商数，有时把握不准。为方便运用，可将前述除首试商法简记为："抓住除首，反用九九；次位偏大，商数减 1；除首 1、2，两位脑算。"例如：

(1) 4 480÷64，抓住除首 6 与被除数前两位 44 比较，想口诀七六 42，挨档立商 7。

(2) 2 610÷87，抓住除首 8 与被除数前两位 26 比较，想口诀三八 24，挨档立商 3。

(3) 5 025÷67，抓住除首 6 与被除数前两位 50 比较，想口诀八六 48，考虑除数次位 7 偏大，不够减积，所以首商 8 减 1，挨档商 7。

(4) 108÷12，抓住除数两位 12 与被除数三位 108 比较，脑算结果商 9，所以挨档立商 9。

(5) 175÷23，方法一：抓住除数首位 2 与被除数前两位比较，用口诀商 8，考虑与除数次位减积不够，确商时首商 8 减 1，所以挨档立商 7。方法二：抓住除数两位 23 与被除数三位 175 比较，脑算结果商 7，所以首商挨档立商 7。

（二）其他估商法

1. 三句口诀估商法

将归除口诀进行提炼可得到三类估商口诀，它适用于等位相比不够除的情况。第一类：九商同、八七商加 1、六商加 2；第二类：五倍、四倍加 1、三三倍；第三类：二半减 1，一两位估。

第一类口诀的含义是：除首是 9 时，商数同被除数首位数（简称"被首"）一样大，除首是 8、7 时，商数等于被首加 1；除首是 6 时，商数等于被首加 2。

例如：3 007÷97＝31、29 711÷803＝37、1 775÷71＝25、4 288÷67＝64。

第二类口诀的含义是：除首是 5 时，商数等于被首翻倍；除首是 4 时，商数等于被首翻倍后再加 1；除首是 3 时，商数等于被首翻三倍。

例如：1 248÷52＝24、33 323÷47＝709、1 190÷34＝35。

第三类口诀的含义是：除首是 2 时，商数等于被除数前两位折半，为了避免不够减积，绝大多数情况下还要再减 1 立商。除首是 1 时，用除数两位与被除数两位或三位比较，用脑算确定商数。

例如：16 432÷208＝79、1 410÷15＝94。

运用三句口诀估商法时，多数情况下试商偏小，需要进行补商的运算，可以用"前大隔商 1，隔档减除数"的方法调整。从预防试商偏小的角度出发，应强调灵活运用以上口诀。第一类口诀中九商同，当被除数第二位较大时，不妨用九商加 1。例如：27÷9＝3。第二类口诀中，当被除数第二位大于或等于 5 时，不妨两位一起翻倍。例如：25 602÷51＝502，2 562÷42＝61。

另外，从预防试商偏大的角度出发，当被除数第二位较小时，不妨减 1 立商。例如：22 876÷602＝38，按六商加 2 应商 4，考虑不够减积减 1 立商 3。有时当除数次位较大时，可用除首加 1 的口诀。例如：2 301÷39＝59，因除数 39 接近 40，可用四倍加 1 挨位立商 5，这时若按口诀三三倍立商 6，则试商偏大。

2. 补充估商法

以基本估商法为主体，如果能结合一些估商技巧，能进一步提高试商的水平。

（1）除首试商无余数，立商要减 1。在运用除首试商法时，估得商数与除数首位相乘减，如果没有余数或余数太小，则无法保证后面的减积需要，因此，在绝大多数情况下要将所估商数减 1。

例如：1 008÷21＝48，按口诀五二 10，应商 5，但减后本位没有余数，所以立商减 1，挨档商 4。25 602÷51＝502，本题因减积时够减，所以不需要减 1 立商。

（2）当除数第二位数是 0 时，在绝大多数情况下用除首试商法估商时不必考虑减 1 立商。这时若除数首位是 1 则直接将被除数首位作商。例如：

①17 136÷408＝42，按照口诀四四 16，最大商 4，后面减积绝大多数够减所以不用考虑，直接挨档商 4。

②2 616÷109＝24，按照口诀最大商 2，直接挨档商 2，但也有例外的，如下例：

③4 251÷109＝39，本题如果按照口诀商 4，会出现不够减积的问题，可减 1 立商 3。事实上在引入负余数、负商的概念后，本题商 4，反而更加方便运算（详见得负余、入负商的有关内容）。

（3）除首加 1 试商法。当除数次位等于或大于 5 时，用除首加 1 与被除数比较，按九九口诀取商。但要注意两个问题：一是有时估商偏小，立商时应加 1 作商；二是要在被除数第二位加 1 后估商。例如：

①675÷75＝9，将除数 75 当作"80"与被除数比较按口诀估商 8，显然本例应加 1 作商，挨档商 9。

②234÷39＝6，将除数 39 当作"40"与被除数比较，先心算 23＋1＝24，再按九九口诀六四 24 取商 6，挨档商 6。

（4）齐头被小商 9、8 试商法。"齐头被小"是指被除数与除数等位相同，但被除数下一位小于除数下一位。这类算题在多数情况下商数是 9 或 8，少数情况下商 7 或 6。判断方法是：从定性分析上看，被除数次位与除数次位越接近，商 9 的可能性就越大；反之两者相差越大，商 8、7、6 的可能性就大一些。从定量分析上看，可总结为差数判断法如下：

①当等位相比，两数的差小于或等于除数一成时，一律挨档商 9。

例如：603÷67＝9（67－60.3＝6.7 恰好是除数的一成）；6 432÷67＝96（67－64＝3 小于除数首位 6，这里因差数明显小，所以可简化为直接与除首比较）

②当等位相比，两数的差超过除数一成，但小于或等于两成的，一律挨档商 8。

例如：312÷39＝8（39－31.2＝7.8 恰好是除数的二成）；2 324÷28＝83（28－23.2＝4.8，大于除数 28 的一成不足二成 5.6）

③当等位相比，两数的差大于两成，但小于或等于三成的，一律挨档商 7。

例如：105÷15＝7（15－10.5＝4.5 恰好是除数的三成）；2 100÷28＝75（28－21＝7，75.6＜7＜8.4，超过除数的两成，但不足三成）

以下齐头被小商 6 等情况比较少见，故不作分析。

（5）半数挨商 5 试商法。当被除数大于或等于除数一半时，可直接挨档商 5。此法在小数除法中进行尾数四舍五入取舍时非常有用。例如：2 226÷42=53，被除数前两位22刚超过除数42的一半，挨档商5。

(三) 脑算单积估商法

这是乘法脑算单积在珠算除法估商中的具体应用，属于提高型算法，可参照乘法中的有关内容对应学习。

二、多位数商除法

为了更好地掌握商除法的算法程序，下面遵循由易到难的原则，编制不同类型的题型来说明商除法的运用。

(一) 除数是两位数的除法

[例4-10] 8 551÷17=503 （见图4-12）

盘式图　　　　　　　　　　　　运算程序

(1) 定位置数：起拨档=4-2-1=1（档），从+1档置入被除数8 551，默记除数17。

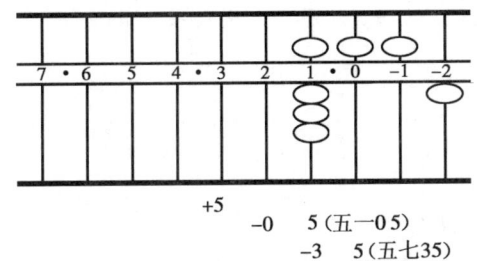

(2) 置首商5：被除数85含除数17五倍，故隔档商5，并从+2档开始减积5×17。

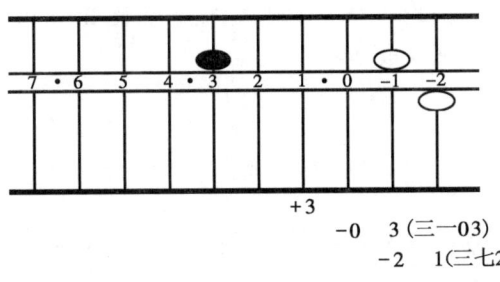

(3) 置第二位商3：余数51含除数17三倍，故隔档商3，并从0档开始减积3×17，除尽，盘面结果是503。

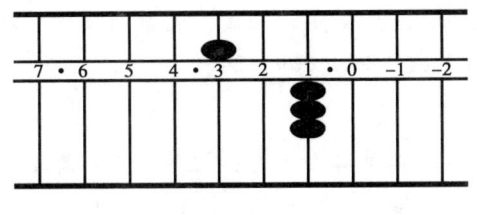

图4-12

[例4-11] 6 557÷79=83 （见图4-13）

盘式图

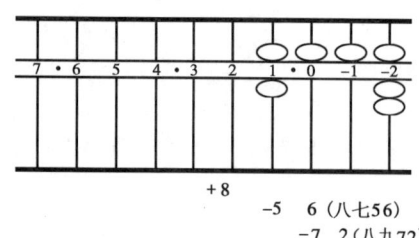

运算程序

（1）定位置数：起拨档 = 4 − 2 − 1 = 1 档，从 +1 档置入被除数 6 557，默记除数 79。

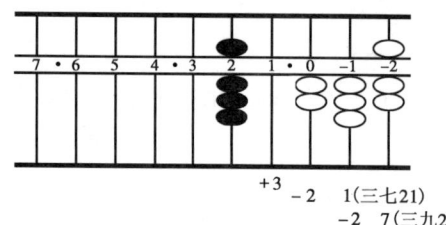

（2）置首商 8，被除数 65 与除首 7 比较可商 9，但考虑除数次位较大，故挨位商 8，并从 +1 档开始减积 8×79。

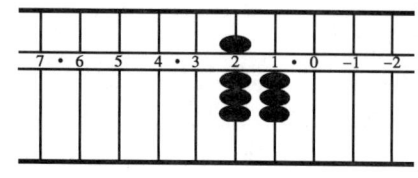

（3）置第二位商 3：被除数 23 与除首 7 比较，可以商 3，故挨档商 3，并从 0 档开始减积 3×79。除尽，盘面结果是 83。

图 4 − 13

[例 4 − 12] 21 840 ÷ 24 = 910（见图 4 − 14）

盘式图

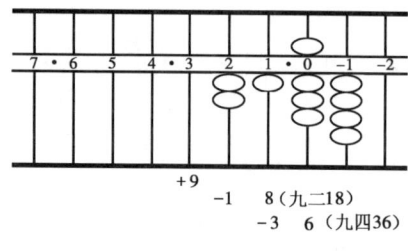

运算程序

（1）定位置数：起拨档 = 5 − 2 − 1 = 2（档），从 +2 档置入被除数 21 840，默记除数 24。

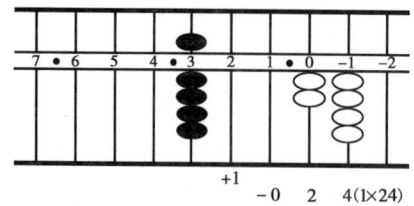

（2）置首商 9：被除数 21 小于除数 24，属齐头被小，因为差数 = 24 − 21.84 = 2.16 小于除数的一成，故挨位商 9，从 +2 档开始减积 9×24。

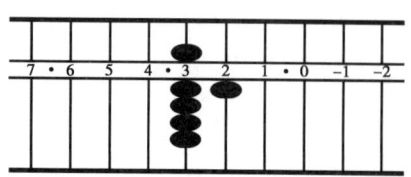

（3）置第二位商 1：被除数 24 含除数 24 一倍，故隔档商 1，并从 +1 档开始减积 1×24。除尽，盘面结果是 910。

图 4 − 14

（二）除数是三位数及三位数以上的除法

[例 4-13] 364 650÷429=850（见图 4-15）

盘式图

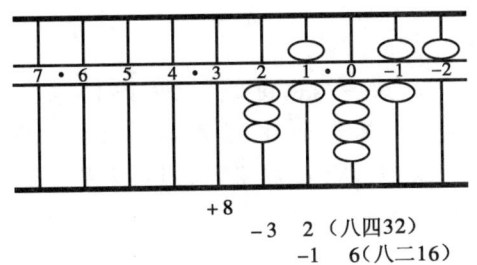

```
        +8
        -3  2（八四32）
           -1  6（八二16）
              -7  2（八九72）
```

运算程序

（1）定位置数：起拨档=6-3-1=2（档），从+2档置入被除数 364 650，左手食指指着除数（或默记）。

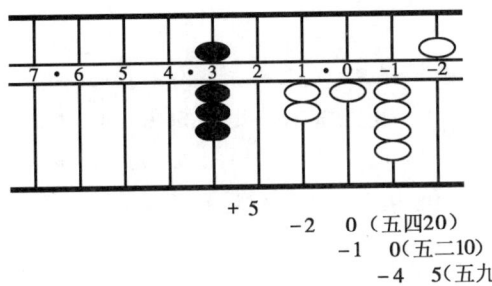

```
        +5
        -2  0（五四20）
           -1  0（五二10）
              -4  5（五九45）
```

（2）置首商 8：被除数 36 与除首 4 比较可商 9。但本档减后无余数，所以要减 1 作商，故挨档商 8，并从+2 档开始减积 8×429。

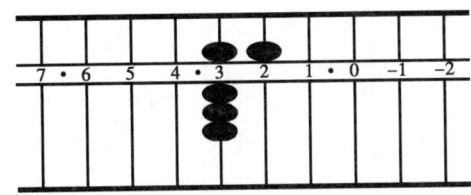

图 4-15

（3）置第二位商 5：被除数 21 与除首 4 比较可商 5，故挨档商 5，并从+1 档开始减积 5×429。除尽，盘面结果是 850。

[例 4-14] 57 816÷803=72（见图 4-16）

盘式图

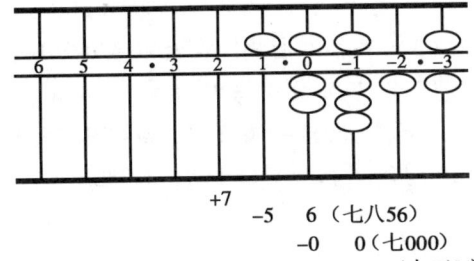

```
        +7
        -5  6（七八56）
           -0  0（七000）
              -2  1（七三21）
```

运算程序

（1）定位置数：起拨档=5-3-1=1（档），从+1档置入被除数 57 816，左手食指指着除数（或默记）。

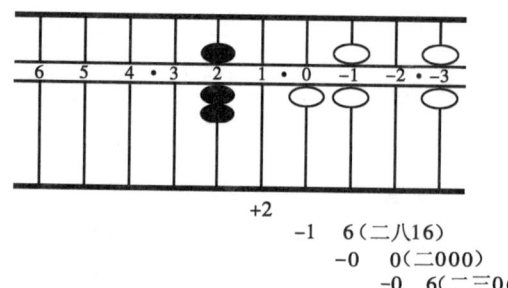

　　　　+2
　　　　　　-1　6（二八16）
　　　　　　-0　0（二000）
　　　　　　　-0　6（二三06）

（2）置首商 7：被除数 57 与除首 8 比较最大商 7，故挨档商 7，并从 +1 档开始减积 7×803。

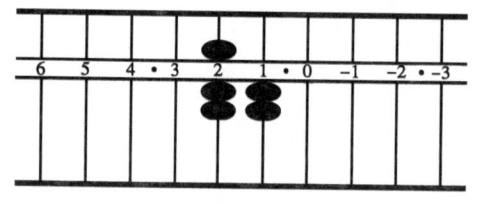

（3）置第二位商 2：被除数 16 与除首 8 比较最大商 2，故挨档商 2，并从 0 档开始减积 2×803。除尽，盘面结果是 72。

图 4-16

[例 4-15] 698 936 ÷ 1 783 = 392 （见图 4-17）

盘式图

运算程序

（1）定位置数：起拨档 6-4-1=1（档），从 +1 档置入被除数 698 936，左手食指指着除数。

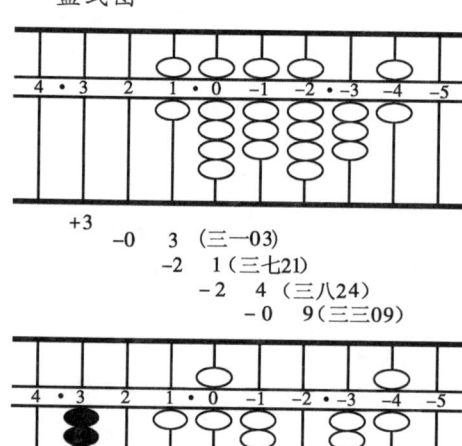

　　+3
　　　　-0　3（三一03）
　　　　-2　1（三七21）
　　　　　-2　4（三八24）
　　　　　-0　9（三三09）

（2）置首商 3：被除数 69 与除数前两位 17 比较可商 4，但考虑本档减后余数为 1，以下不够减积，所以小一试商 3。从 +3 档置首商 3，+1 档开始减积 3×1 782。

　　+9
　　　-0　9（九一09）
　　　-6　3（九七63）
　　　　-7　2（九八72）
　　　　-2　7（九三27）

（3）置第二位商 9：被除数 16 小于 17 属齐头被小 =17.8-16.4=1.4 小于除数的一成 1.7，故挨位商 9，并从 +1 档开始减积 9×1 783。

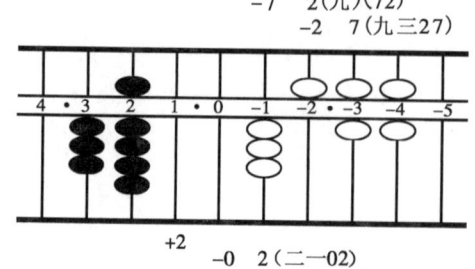

　　+2
　　　-0　2（二一02）
　　　-1　4（二七14）
　　　　-1　6（二八16）
　　　　-0　6（二三06）

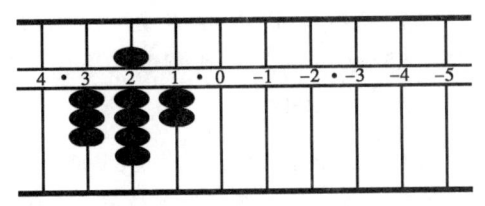

图 4-17

(4) 置第三位商 2：被除数 35 与除数之前两位 17 比较可商 2，故隔档商 2，并从 -1 档开始减积 2×1 783。除尽，盘面结果是 392。

(三) 除不尽的除法

两数相除，如果除不尽，一般根据题目对精确度的要求对商数进行取舍。在珠算除算中如无特别说明，商数一律精确到 0.01 位，相当于在实际工作中表示金额单位的分位，以下四舍五入。具体方法有以下几种：

1. 多算一位，四舍五入法

其要领是：当商数要求精确到 0.01 位时，多算一位，即算到 0.001 位为止，然后对尾商进行四舍五入的处理。

2. 脑算商 5 四舍五入法

其要领是：当算完规定的商的精确位数后，不多算一位，而是用脑算判断下一位商数能否商 5，如果商 5 够减积则属于五入，尾商加 1；如果不够减积则属于四舍，尾商不变。

3. 除数折半四舍五入法

其要领是：当算完规定的商的精确位数后，观察余数与除数一半的关系，如果余数大于或等于二分之一除数则属于五入，尾商加 1；如果余数小于二分之一除数则属于四舍，尾商不变。

4. 余数加倍四舍五入

其要领是：当算完规定的商的精确位数后，观察余数加倍与除数的关系。

(1) 当余首大于等于 5 时，属五入，尾商加 1；

(2) 当余数加倍数大于或等于除数（等位相比）时，则属于五入，尾商加 1；

(3) 当余数加倍数小于除数（等位相比）时，则属于四舍，尾商不变。

[例 4-16] 1.7438÷0.85 = 2.05（精确到 0.01 位，下同。见图 4-18）

盘式图

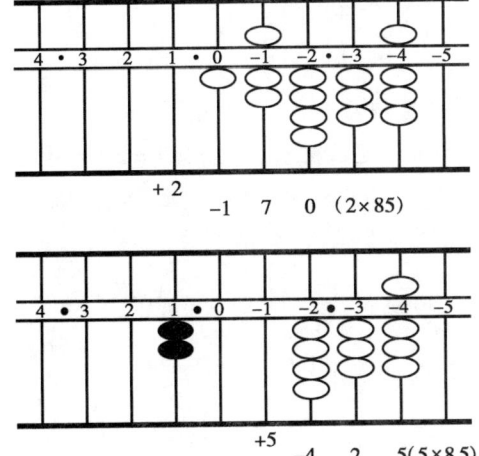

运算程序

(1) 定位置数：起拨档 = 1-0-1 = 0（档），从 0 档置入被除数 "17438"，默记除数 "85"。

(2) 置首商 2：被除数 17 与除首 8 相比，可商 2 挨档商 2，并从 0 档开始减积 170。

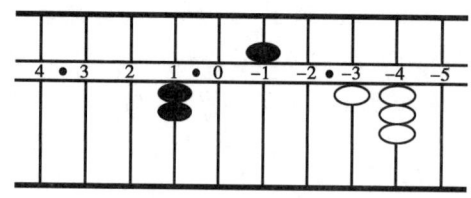

图 4-18

(3) 置第二位商：被除数 43 超过除数 85 的一半，半数商 5，并从 -2 档开始减积 425。

(4) 观察余数 13 小于除数 85 的一半，属于四舍，故本题商的近似值是 2.05。

[例 4-17] $0.8627 \div 0.28 = 3.08$（见图 4-19）

盘式图　　　　　　　　　　　　运算程序

(1) 定位置数：起拨档 = 0 - 0 - 1 = -1（档），从 -1 档置入被除数"8 627"，默记除数 28。

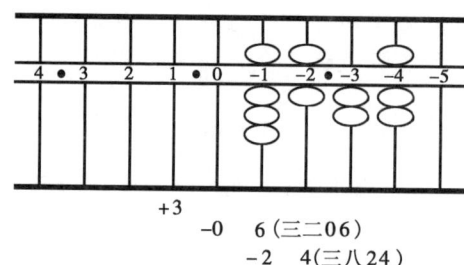

```
    +3
    -0   6（三二06）
       -2   4（三八24）
```

(2) 置首商 3：被除数 86 含除数 28 三倍，隔档商 3，并从 +1 档开始减积 3×28。

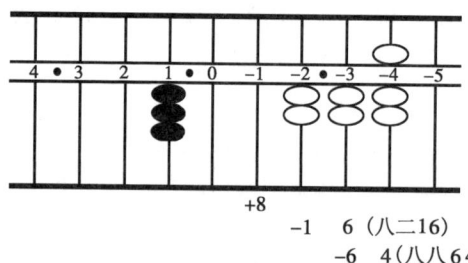

```
         +8
         -1   6（八二16）
            -6   4（八八64）
```

(3) 置第二位商 8：被除数 22 小于除数 28，属齐头被小商 8，挨档商 8，并从 -2 档开始减积 8×28。

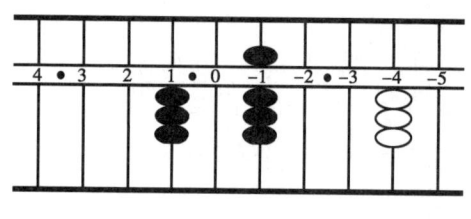

图 4-19

(4) 观察余数首位是 0 小于除数 2 的一半，属于四舍，故本题商的近似值是 3.08。

[例 4-18] $57.2092 \div 6.4 = 8.94$（见图 4-20）

盘式图　　　　　　　　　　　　运算程序

(1) 定位置数：起拨档 = 2 - 1 - 1 = 0（档），从 0 档置入被除数"572 092"，默记除数"64"。

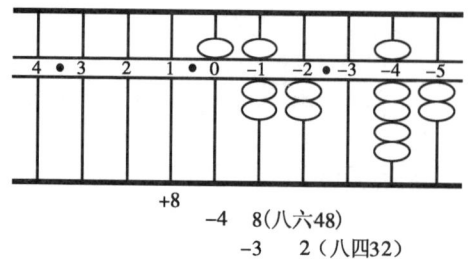

```
    +8
    -4   8（八六48）
       -3   2（八四32）
```

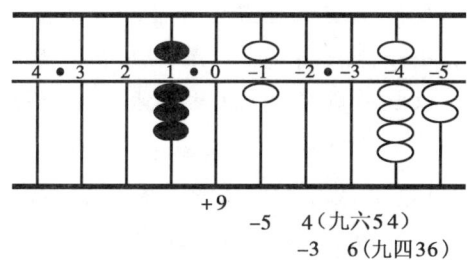

（2）置首商 8：被除数 57 与除首 6 比较可商 9，但考虑后面减积不够，故挨档商 8，并从 0 档开始减积 8×64。

+9　　−5　4（九六 5 4）
　　　−3　6（九四 3 6）

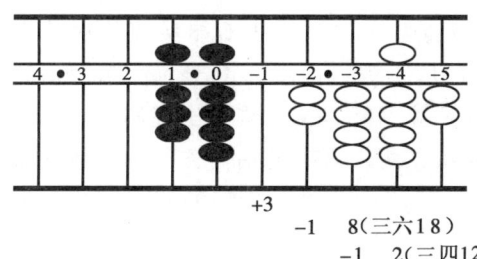

（3）置第二位商 9：被除数 60 小于除数 64，属齐头被小商 9，并从 −1 档开始减积 9×64。

+3　　−1　8（三六 1 8）
　　　−1　2（三四 1 2）

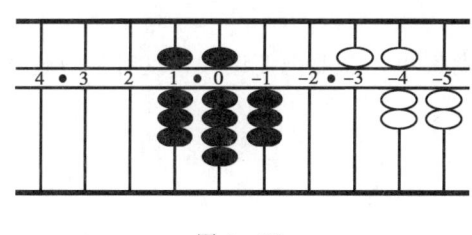

图 4−20

（4）置第三位商 3：被除数 24 与除首 6 比较本可商 4，但减后无余数，故挨档商 3，并从 −2 档开始减积 3×64。

（5）观察余数首位 5 大于除首 6 的半数，属于五入，故本题商的近似值是 8.94。

[例 4−19] 149.68÷13.72=10.91（见图 4−21）

盘式图

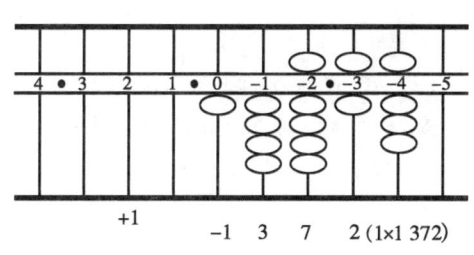

+1　　−1　3　7　2（1×1 372）

运算程序

（1）定位置数：起拨档 = 3−2−1 = 0（档），从 0 档置入被除数"14 968"，左手食指指着除数"1 372"。

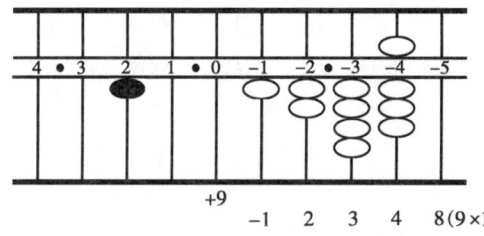

+9　　−1　2　3　4　8（9×1 372）

（2）置首商 1：被除数 14 含除数 13 一倍，等位够除隔档商 1，并从 0 档减去除数。

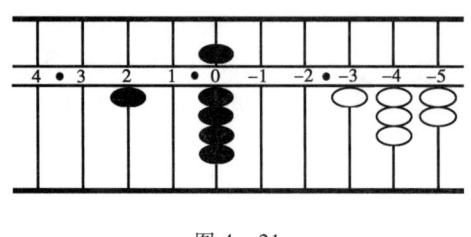

图 4-21

(3) 置第二位商 9：被除数前两位 12 小于除数前两 13，属齐头被小商 9，故换档商 9，并从 0 档减积 9×1 372。

(4) −1 档上商数是 0，观察余数 132 与除数 137 接近，属五入，故尾商 0 加 1。本题商的近似值 10.91。

三、传统的调商方法

在多位数除法运算中，虽然可以采用较准确的估商方法，但仍然不能保证一次估商 100% 准确。这主要受到主观和客观两个因素的影响。从主观方面看，由于人们掌握估商技巧的熟练程度不同，脑算能力不同，以及实际运算经验不同，估商难免出现偏差。从客观方面看，估商方法既要保证估商准确，又要方便使用，所以现有的估商方法不可能绝对地保证一次估商 100% 准确。初次估商不准，必须进行适当的调整，传统的调商方法分为补商和退商两种。

（一）补商

当试商减积后，如果余数仍比除数大，说明估商偏小，需要把商调大，这种运算过程叫补商。补商的方法是："够除隔商 1，隔档减除数。"

[**例 4-20**] 78 731÷131=601（见图 4-22）

盘式图

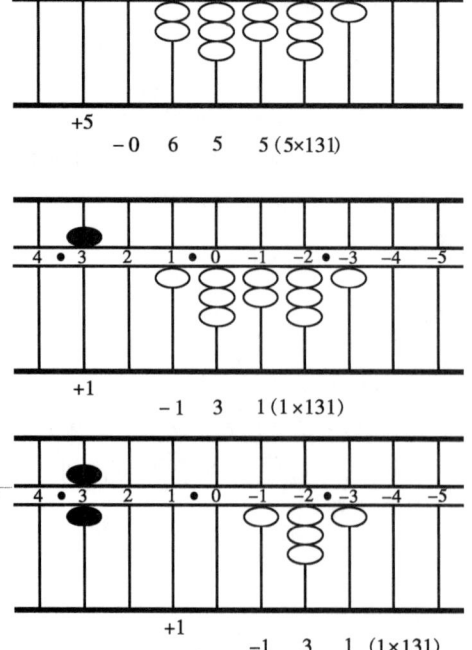

运算程序

（1）定位置数：起拨档＝5−3−1＝1（档），从 +1 档置入被除数 78 731，左手食指指着除数 131。

（2）置首商 5：被除数 70 含除数 13 五倍，隔档商 5，并从 +1 档开始减积 655，余数为 13 231。

（3）补商 1：余数 132 含除数 131 一倍，隔档商 1，并从 +1 档减除数 131。

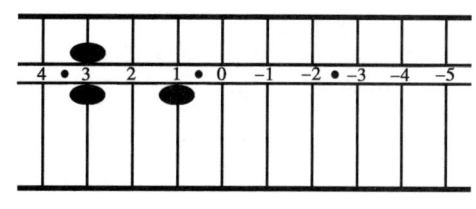

图 4-22

(4) 置第二位商1：被除数131含除数一倍，隔档商1，并从 -1 档减除数131，除尽，盘面结果601。

（二）退商

在多位数除法运算中，如果试商偏大就会出现被除数不够减积的情况，这就需要调减商数，并把多减的乘积加在相应的档次上，直到够减积为止，这种运算过程叫退商。

退商的方法是：每次从试商中退一，就相应在余数中加上已经减积过的除数部分，然后再按调整好了的商继续减积运算，并且还原除数加到哪一档就从哪一档接着减积。如果这时减积又出现不够减的情况，重复上述退商过程，直到够减为止。可以简记为："商大退1，隔档加已除。"

[例 4-21] 296 682÷394=753（见图 4-23）

盘式图

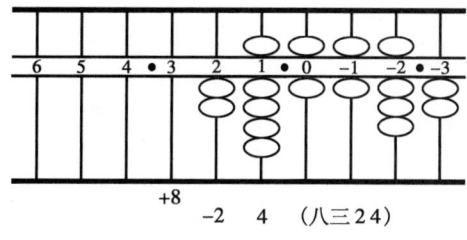

+8
　　-2 4 （八三24）

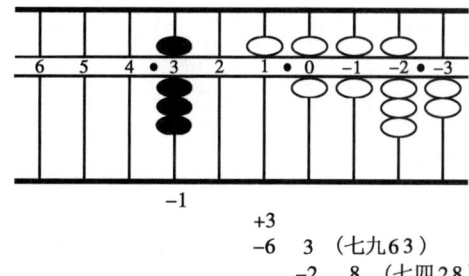

　　-1
　　　+3
　　-6 3 （七九63）
　　　-2 8 （七四28）

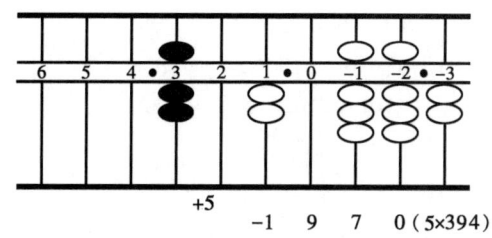

　　+5
　　-1 9 7 0 (5×394)

运算程序

(1) 定位置数：起拨档 =6-3-1=2（档），从 +2 档置入被除数296 682，左手食指指着除数394。

(2) 置首商8：被除数29与除首3相比，可商9，如减1挨档商8，并从 +2 档减积 8×3 够减但 8×9 不够减积，说明商8偏大。

(3) 原商退1：从 +3 档调减商数1，并隔档加上已减过的除首3，以下按调好的商数7减积 7×94。

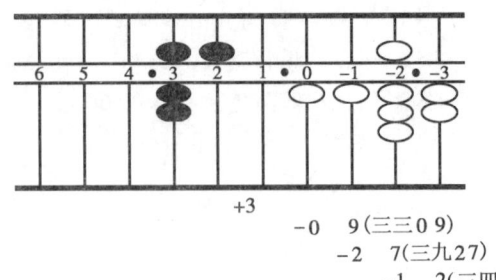

（4）置第二位商5：被除数20含除数39一半，故挨档商5，并从+1档减积1 970。

```
          -0  9(三三0 9)
          -2  7(三九27)
          -1  2(三四12)
```

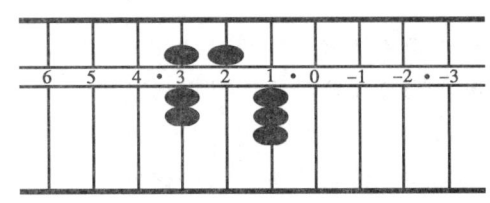

（5）置第三位商3：被除数11与除首3相比可商3，挨档商3，并从0档减积3×394。除尽，盘面结果753。

图 4 - 23

[课堂讨论]　1. 多位数除法的估商方法有哪些？
　　　　　　2. 除不尽除法尾数的处理方法有哪些？
　　　　　　3. 补商的方法是什么？
　　　　　　4. 退商的方法是什么？

练　习

1．计算下列各题的商。
(1) 427.42 ÷ 72 =　　　　　(2) 5 022 ÷ 54 =
(3) 2 730 ÷ 35 =　　　　　　(4) 1 292 ÷ 17 =
(5) 3.6412 ÷ 0.49 =　　　　(6) 1 846 ÷ 26 =
(7) 44 457 ÷ 609 =　　　　　(8) 38 736 ÷ 807 =
(9) 48 708 ÷ 902 =　　　　　(10) 2 916 ÷ 36 =

2．计算下列各题的商。
(1) 1 287 ÷ 13 =　　　　　　(2) 306 ÷ 34 =
(3) 2 929.94 ÷ 0.295 =　　　(4) 3 756.48 ÷ 3.44 =
(5) 438 672 ÷ 0.456 =　　　 (6) 6 016 ÷ 6.4 =
(7) 185 453 ÷ 17 =　　　　　(8) 0.71616 ÷ 0.746 =
(9) 81.48 ÷ 0.84 =　　　　　(10) 931 728 ÷ 940 =

3．计算下列各题的商。
(1) 14 587 ÷ 503 =　　　　　(2) 62 712 ÷ 804 =
(3) 48 708 ÷ 902 =　　　　　(4) 44 457 ÷ 609 =

(5)21 744÷302=
(7)58 976÷608=
(9)7.1904÷2.04=
(6)4.4814÷209=
(8)9 345÷105=
(10)18.27878÷3.07=

4.计算下列各题的商。
(1)1 287÷13=
(3)2 929.94÷0.295=
(5)438 672÷0.456=
(7)185 453÷17=
(9)81.48÷0.84=
(2)306÷34=
(4)3 756.48÷3.44=
(6)6 016÷6.4=
(8)0.71616÷0.746=
(10)931 728÷940=

5.计算下列各题的商。
(1)14 587÷503=
(3)48 708÷902=
(5)21 744÷302=
(7)58 976÷608=
(9)7.1904÷2.04=
(2)62 712÷804=
(4)44 457÷609=
(6)4.4814÷209=
(8)9 345÷105=
(10)18.27878÷3.07=

第三节 提高除算水平的基本途径

一、苦练加减乘，为提高除算水平打好基础

珠算除法是以加减乘法为基础而形成的算法程序。对初学者而言，除法是口里念大九九口诀，手上打减法，它是一种乘减合二为一的运算，在得负余、入负商运算中还存在加积的问题。因此，离开加减乘，除算寸步难行，只有苦练加减乘，才能为提高除算水平打好基础。关于如何练好加减乘，前面有关章节进行了系统总结，无非是算法、技巧、脑算、眼脑手配合等，但最终的落脚点应该是苦练。

常言道："冰冻三尺非一日之寒"，方法再好再先进都是别人的，只有通过苦练才能将它们变成自己手上的功夫，并形成技能。搞艺术的人有句口头禅是："拳不离手，曲不离口，"只有那些具有不畏艰难的勇气、勤学苦练的精神和持之以恒的毅力的人，才能获得成功。珠算技能是财会人员应掌握的基本技能，脑算能力是人的综合素质的一项重要内容。只有从思想上提高了认识，才能有源源不断的动力去学好珠算，苦练珠算技能。

二、熟练地掌握和运用估商方法是除法学习的关键

商除法的基本程序是估商和减积，估商快准与否直接影响到除算的速度和准确性，这既是学习的重点，又是难点，因此要下功夫专门训练。

第一，从熟记口诀到摆脱口诀快速估商。要求借助大九九口诀专门训练基本估商法，做到眼看两头（被除数和除首），脑想中间数（估商数），快速成商（确商），达到条件反射的程度。

第二，逐步运用脑算单积进行估商，以进一步提高估商的水平。

三、逐步运用双手拨珠、脑算单积等方法快速减积

第一，左手负责置商和指着除数，右手减积，这是左右手最基本的配合。以后逐步发展到左手也参与减积，真正地实现双手拨珠法。

第二，减积时右手在横梁上作水平移动，做到手不离档，叠位相减。

第三，逐步运用脑算单积进行减积，使估商减积一步到位，以进一步提高除算的水平。

四、大胆运用得负余、入负商等新型算法

（一）得负余，入负商

试商不准必然要重新调整商数，传统的调商方法是补商和退商。补商相当于再进行一次商除运算，比较好理解，而退商还原法不仅费解，而且运算繁琐、容易出错，是一种消极的调商方法。下面介绍一种"得负余，入负商"的算法，它能将减积与调商统一起来，使调商程序简化，并与补商方法一致，减少出错的机会，在某些特殊情况下一除得众商（或连商）。

得负余，入负商算法程序：

1. 试商偏大不够减积时，从商中借1续减

当试商偏大造成被除数不够减积时，从试商中借1当十继续减积，并自始至终用原试商数与除数相乘减。

2. 看框珠得负余

当试商偏大时，被除数－商数×除数＝负余数。从算盘上看，因为从商中借1减，得余数必然为负数，其绝对值等于商后的框珠数（尾数要加1）。

3. 看框珠入负商

按照负余数退商，就是用负余数除以除数，以便入负商，调减商数。入负商的档次是："等位够除隔档商，增位够除挨档商"。这时应注意两点：第一，入负商结束的标志是入负商加积后能归还事前向商中借减的1；第二，加积进一归还的档次不是事前从商中所借1的档次，而是入负商的档次。

4. 入负商——加积

看框珠入负商后，就存在一个所入负商与除数相乘加积的问题，简称"入负商——加积"。这一运算与"入正商——减积"刚好相反，入负商可以理解为调减商数或向框入商；入正商则理解为调增商数或向梁入商。调增商数要减积，调减商数则必然加积。例如：108÷27＝4 如果商4，则108－4×27＝0，余数为0，刚好除尽。如果商5 从被除数108中减去5倍的27，则多减了一倍除数，108－5×27＝－27，出现负余数27，这时便开始调商运算，先从商中减1，然后再加上多减的一倍除数，加积进一，归还事前向商借的1，调商结束，余数变为0。刚好除尽，结果商4。

5. 入负商——加积后的处理方法

入负商有三种情况,即调商准确、偏小和偏大。其处理方法如下:

(1) 入负商准确时,会出现两种结果:一是入负商加积后余数为0,或正余数,说明调商结束,以后属于"入正商——减积"运算;二是在入负商档的下一档会出现一个或若干个9,这时应从新出现的尾数9的右档看框珠得负余,然后继续进行入负商——加积的运算,不断重复这一过程直到所要求的精确度为止。

(2) 入负商偏小时,在入负商档的右一档会出现一个9,此时负余数必然大于或等于除数,需再重复入负商——加积的运算,相当于"补商"。调商后如果又出现连续9,不断重复进行入负商——加积的运算。

(3) 入负商偏大时,则入负商档的右一档出现空档,调商结束,空档前为商数,空档后为正余数时,正余数按入正商——减积进行运算。

从上面三种情况看出,调商偏小需"补商",增加了拨珠量;而调商偏大使连商中断,得正余数,也需补商,同样增加了拨珠量,故入负商商准为最佳选择。

综上所述,判断余数继续入商的法则是:从商借1,余为负,看框珠,再入负商——加积。向商还1,余为正,看梁珠,再入正商——减积。

[**例 4 - 22**] 14 679 ÷ 21 = 699(见图 4 - 24)

盘式图

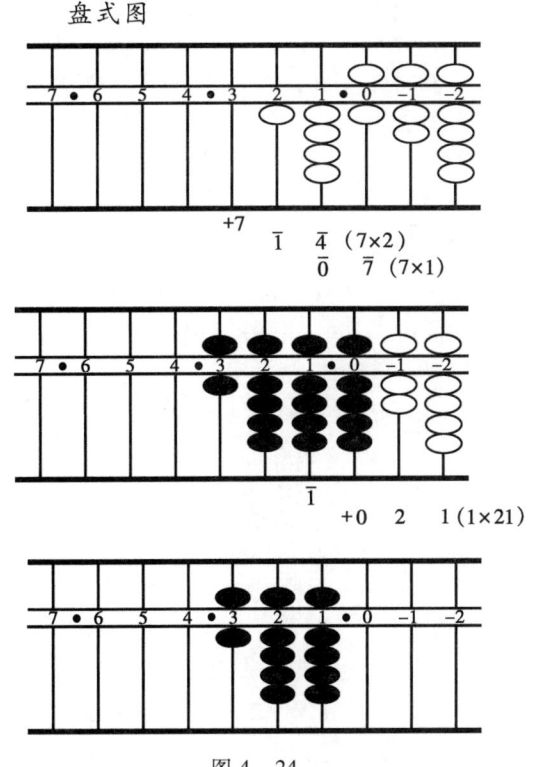

图 4 - 24

运算程序

(1) 定位置数:起拨档 = 5 - 2 - 1 = 2(档),从 +2 档置入被除数 14 679,手指除数 21。

(2) 商 7:看梁珠 14 与除首 2 相比挨档商 7,并从 +2 档开始减积 7 × 21,不够减时从商中借 1 续减。看框珠得负余是 21。

(3) 入负商 1:负余数 21 含除数一倍,够除隔档入商 -1,同时从 0 档开始加积 021。加积后在入负商档进了 1,除尽。本题商数是 699。

[**例 4 - 23**] 80 757 ÷ 27 = 2 991(见图 4 - 25)

盘式图　　　　　　　　　　　　　　　运算程序

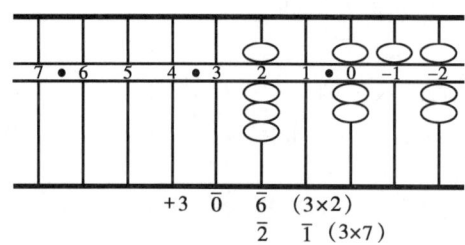

(1) 定位置数：起拨档 = 5 - 2 - 1 = 2（档），从 +2 档置入被除数 80 757，手指除数 27。

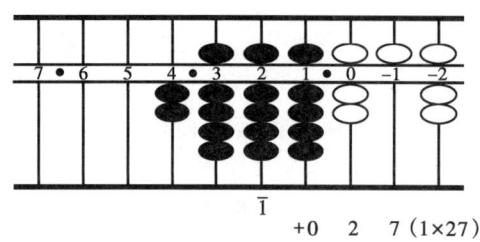

(2) 置首商 3：看梁珠 8 与 2 相比较隔档商 3，并从 +3 档开始减积 3×27，不够减时从商中借 1 续减。看框珠，得负余是 243。

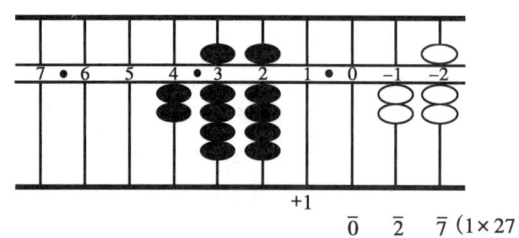

(3) 入负商 1：负余数 2 与除首 2 相比含一倍，隔档入商 1 同时从 +1 档开始加积 027。加积后在入负商档进了 1，说明调商结束，余数 27 为正余数。

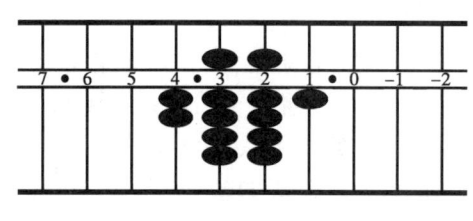

图 4 - 25

[**例 4 - 24**] 60 720 ÷ 16 = 3 795（见图 4 - 26）

盘式图　　　　　　　　　　　　　　　运算程序

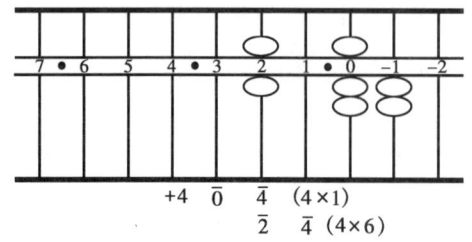

(1) 定位置数：起拨档 = 5 - 2 - 1 = 2（档），从 +2 档置入被除数 "60 720"，手指除数 16。

(4) 置末位商 1：正余数 27 含除数一倍，故隔档商 1，并从 0 档开始减积 027。除尽，故本题商数是 2 991。

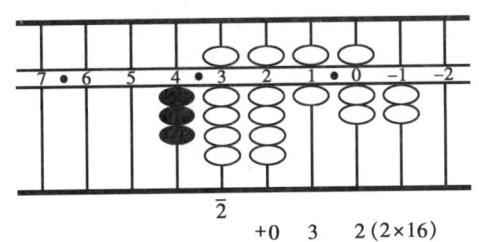

(2) 置首商4：看梁珠60与16相比较隔档商4，并从+3档开始减积4×16，不够减时从商中借1续减。看框珠，得负余是328。

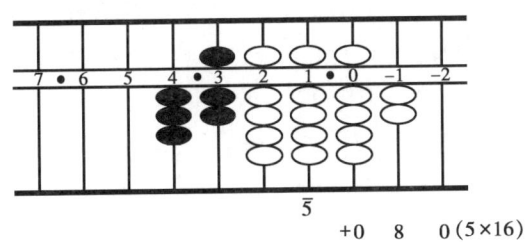

(3) 入负商2：负余数32含除数16两倍，隔档入商2，同时从+2档开始加积2×16。加积后在入负商的下一档开始出三个连续9，从尾数9的右档看框珠，得负余是8。

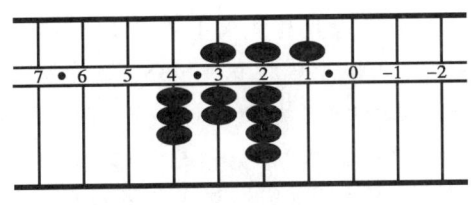

图4-26

(4) 入负商5：负余数80含除数16五倍，隔档入商5同时从0档开始加积5×16。加积后在入负商的+1档进了1，说明调商结束。余数为0，除尽，故本题商数是3 795。

[例4-25] 11 331 448÷38=298 196（见图4-27）

盘式图

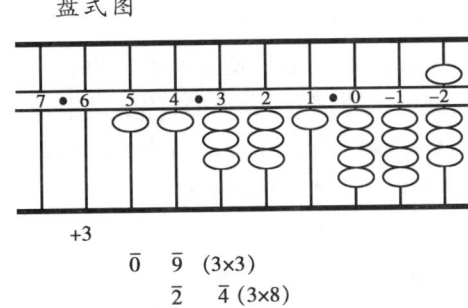

运算程序

(1) 定位置数：起拨档=8-2-1=5（档），从+5档置入被除数11 331 448，手指除数38。

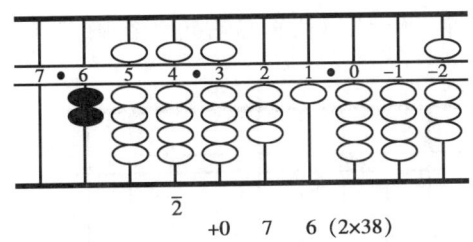

(2) 置首商3：看梁珠11与除首3相比较挨档商3，并从+5档开始减积3×38，不够减时从商中借1续减。看框珠，得负余是68 552。

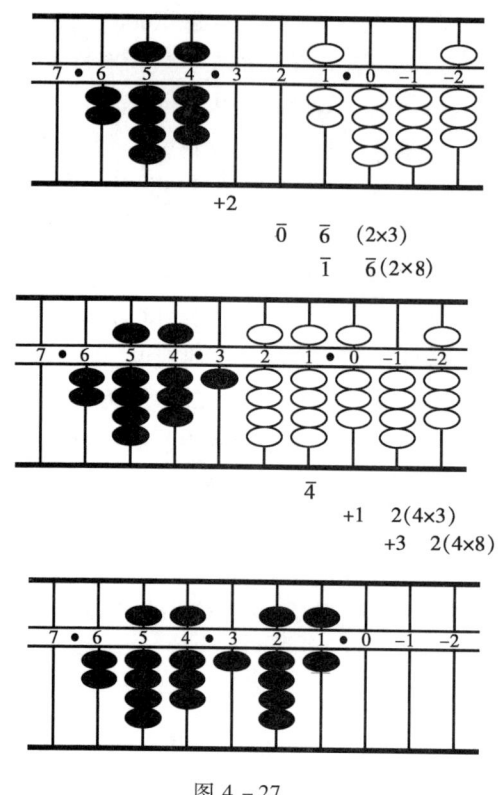

(3) 入负商2：负余数6含除首3两倍，隔档入商-2，并从+3档开始加积2×38。加积后在入商的+4档进了1，说明调商结束。余数为正余数7 448。

(4) 置第四位商2：正余数7含除首3两倍，隔档商2，并从+2档开始减积2×38，不够减时从商中借1连续。看框珠，得负余是152。

(5) 入负商4：负余数15与除首3相比较，并考虑适当偏小商减1，挨档商4，从0档开始加积4×38。加积后在入负数的+1档进了1，说明调商结束，此时余数为0，除尽，故本题商数是298 196（说明：这里如果入负商5，

则从0档开始加积5×38，加积后在入负数的+1档进了1，末位商是5，调商结束，此时余数是正余数38，要隔档入正商1，再减去除数，末位商补成6，除尽，结果同上）。

图4-27

（二）省略除法

在实际计算过程中，绝大多数除法属于除不尽的情况，而商数只要求取近似值。当被除数和除数的位数较多时，影响商数产生绝对误差的原因，主要是除数和被除数较前面的几位。位数越多，较后面的几位的作用越小，有的不会影响答数所要求的精确度，因此在计算时可适当截去被除数和除数的尾数部分，使算式简化，这种除法叫省略除法。

省略除法的运算程序是：

（1）定好位标。省略除法采取商的固定个位档定位法，因此要先确定好位标。位标中小数点位置的选择取决于算题所要求的精确度和保险系数的大小。在隔位商除法下，保险系数定为3位。同时为了保证自然截取被除数和乘积，位标从算盘右边开始确定（见图4-28）。

（商数精确到0.01位时）

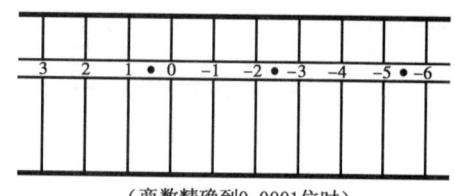

（商数精确到0.0001位时）

图4-28

(2) 定位置数截取被除数。计算起拨档,从起拨档置入被除数,对被除数无法拨入的部分自然截去,并对截去的首位数四舍五入。其中,起拨档=被除数位数-除数位数-1。

(3) 估商方法。采用前述除首试商法并结合其他估商法进行。

(4) 减积方法。从商的右一档开始移动叠位相减。每次减积减到算盘最右档,对省去的乘积首位按四舍五入法处理。即若省去乘积首位大于或等于5则在最右档多减去1,若小于5则省去。对首位以后的乘积全部自然省去。

(5) 运算结束看盘写数。根据商的精确度要求,保留几位小数就算到哪一位,对保险档上的余数一律不作商除运算,而是观察余数是否大于除数的一半,若大于或等于则属于五入,尾商增1;若小于则属于四舍,尾商不变,运算结束,确定商的近似值。

[例 4-26] 937.567426÷74.26 = 12.63(精确到0.01位,见图4-29)

盘式图　　　　　　　　　　　运算程序

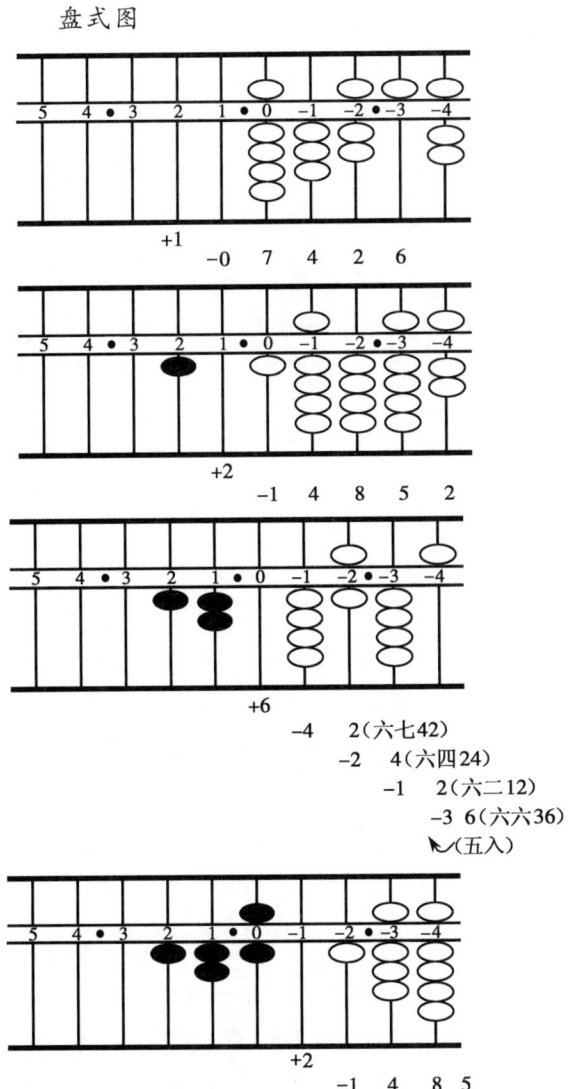

(1) 定位置数:起拨档=3-2-1=0(档),从 0 档置入被除数"93 757",以后自然截去。

(2) 置首商 1:被除数 9 含除首 7 一倍,隔档商 1,并从 +1 档减积 07 426。

(3) 置第二位商 2:被除数 19 含除首 7 两倍,隔档商 2,并从 0 档减积 2×7 426。

(4) 置第三位商 6:被除数 46 含除首 7 六倍,挨档商 6,并从 -1 档开始减积 6×7 426。末位 6×6 =36 当做 40 减去。

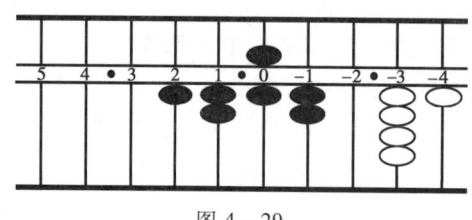

图 4-29

（5）置末位商 2：被除数 17 含除首 7 两倍，挨档商 2，并从 -2 档开始减积 2×7 426，实际减去 149。

观察余数首位 4 大于除首 7 一半属于五入，尾商增 1，故本题商的近似值是 12.63。

[例 4-27] 1.50474872÷60.86427＝0.0247（精确到 0.0001 位，见图 4-30）

盘式图　　　　　　　　　　　运算程序

（1）定位置数：起拨档＝1-2-1＝-2（档），从 -2 档置入被除数"15 047"，手指除数。

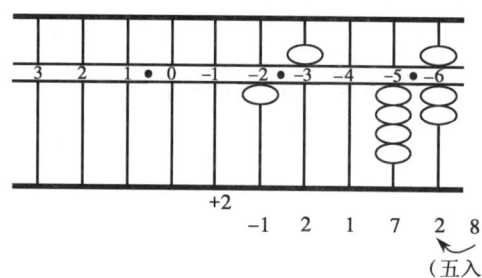

（2）置首商 2：被除数 15 含除首 6 二倍，故挨档商 2，并从 -2 档开始减积 2×60 864，末位积 28 当做 30 减去。

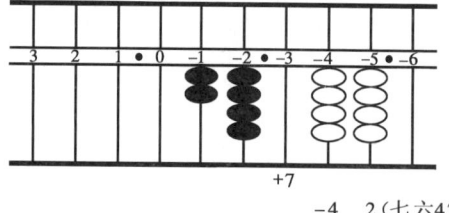

（3）置第二位商 4：被除数 28 含除首 6 四倍，故挨档商 4，并从 -3 档开始减积 4×6 086，末位积 24 当做 20 减去。

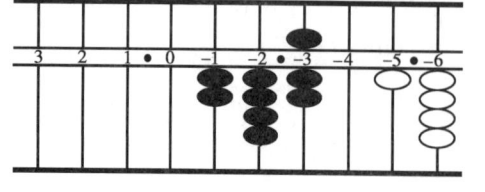

（4）置第三位商 7：被除数 44 含除首 6 七倍，故挨档商 7，并从 -4 档开始减积 7×608。末位积 56 当做 60 减去，余数 14 小于除数 60 的一半，属四舍，故本题商数近似值是 0.0247。

图 4-30

得负余、入负商能简化调商的程序,在特殊情况下还能一除得众商,充分发挥了珠算的二元示数功能和算珠符号优点,因此要进行专门练习,大胆运用,以突破传统估商法"宁小勿大"的束缚,做到估商时实事求是、顺其自然、小大由之,从而提高计算的效率。

五、眼脑手密切配合,做到和谐统一

每做一道题都要经过看数、定位、置数、估商、减积、写数、清盘等各个环节,它们都体现了眼、脑、手的密切配合,我们练习的目标是各个环节连绵不断、自然衔接、错落有致,形成条件反射,做到和谐统一,以最大限度地提高计算的效率。

[课堂讨论] 你认为提高除算水平的途径有哪些?

[本章小结] 学习珠算除法的基础是珠算加减乘法;商除法是珠算除法的主要算法;熟练地运用多种估商方法是学好除法的关键。

除法基本做法是:逆用九九估商,商小了继续除;商大了得负余、入负商,还是继续除。这样就抓住了要领,简单化了,要防止复杂化。

练习(得数精确到0.01位)

1. 八盘乘法互练法。

先用 123 456 789 分别乘以 9 的 2 至 9 倍数(即 18、27、36、45、54、63、72、81),然后将其乘积作被除数分别除以 9 的 2 至 9 倍数,结果仍然是 123 456 789(也可以先除后乘反复练习)。

2. 除法趣味练习题。

(1) 狮子滚绣球: 1 000 000 000 ÷ 512 = 1 953 125

设 A 为大于 0 的正整数,则可变 9 道除法练习题:(A × 1 000 000 000) ÷ (512 × A) = 1 953 125

(2) 凤凰双展翅:　　　3 086 358 025 ÷ 25 = 123 454 321
(3) 州字图:　　　　　23 989 875 ÷ 125 = 191 919
(4) 两朵梅:　　　　　54 725 472 ÷ 32 = 1 710 171
(5) 倒山影:　　　　　2 261 736 ÷ 72 = 31 413
(6) 渔翁垂钓:　　　　5 831 113 792 ÷ 64 = 91 111 153
(7) 隔帘相望:　　　　7 913 857 875 ÷ 875 = 9 044 409
(8) 山上五只虎,地下九三七五:　520 828 125 ÷ 9 375 = 55 555
(9) 樵夫晚归:　6 579 057 824 ÷ 16 = 411 191 114
(10) 蜡杆图:　587 435 136 ÷ 96 = 6 119 116

3. 运用得负余,入负商调商法,计算下列各题的商。

(1) 1 093 032 ÷ 1 368 =　　　　(2) 908 808 ÷ 456 =
(3) 1 644 013 ÷ 329 =　　　　　(4) 304 976 ÷ 784 =
(5) 1 208 389 ÷ 637 =　　　　　(6) 1 734 250 ÷ 875 =
(7) 1 578 984 ÷ 264 =　　　　　(8) 26 410 568 ÷ 539 =
(9) 8 444 012 ÷ 428 =　　　　　(10) 360 640 ÷ 0.892 7 =

4. 运用省略除法计算下列各题的商。

(1) 434.206 8 ÷ 12.69 =　　　　(2) 23 412.78 ÷ 239.5 =
(3) 154.856 7 ÷ 30.74 =　　　　(4) 654.780 1 ÷ 65.09 =
(5) 467.851 3 ÷ 47.82 =　　　　(6) 0.374 623 ÷ 0.504 =

(7) 3.21759 ÷ 8.7126 =
(8) 2.13657 ÷ 42.07 =
(9) 0.3942 ÷ 0.9654 =
(10) 5.78901 ÷ 0.7653 =

5. 全国珠算技术等级鉴定除算模拟题。

普通六级(要求:限时5分钟,准确率80%)
(1) 893 ÷ 19 =
(2) 1 736 ÷ 28 =
(3) 2 880 ÷ 80 =
(4) 1 050 ÷ 75 =
(5) 4 836 ÷ 93 =
(6) 1 530 ÷ 17 =
(7) 3 420 ÷ 60 =
(8) 1 512 ÷ 24 =
(9) 3 150 ÷ 35 =
(10) 3 888 ÷ 48 =

普通五级(要求:同六级)
(1) 67 450 ÷ 710 =
(2) 3 172 ÷ 52 =
(3) 3 772 ÷ 46 =
(4) 82.5265 ÷ 85 =
(5) 24 206 ÷ 637 =
(6) 6 696 ÷ 93 =
(7) 3 108 ÷ 84 =
(8) 931 ÷ 19 =
(9) 4.08343 ÷ 0.807 =
(10) 4 416 ÷ 92 =

普通四级(要求:同六级)
(1) 21 504 ÷ 48 =
(2) 539 204 ÷ 652 =
(3) 18.27878 ÷ 3.07 =
(4) 63 074 ÷ 94 =
(5) 14 062 ÷ 178 =
(6) 0.754687 ÷ 0.536 =
(7) 9 900 ÷ 275 =
(8) 28 737 ÷ 86 =
(9) 44 118 ÷ 86 =
(10) 758 446 ÷ 941 =

普通三级(要求:同六级)
(1) 237 546 ÷ 318 =
(2) 372 126 ÷ 654 =
(3) 0.5906 ÷ 0.2304 =
(4) 735 765 ÷ 905 =
(5) 142 272 ÷ 234 =
(6) 301.95 ÷ 4.75 =
(7) 90 744 ÷ 199 =
(8) 301 104 ÷ 816 =
(9) 378.97 ÷ 53.8 =
(10) 583 860 ÷ 740 =

普通二级(要求:限时5分钟,准确率90%以上)
(1) 26 933 025 ÷ 427 =
(2) 109 624 ÷ 386 =
(3) 4 399.7201 ÷ 508.95 =
(4) 358 754 ÷ 709 =
(5) 998.6405 ÷ 14.3 =
(6) 2 179 365 ÷ 6 317 =
(7) 393.9249 ÷ 9.36 =
(8) 862 638 ÷ 874 =
(9) 73 914 ÷ 381 =
(10) 1.8971 ÷ 0.12908 =

普通一级(要求:同二级)
(1) 5 929 056 ÷ 714 =
(2) 39 318 268 ÷ 54 307 =
(3) 1.32472 ÷ 0.0347 =
(4) 12.3668 ÷ 0.1473 =
(5) 6 478 848 ÷ 9 216 =
(6) 8 225 208 ÷ 19 308 =
(7) 2 182 005 ÷ 2 309 =
(8) 16 071.87 ÷ 86.4 =
(9) 1 968 624 ÷ 3 472 =
(10) 3 190.2218 ÷ 6.78 =

第五章
脑算法概述

学习目标

通过本章学习，要求了解脑算（传统习惯上也称为心算）之所以简捷，就是因为不用任何工具，也不用笔作中间记录而能直接在脑中算出结果的缘故；脑算是正常人必须具备的最基本的智能，不论科学和信息技术怎样发达，人人都必须多少掌握一些脑算技能；脑算不仅是作为笔算的基础，更是在日常生活和工作中随时要用的技能，对于财会工作，仅凭在现有九年制义务教育教学课中，所学习的脑算方法和养成的脑算能力，是不够用的；从素质教育的角度来看，它还有全方位开发智力的强有力的独特的作用。理解现有各种脑算方法的优劣悬殊，知道珠算式脑算最好，要想获得良好的脑算能力，必须选用优良的方法教练。明确本章着重珠算式脑算方法，其他脑算方法作为对比。限于本课程的教学时间，不要求掌握珠算式脑算的技能技巧，但要为今后结合学习、工作，不断练习、提高脑算技能创造良好的条件。

本章重点是珠算式脑算加减，珠码拼排2、5倍单积脑算。

第一节 脑 算 法

脑算（也称心算）是人的基本智能，人人都须具备一定的脑算能力，无论学习、工作、生活处处有用，永远有用。对于财经工作者更常用、更有用。

一、脑算的机制

脑算机制包括许多要素，主要的有4个。对每个要素选择适当的实施方法才能使脑算易行、高效，现在就这些要素的作用及选择要求简要加以论述。

（一）算码的先后顺序要与输入码的先后顺序一致

一般读数、写数都是从左到右，先高位后低位，突出了数量的主要部分。脑算没有工具和记录的凭借也必须先高位后低位，边听（看）边算。不能像笔算竖式那样，先算低位码后算高位码。笔算模型是不适应脑算的。

（二）并码要易、过程要短

所谓计算，实质就是把两个数并成一个数（推而广之就是多个数并成一个数），这里"并"不单是"加"的意思，也可以是用其他方法由两个数求得一个数。

多位数运算要归结为码的运算，并码要尽量容易，过程直接。

例如，3+5，要把"3"与"5"两个码并成一个码"8"，可是，凭笔算的 3、5 两码不能直接合成 8，脑子要另外动用记忆：加减数表里"3+5=8"，或另想 3 个苹果与 5 个苹果合一起，数起来是 8 个（笔算就是这么做的）。显然，这种并码过程复杂，方法也不易掌握，这也说明笔算模型不适用于脑算。

（三）要尽量省记忆单元

通常，在一定时间里，大脑只动用一个记忆单元。因此，在计算过程中，涉及的记忆单元越少越易行。

实际计算过程中，涉及至少两个已知数、中间结果、得数等诸多单元。如按笔算方法，脑算 3+5，要记忆 3，记忆 5，要回忆加减法表中"3+5=8"的算式，还要记忆得数 8；此外，还有符号"+"、竖式横线等，牵涉记忆单元很多，脑算不易，也难以算快。如果已知数是多位数，就难以应付了。所以，按笔算模型一般人连多位数的加减都脑算不出来。

（四）方法、技能要有通用性

如果手操算是一种运算模型方法，脑算是另一种运算模型方法，计算机运算又是不同的模型方法，那么，每种模型方法、技能要想熟练掌握，都要另起炉灶教学，从头练习，自然将是事倍功半。而实际中，人们的技能技巧是练习的结果，具有积累效应，所谓熟能生巧。因此要求方法、技能间有通用性，它使教学、练习的时间相对减少，从而取得脑算效率高的效果。

综合来看脑算机制 4 要素，珠算模型最切合脑算机制的要求，所以，最有发展前途的就是珠算式脑算（珠心算），应当以学练珠心算为主。

练　习

1. 脑算下列各题，如果能够完成，说明这些题能够脑算的缘由。

3+5=　　7+8=　　9-6=　　16-9=　　3×2=　　7×8=　　9÷3=　　42÷7=

2. 脑算下列各题，如果不能完成，说明你不能脑算这些题的缘由。

38+59=　　652+349=　　469-287=　　4 796×5=　　537×28=　　4 236÷12=

二、脑算的种类

总结过去人们脑算的方式方法，大抵有三种：

（一）概念式脑算

例如，文盲不识字，也不认识阿拉伯数码，但是，他们大多会脑算。他们是怎样脑算的？分析起来，他们是凭借熟悉的事物学会了计算。比如，扳手指计算，或者按碗筷、菜园里成行列的蔬菜等，时常借此数数、计算，熟练后自然就概念化，计算时也便无形中就算出了结果。这种做法无以名之，权且称其为"概念式脑算"。

显然，学习、练习这样的脑算，会有许多盲目性，弯路很多，常常在吃亏后才逐渐抛弃偶然的因素，掌握到脑算的实质。这样学习，效率很低。

（二）笔算式脑算

所谓笔算式脑算，就是凭借阿拉伯数码，按笔算模型的脑算。现行学校数学课中采用的基本都是这样的脑算。

这种脑算，要求熟练记忆162式的加减法表和乘法九九口诀，一般要求会脑算20以内的加减法和乘法表内的乘除法。遇到多位数，就列出竖式记录，将其分解为一位一位的，用加减法表或乘法九九口诀求出得数，这就是所谓的笔算。笔算就是"脑算＋笔录"的手操算，这里的脑算是凭借加减法表的20以内加减，和凭借乘法九九口诀的乘除。

这种脑算不仅难学（单是学习记熟162式的加减表和乘法九九口诀就要花两、三年时间和精力），计算数的范围小，效率低，而且与计算机运算模型矛盾，没有通用性。

（三）珠算式脑算（珠心算）

所谓珠算式脑算（习惯上简称珠心算）就是把26个算母内化，在脑中拼排算母求出得数，即按珠算模型脑算。

珠算式脑算，从高位算起，使输入与施算的顺序一致；把算母拼排起来即为得数，至为容易，而且由于具有一体性，过程极短；同一个记忆单元既储存已知数又储存得数，且可用了再用，最省记忆单元。珠算式脑算用的珠算模型是手操算、脑算、计算机运算通用的算法模型，容易练习熟练。

对照脑算机制，可知珠算式脑算是最优越的脑算方式方法。所以，本课程的脑算以珠算式脑算为重点。

三、珠算式脑算的作用

不仅从算的角度看珠算式脑算是最优越的，而且它还有全方位进行素质教育的作用。

一方面，动手动脑融为一体，不只是学计算，而且是做计算，最容易学习、练习；另一方面，算母符号具有形象性，可以更多地激发右脑活动，而右脑形象思维是创造性活动的基础，从而，珠算式脑算能更好地培养创新思维。

珠算式脑算对于培养时效观念、竞争意识、精益求精等素质也有独到的作用。

珠算式脑算解决问题的思想方法、算法、语言程序等与计算机相当的方面是完全一致的，这也有利于整合数学与计算机。

［课堂讨论］脑算有哪几种类型？为什么说珠心算是最优越的脑算方式。

第二节 珠算式脑算加减法

一、算母内化

珠算式脑算加减是一切脑算的基础,乘除以及更高级运算的脑算,归结起来都是加减的程序。因此,学习、教练珠算式脑算,应当把加减法作为重点。

珠算式脑算加减的基础又是算母内化。算母真正内化后,加减只不过是在脑中拼排它们而已。算母内化,大体上分四个步骤,现简述各步做法。

(一) 在算盘上手拨算母

在算盘上手拨算母应相当熟练,达到不假思索的程度。但是,手拨与脑想不能截然分开,基本上应当同步。这在第二章已经述及了。

(二) 打无珠算盘

画一张"无珠算盘"图(见图 5-1),在图上进行练习。

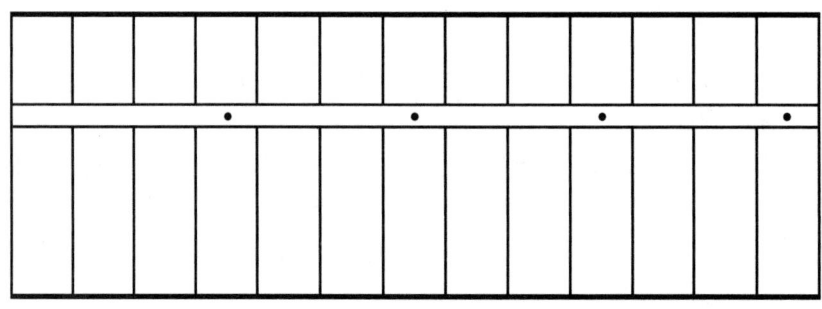

图 5-1

在这"无珠算盘"上拨算母计算,因为没有算珠可拨,其脑中便不得不想象算母。事实反复证明,这是引导内化算母的有效手段。请同学们在图 5-1 上进行练习。

练 习

1. 在图 5-1 上完成同码连加连减题。

(1) 1+1+1+1+1+1+1+1+1+1=10, 10-1-1-1-1-1-1-1-1-1-1=0
(2) 2+2+2+2+2+2+2+2+2+2=20, 20-2-2-2-2-2-2-2-2-2-2=0
(3) 3+3+3+3+3+3+3+3+3+3=30, 30-3-3-3-3-3-3-3-3-3-3=0
(4) 4+4+4+4+4+4+4+4+4+4=40, 40-4-4-4-4-4-4-4-4-4-4=0
(5) 5+5+5+5+5+5+5+5+5+5=50, 50-5-5-5-5-5-5-5-5-5-5=0

(6) $6+6+6+6+6+6+6+6+6+6=60$, $60-6-6-6-6-6-6-6-6-6-6=0$
(7) $7+7+7+7+7+7+7+7+7+7=70$, $70-7-7-7-7-7-7-7-7-7-7=0$
(8) $8+8+8+8+8+8+8+8+8+8=80$, $80-8-8-8-8-8-8-8-8-8-8=0$
(9) $9+9+9+9+9+9+9+9+9+9=90$, $90-9-9-9-9-9-9-9-9-9-9=0$

2. 在图 5-1 上完成加减百子。

$1+2+3+4+\cdots+96+97+98+99+100=5\ 050$

$5\ 050-1-2-3-4-\cdots-96-97-98-99-100=0$

3. 在图 5-1 上完成下面竖式算题。

3 5	8 9	4 3	6 5	8 9	7 6	4 7	7 5
6 3	- 5 7	3 2	- 3 2	7 4	6 8	- 2 9	6 9
- 7 5	6 5	- 4 1	4 3	- 9 5	- 9 7	8 2	- 8 6

（三）空拨算母

这就是在桌面上或空中拨算母，脑想算母拼排。就像学习汉字时书空一样。在打无珠算盘的基础上，是不难空拨算母的。这需要反复练习。

练 习

1. 把上面在图 5-1 上打无珠算盘的题目空拨完成。

2. 空拨完成下面的竖式算题。

4 6	7 8	1 2	7 6	4 8	5 7	3 8	8 2
5 2	- 6 5	4 3	- 3 4	8 3	7 6	- 1 7	6 4
- 6 7	5 6	- 2 1	1 3	- 9 7	- 8 5	9 6	- 7 6

（四）想拼算母

想拼算母就是去掉手模拟拨珠的动作，直接在脑中拼排算母。这是学习珠算式脑算最后要达到的要求。

有的人不需用手拨珠帮助内化算母的模拟动作，一开始就能在脑中想着拼排算母，这是最好的。因为手动没有脑想得快，手指模拟拨珠会滞后拼排算母的速度。

练 习

1. 把上面在图 5-1 上打无珠算盘的题目用想拼算母来完成。
2. 想拼算母完成下面的竖式算题。

```
  3 8      9 6      3 4      6 5      2 4      5 7      5 9      7 4
  6 1     -7 5      2 1     -2 1      9 6      8 5     -1 7      3 8
 -8 7      6 7     -4 3      1 3     -8 1     -9 6      8 6     -8 7
 ———      ———      ———      ———      ———      ———      ———      ———
```

二、听题珠心算

脑算凭借算母符号拼排，最为简易。听题只是声音，可使脑算者以为就是输入的算母符号，直接拼排即可；再者，耳听题目比眼看题目容易，不致分散注意。所以，通常练习，都是先从听题脑算开始。

听题脑算，应当由简单到复杂，逐渐提高题目难度。

[例 5-1] 二人练（甲读题，乙听算）。

(1) 1 + 4 - 3 = 2

脑象：

(6) 79 - 46 + 92 = 125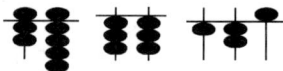

(2) 4 + 3 + 8 - 9 + 4 =
(3) 5 + 7 - 6 + 9 - 3 + 4 + 8 =
(4) 8 + 6 + 4 + 7 - 9 - 3 + 2 + 8 =
(5) 35 + 32 =

(7) 43 + 52 + 79 - 86 =
(8) 354 + 423 =
(9) 594 + 607 - 725 =
(10) 5 938 + 2 957 - 3 426 =

练 习

1. 连加连减题脑算（由老师或甲报题，乙听算；可中途停止说答数）。

(1) 1 + 1 + 1 + 1 + 1 + 1 + 1 + 1 + 1 + 1 = 10,   10 - 1 - 1 - 1 - 1 - 1 - 1 - 1 - 1 - 1 - 1 = 0
(2) 2 + 2 + 2 + 2 + 2 + 2 + 2 + 2 + 2 + 2 = 20,   20 - 2 - 2 - 2 - 2 - 2 - 2 - 2 - 2 - 2 - 2 = 0
(3) 3 + 3 + 3 + 3 + 3 + 3 + 3 + 3 + 3 + 3 = 30,   30 - 3 - 3 - 3 - 3 - 3 - 3 - 3 - 3 - 3 - 3 = 0
(4) 4 + 4 + 4 + 4 + 4 + 4 + 4 + 4 + 4 + 4 = 40,   40 - 4 - 4 - 4 - 4 - 4 - 4 - 4 - 4 - 4 - 4 = 0
(5) 5 + 5 + 5 + 5 + 5 + 5 + 5 + 5 + 5 + 5 = 50,   50 - 5 - 5 - 5 - 5 - 5 - 5 - 5 - 5 - 5 - 5 = 0
(6) 6 + 6 + 6 + 6 + 6 + 6 + 6 + 6 + 6 + 6 = 60,   60 - 6 - 6 - 6 - 6 - 6 - 6 - 6 - 6 - 6 - 6 = 0
(7) 7 + 7 + 7 + 7 + 7 + 7 + 7 + 7 + 7 + 7 = 70,   70 - 7 - 7 - 7 - 7 - 7 - 7 - 7 - 7 - 7 - 7 = 0
(8) 8 + 8 + 8 + 8 + 8 + 8 + 8 + 8 + 8 + 8 = 80,   80 - 8 - 8 - 8 - 8 - 8 - 8 - 8 - 8 - 8 - 8 = 0
(9) 9 + 9 + 9 + 9 + 9 + 9 + 9 + 9 + 9 + 9 = 90,   90 - 9 - 9 - 9 - 9 - 9 - 9 - 9 - 9 - 9 - 9 = 0

2. 听下面的题脑算,若有困难先珠算(由老师或甲报题,乙听算脑中要有珠象)。

(1) 7 + 6 + 2 + 91 + 85 + 4 =

(2) 93 − 1 + 80 + 7 + 6 − 2 =

(3) 75 + 1 + 3 + 97 + 8 + 40 + 2 + 26 =

(4) 90 − 8 + 6 + 43 + 5 − 7 + 13 − 12 =

(5) 204 + 53 + 435 + 9 + 18 + 982 + 17 + 70 + 3 + 6 =

(6) 798 + 64 + 213 − 2 − 9 + 90 − 805 − 31 + 7 + 46 =

三、看题珠心算

珠算式脑算是运用算母拼排。如果输入的就是珠码符号,那么,再用算母拼排就比较顺当。听题时,数码声音可以按珠码符号接收,所以比较容易、顺当。而看题就多了一些干扰。因为看到的是各种字码符号,而不是珠码符号,要能自然而然地将其转换成珠码符号用算母拼排。

例如,无论看到 358 + 426,或三百五十八 + 四百二十六,或叁佰伍拾捌 加 肆佰贰拾陆,或 CCCLVIII + CDXXVI……都要将其自然而然地转换成 ⊟ + ⊟ ,这样,用算母拼排就自然了。显然,作这种转换不难,关键在于熟练、习惯。

通常,人们只把阿拉伯数码 1,2,3……称为数码;似乎一、二、三……壹,贰,叁……I,V,X…… ⊟ 之类不是数码。显然,这没有科学道理。数码就是表示一定进位制下的基数符号。上述除罗马数码外,无论哪一种都是表示十进位值制基数的符号,因而都是数码。所以,为了明确方便,我们在算母拼排,或珠心算讨论中,只将数码区分为字码、珠码。除珠码是拨珠形成外,别的都是用笔画写的,同各种文字一样,因而称为字码是合适的。

凭借算母拼排看题脑算,要先把看到的字码,在脑中转换成珠码形式,之后就与听题珠心算没有区别了。

例如,看数: 2 5, 9 6, 3 0 8, 5 9 1, 4 2 6 3, 9 1 0 8

脑中能转换成: ⊟ , ⊟ , ⊟ , ⊟ , ⊟ , ⊟

这种算法,也需要由简到繁,反复练习才能熟练掌握。事实表明,任何人都可通过练习掌握这种脑算法。看题珠心算,也可以用竖式。

[**例 5 – 2**] 看下面竖式脑算 (见图 5 – 2)。

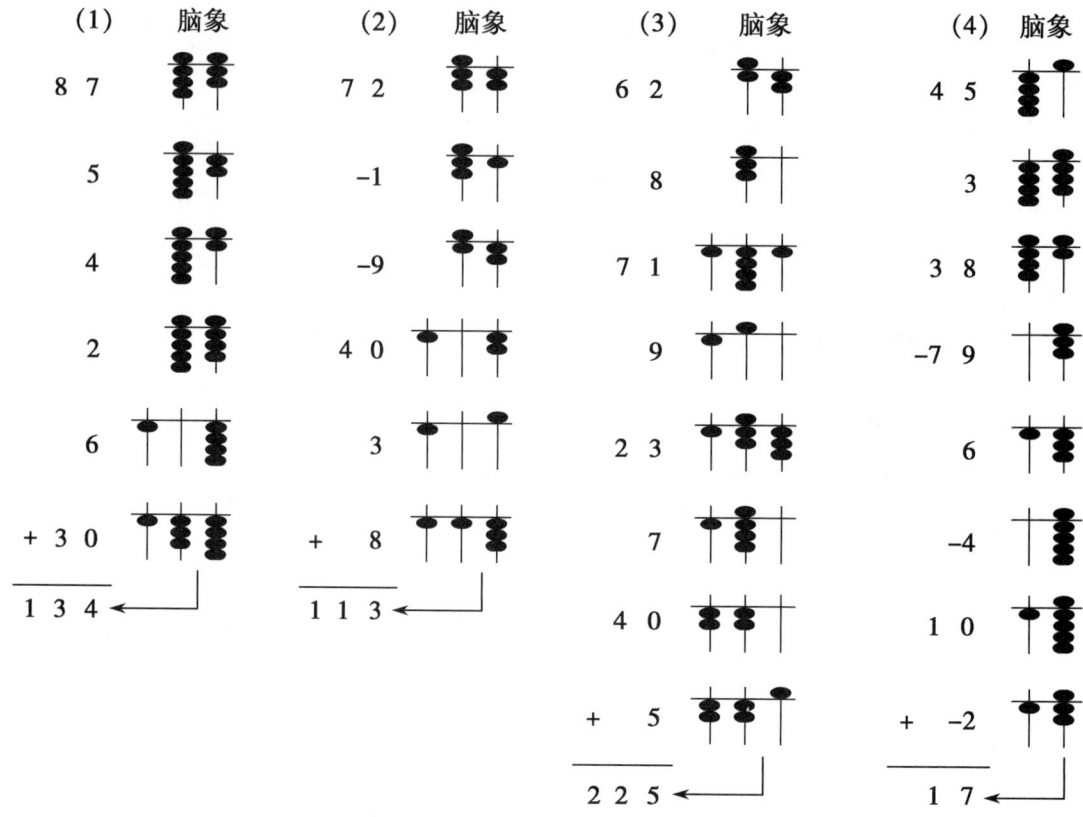

图 5-2

人能同时运用的记忆单元是有限制的。数的位数越多,需占用的记忆单元越多,脑算的难度就越大。图 5-2 中,要记的珠数,每题只记一个,算到哪一步,只记最后的一个。

一般人同时运用三四个记忆单元,是能够办到的。但这需要从一位数起逐步练习增多位数,直到能熟练进行三四位数加减。

加减的个数越多,需要高度注意记忆的时间越长,脑算的难度越大。一般人脑算加减三四个数,是不难办到的。加减数的个数,也需要由少到多逐步练习提高,有的人可以练到连加减 20 多个数。

只能脑算加减三四位的三四个数,遇到数的位数多,或数的个数多时,可以分段进行,分段记录脑算的结果。分段算分段记录是常用的方法。

当然,必要时还可以用手操算,即打算盘,那就没有数的位数或加减数个数的限制了。

[**例 5-3**] 分段脑算下面的题(见图 5-3)。

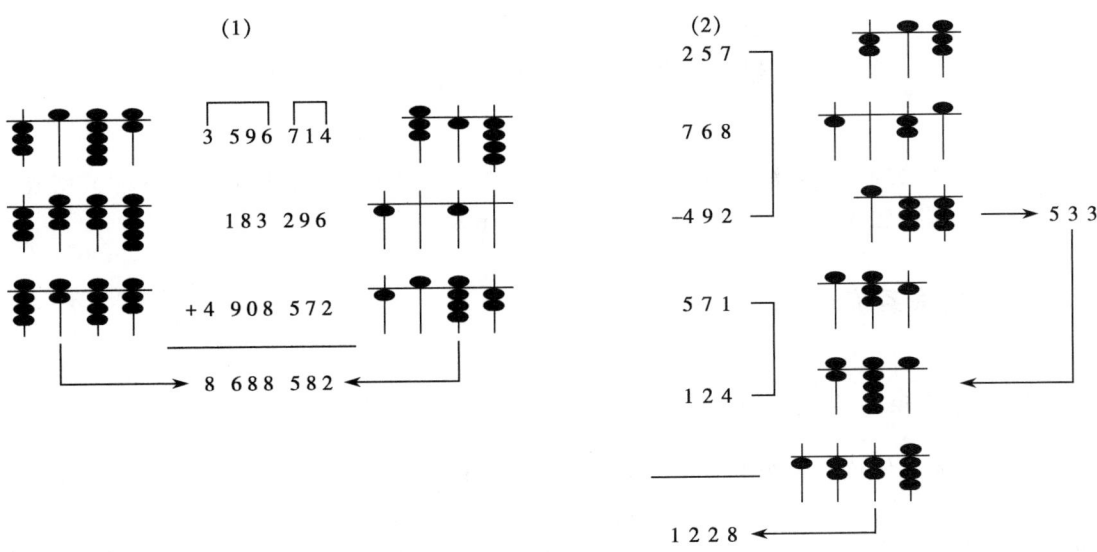

图 5-3

[课堂讨论] 1. 为什么说算母内化是珠算式脑算的基础？简述算母内化的步骤及做法？
2. 什么叫听题珠心算？什么叫看题珠心算？

1. 下面算式是珠码与阿拉伯数码混合题，试看题脑算。

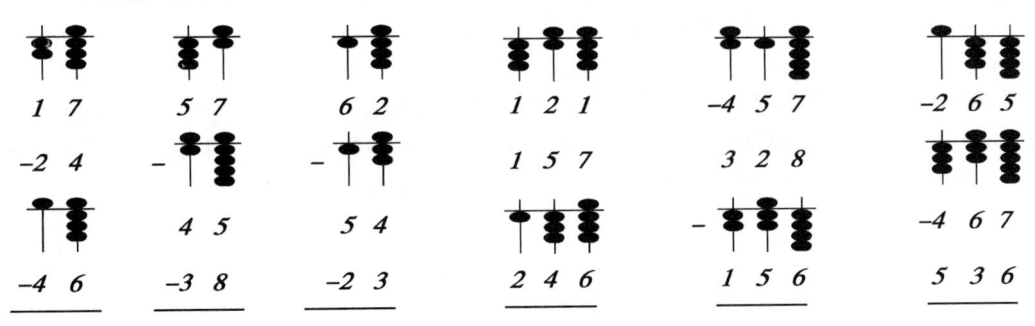

2. 脑算下面各题。
(1) 8 + 6 − 5 + 28 − 16 =
(2) 七加八，再加七，再加十五，减十一。
(3) 28 + 46 − 35 + 86 − 58 =
(4) 拾伍、拾捌、贰拾壹，减贰拾捌加拾柒。
(5) 315 + 574 − 628 + 637 =
(6) 叁佰贰拾肆元与陆佰柒拾伍元的合计是多少？

第三节　凭借珠码拼排单积

乘法是加法的简便算法。具体计算时则归结为加减的程序，即用若干步的加减完成乘法。为此，作乘法除了应有加减的技能技巧外，还要构造基本的系统软件。

一、乘法系统软件

（一）码积与乘法九九口诀

码积，就是任意两码相乘的积。例如：$3 \times 2 = 3 + 3 = 6$，$7 \times 5 = 7 + 7 + 7 + 7 + 7 = 35$，$5 \times 4 = 5 + 5 + 5 + 5 = 20$……用加法求出得数，并且编成口诀：三二06，五七35，四五20……得到乘法九九口诀表。这要记得烂熟。学校数学课程里，只用这一个乘法系统软件。

（二）单积

单积，就是一位数与多位数相乘的积。如 $2 \times 327 = 0\ 654$，$5 \times 486 = 2\ 430$，$3 \times 625 = 1\ 875$……这就是多位数乘法中一个计算单元的积，简称单积。

学校数学课程中，未敢用单积，因为凭借阿拉伯数码求单积是困难的。然而，用珠码拼排单积相当容易，创造了在乘法中用单积作系统软件的条件。用单积可以简化乘法，提高运算效率。多位数乘法需要单积，珠码拼排使得运用单积成为可能。

二、凭借珠码的 2 倍拼排法

2 乘 m，也可以说是 2 倍 m。按珠码求 2 倍可直观拼出。上珠表示 5，它的 2 倍是 10，因此，将上珠挪到左档当下珠（或简称进）即可；下珠表数是 1~4，2 倍最多是 8，不会进位，所以下珠直观加倍即可（见图 5 - 4）。此方法简单地说就是：

上 进 下 倍

图 5 - 4

练 习

凭借珠码用"上进下倍"的方法拼下列各码的 **2 倍**,并写出码积(见表 5–1)。

表 5–1

珠 码										
2 倍	06				12					

由此可知,即使求乘 2 的码积编乘法九九口诀,用珠玛拼排也比直接连加简易。

现在我们用珠码拼排来求 2 倍单积。其实,这只是把多位数各码的 2 倍排起来即可。即把上珠看作左档的 1 个下珠,把下珠加倍。如图 5–5 所示:

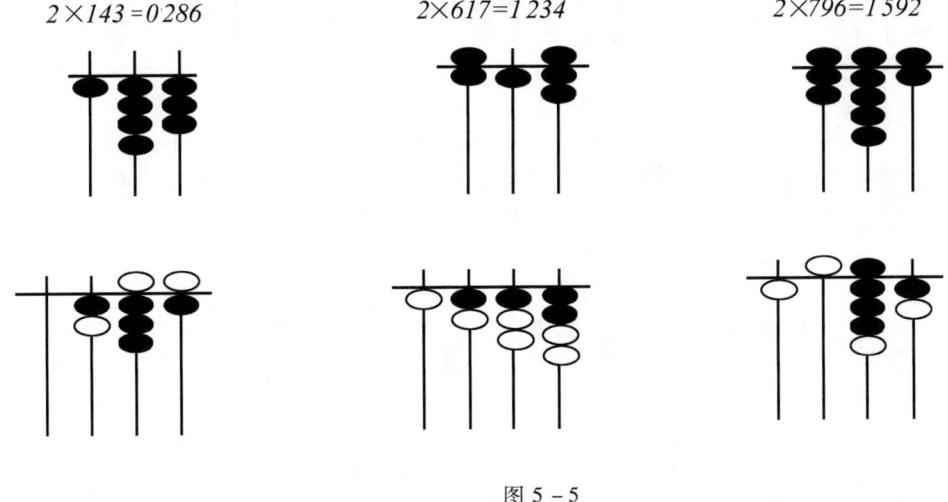

图 5–5

练 习

凭借珠码拼排单积,并尽早能将其移入脑中进行(见表 5–2)。

表 5–2

多位数							
2 倍							

续表

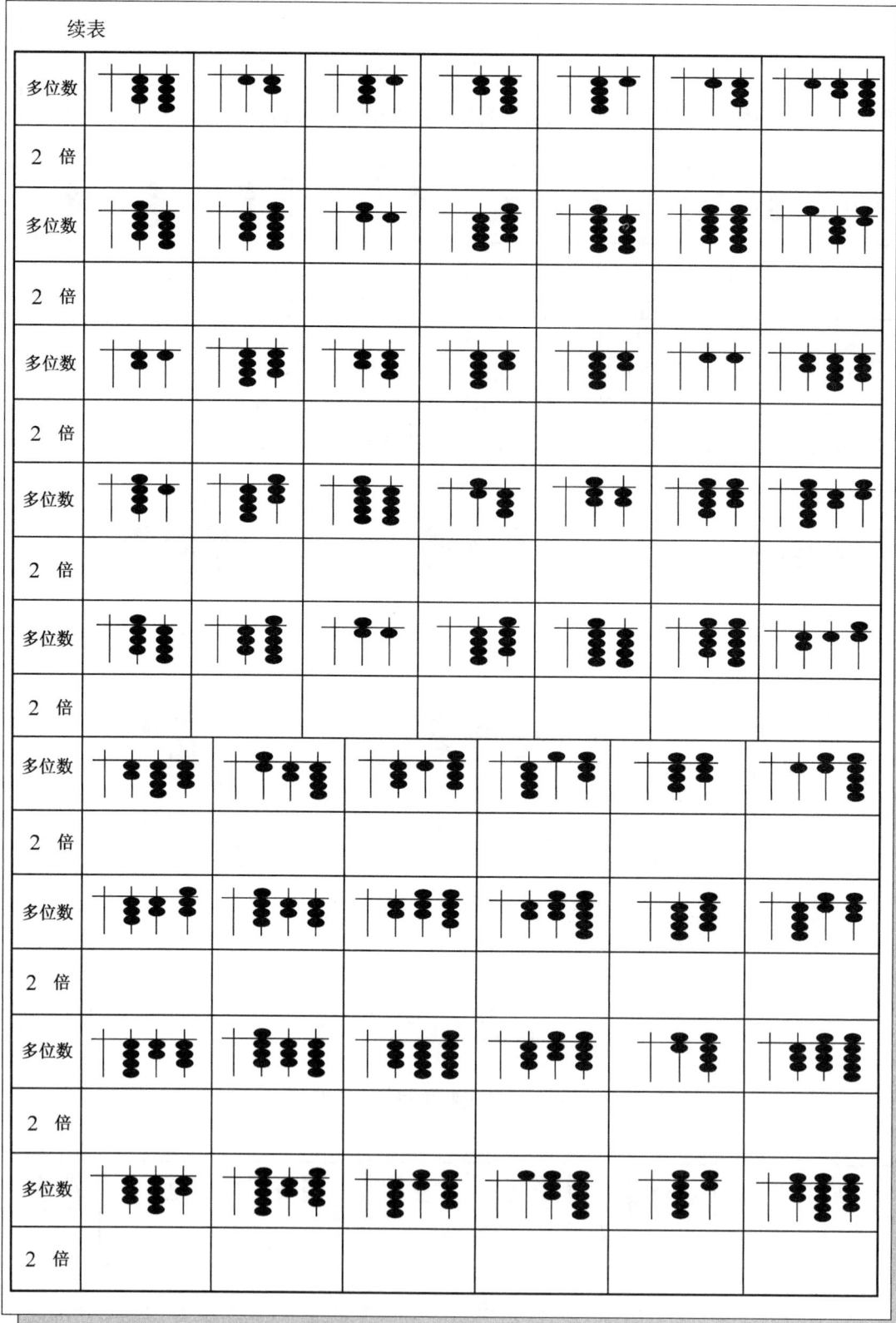

三、凭借珠码的 5 倍单积拼排法（见图 5-6）

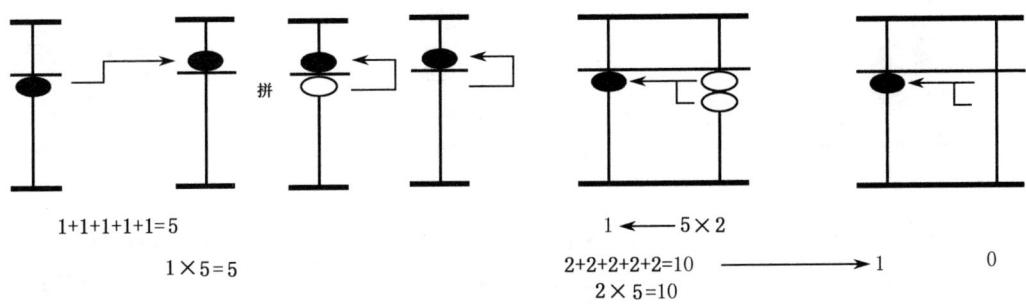

1+1+1+1+1=5　　　　　　　　　　1 ← 5×2
　　1×5=5　　　　　　　2+2+2+2+2=10　→ 1　　　　0
　　　　　　　　　　　　　　2×5=10

1 个下珠乘 5，就将它挪为上珠。　　2 个下珠乘 5，向左档进 1（即两个 5 合成一个 10）。
简单的说：1 挪上。　　　　　　　　就是向左档进它的"半"；其实，乘偶数都要进半。

图 5-6

由此可得凭借珠码拼排 5 倍的方法是：偶数向左档进半；不是偶数（奇数）就比一个偶数多 1，所以可先将偶数向左档进半，余的 1 挪作本档上珠（如图 5-7 所示）。简述为：

偶进半，1 挪上

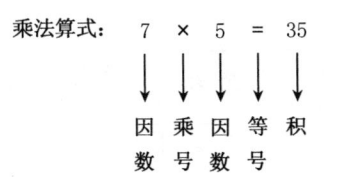

乘法算式：　7 × 5 = 35
　　　　　　↓　↓　↓　↓
　　　　　　因　乘　因　等　积
　　　　　　数　号　数　号

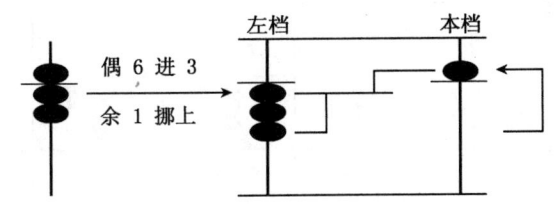

偶 6 进 3
余 1 挪上

图 5-7

凭借珠码用"偶进半，1 挪上"拼码积（见表 5-3）：

表 5-3

珠码									
拼 5 倍									
口诀	五一	五二	五三	五四	五五	五六	五七	五八	五九

由此可知，即使求乘 5 的码积编乘法九九口诀，用珠码拼排也比直接连加简易。

5 乘多位数，将各位码的 5 倍拼排起来就可以了：把偶码进半，作为左档的下珠；如果余1，就将它挪作本档上珠。例如（见图5-8）：

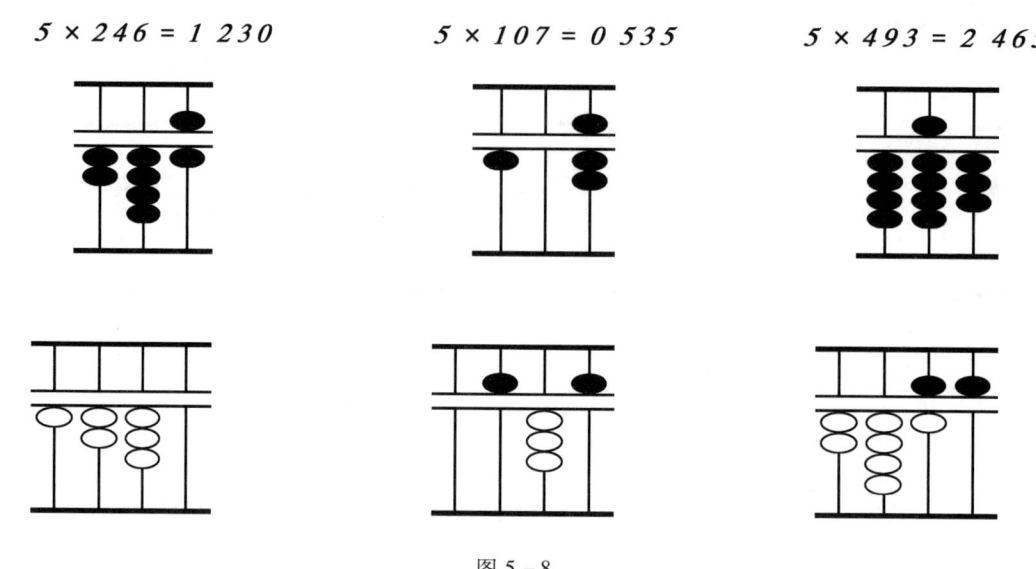

图5-8

练 习

凭借珠码拼排5倍（见表5-4）

表5-4

多位数	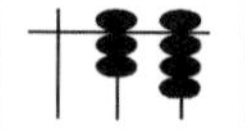	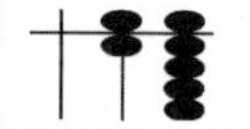	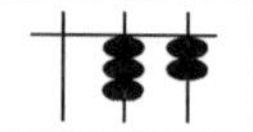	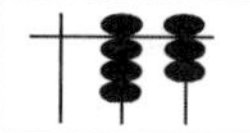	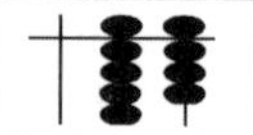	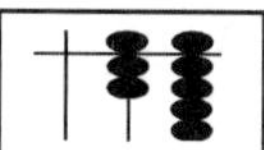	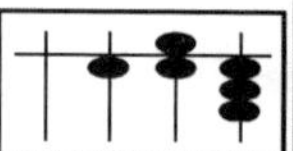
5 倍							
多位数	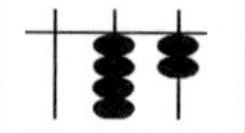	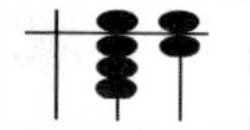	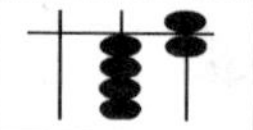	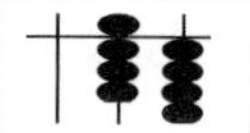	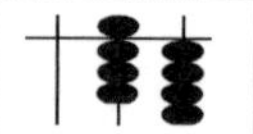	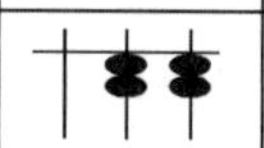	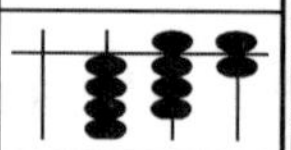
5 倍							
多位数	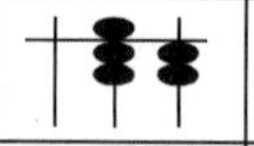	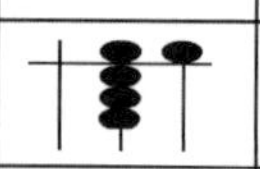	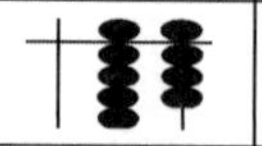	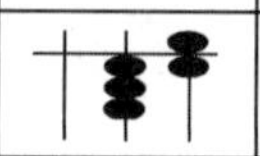	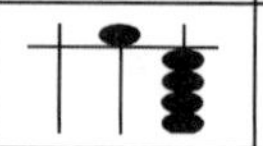	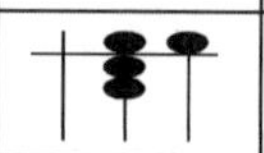	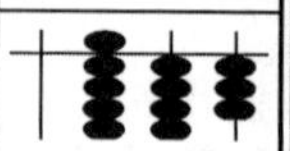
5 倍							
多位数	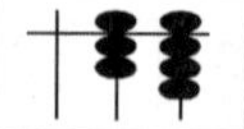	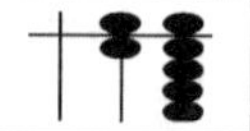	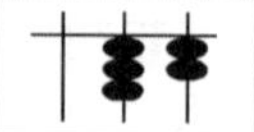	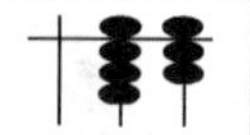	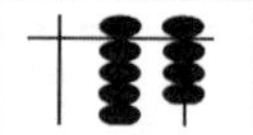	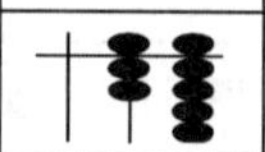	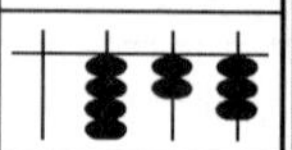
5 倍							
多位数	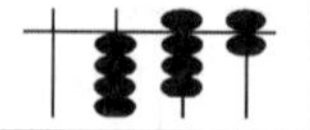	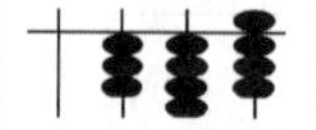	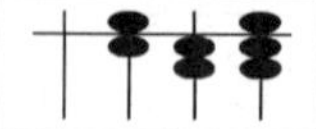	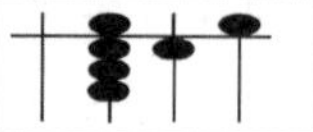	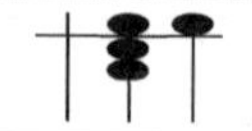	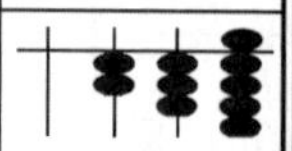	
5 倍							

续表						
多位数						
5 倍						
多位数						
5 倍						
多位数						
5 倍						
多位数						
5 倍						
多位数						
5 倍						

四、其他倍数的拼排法

有了珠算式脑算加减的技能技巧，又掌握了 2 倍、5 倍的凭借珠码的拼排方法，对于拼排其他倍数的单积，就不存在任何困难。

其他倍数的单积，可以用 2、5 倍单积与原数脑算加减求出。

本课程只要求掌握 2 倍、5 倍的单积拼排法，这样，根据实际情况和需要，随时可以教学、教练其他倍数的单积拼排法。

［课堂讨论］凭借珠码的 2 倍、5 倍的单积拼排法是什么？

第四节　凭借阿拉伯数码心算单积

用珠码拼排法求单积简易高效，对于一开始就学习算母拼排算法的学生，是最适合的，既易学习、练习，又容易熟练。因为这种拼排单积的方法，与脑算加减算法的技能技巧通用，把已掌握的技能技巧直接用到这里就行了。

现行九年制义务教育数学课程里，大多未教学拼排算母的珠算式脑算加减。因此，第三节讲的珠码拼排单积法，对于这些学校毕业的学生，将难以马上掌握。

据此，特再介绍凭借阿拉伯数码的心算单积方法。虽然熟练掌握这种方法比较困难，但总比只会码积而不会求单积好。

一、原理

（一）本个加后进法则

1. 积码

多位数乘一个码时，积的每一位码（简称积码）都是由（乘法九九码积的个位数）+（后面的进位数）而得，因此，要求单积，就要掌握乘法九九口诀的个位码（简称本个码）及乘后面数的进位数（简称后进）。本个虽然多样，但对同一乘码是固定的，容易掌握；而后进与相乘的后面的多位数有关，变换较多，特别还有提前连续进位的问题，要处理好。

2. 本个码和后进码

用一数码 x，乘多位数中某位数码所得码积的个位数码，叫该位的本个码。x 乘后位数而要进到该位的数码，叫作该位的后进码。

如 3×2 568，乘数次位上的数码 5 乘 3 的码积为"15"，其个位数码"5"叫次位积的本个码，5 后的数（68）乘 3 要进到本位的"2"叫该积位的后进码；或称"5"是 5 乘 3 的本个码，"2"是 5 后的数乘 3 的后进码。乘数次位对应的积码 7 是 5+2 而得。

3. 积码公式

$$积码 = 本个码 + 后进码$$

显然，若确定了本个码与后进码，很易脑算出积码。

本个码是码积的个位码，虽随相乘两码而变，但两码定后，个位码也确定了，是比较易掌握的。

后进码一般不能由相乘的两码确定，还与后面多位数有关。后进码较难确定，要就具体情况定出法则来。

（二）进位度与进位规律

1. 进位度

多位数乘一个数码 x 时，是否要往该多位数的最高位的前位（简称前位）上进 1，要由此多位数的大小而定。能使向前位进 1 的最小数目，叫乘数码 x 的进位度。

如乘 5，2 乘 5 及 3 乘 5 都要向前进 1，但 2 是要向前位进 1 的最小数目，"2"叫乘 5 的进位度，而 3 却不叫乘 5 的进位度。

显然，"进位度"的概念与"进率"相仿。只是进率与计量单位有关，而"进位度"与被乘的数码 x 有关。

2. 进位规律

"进位度"及其小于 x 的整数倍,叫作乘 x 的"进位规律"。

如乘 5,2 是进位度,它的 2 倍是 4、3 倍是 6、4 倍是 8、2(进 1)、4(进 2)、6(进 3)、8(进 4)就是乘 5 的进位规律。

3. 进位度求法

容易推出,用数码 x 乘的进位度等于 $\frac{10^k}{x}$(k 为整数)。因为:

$$\frac{10^k}{x} \cdot x = 10^k$$

这里,10^k 可以视为向多位数前位上进的 1。

数码只有 0~9 共十个,0 乘任何数得 0,1 乘任何数不变,所以,需讨论的数码 x 的值只有 2~9 共八个。于是,取 k=0,$\frac{10^k}{x} = \frac{1}{x}$;$\frac{1}{x}$ 为 0 位数,即为小数点后第一位上非零的纯小数如,$\frac{1}{2}=0.5$,$\frac{1}{3}=0.33\cdots\cdots$,$\frac{1}{4}=0.25$ 等。

又 $x \cdot \frac{1}{x} = 1$,1 在 $\frac{1}{x}$ 的前位上。即用 x 乘 $\frac{1}{x}$ 须向 $\frac{1}{x}$ 的前位上进 1,且 $\frac{1}{x}$ 是须向前位进一的最小数目,所以,$\frac{1}{x}$ 是乘数码 x 的进位度。

4. 进位度与小数点位置无关

因"进位度"的概念中说的是向"前位"进 1,并未限定"前位"是个位、十位、百位……"前位"可以是任意位,所以,"进位度"与小数点的位置无关,从而写为 $\frac{10^k}{x}$。

如用 4 乘的进位度可以说是 0.25($\frac{1}{4}$,取 k=0),2.5($\frac{10}{4}$,取 k=1),25($\frac{10^2}{4}$,取 k=2),250($\frac{10^3}{4}$),2 500($\frac{10^4}{4}$)……它们乘 4 都须往"前位"上进 1。为了方便,进位度常取最小的自然数,如 4 乘的进位度取 25。于是,也可以说进位度是形如 $\frac{10^k}{x}$ 的最小自然数。

5. 进位规律求法

显然,x 的进位度的 2 倍的数目,用 x 乘应向前位进 2;进位度的 3 倍的数目,用 x 乘时应进 3……如 4 乘的进位度为 25(进 1),4×50 应向前位进 2,4×75 应向前位进 3。

设 m 为一数目,当 $m < \frac{10^k}{x}$ 时,x·m 不向前位进位;当 $\frac{10^k}{x} \leq m < \frac{2 \cdot 10^k}{x}$ 时,x·m 向前位进 1;当 $\frac{2 \cdot 10^k}{x} \leq m \leq \frac{3 \cdot 10^k}{x}$ 时,x·m 向前位进 2……如 4×21 时不进;4×38 时,进 1;4×65 时,进 2;4×8 时,进 3……

(三)各乘数码的进位度与进位规律

1. 各码的进位度

现在,不难求得用 2~9 各数码乘的进位度。求法如下:

2 乘：$\dfrac{10}{2} = 5$ 4 乘：$\dfrac{10^2}{4} = 25$

3 乘：$\dfrac{10^k}{3} = 333\cdots = \dot{3}$ 5 乘：$\dfrac{10}{5} = 2$

6 乘：$\dfrac{10^k}{6} = 1\,666\cdots = 1\dot{6}$

7 乘：$\dfrac{10^k}{7} = 142\,857\,142\,857\cdots = \dot{1}42\,85\dot{7}$

8 乘：$\dfrac{10^3}{8} = 125$

9 乘：$\dfrac{10^k}{9} = 111\cdots = \dot{1}$

2. 进位规律表

在脑算用多位数乘 x 时，不仅要熟记进位度，而且进位度的倍数也应熟记，如此才能算得快（见表 5－5）。

表 5－5

乘码	进位数 1	进位数 2	进位数 3	进位数 4	进位数 5	进位数 6	进位数 7	进位数 8
2	5							
3	$\dot{3}$	$\dot{6}$						
4	25	5	75					
5	2	4	6	8				
6	$1\dot{6}$	$\dot{3}$	5	$\dot{6}$	8$\dot{3}$			
7	$\dot{1}42\,85\dot{7}$	$\dot{2}85\,71\dot{4}$	$\dot{4}28\,57\dot{1}$	$\dot{5}71\,42\dot{8}$	$\dot{7}14\,28\dot{5}$	$\dot{8}57\,14\dot{2}$		
8	125	25	375	5	625	75	875	
9	$\dot{1}$	$\dot{2}$	$\dot{3}$	$\dot{4}$	$\dot{5}$	$\dot{6}$	$\dot{7}$	$\dot{8}$

表 5－5 中对应进位数 1 的是进位度，连同其后的进位度的倍数，通称进位规律[①]。

由于进位规律复杂，又要记本个，比拼码复杂繁难得多，所以"本个加后进"是比较难以学习和掌握的笔算式脑算法，达到熟练更难！

[例 5－4] 6 × 33 758 = 202 548

容易看出，为求得一位积码，便要弄清本个码、后进码（需往后看多位），再将其加起来。这些都须滚瓜烂熟，绝非少日之功。

由于已提前进位，在本个加后进求单积码时，凡遇 10 可弃之。

---

① 参见朱希安等主编《当代中国珠算》186～188 页，中国财政经济出版社，2000 年 3 月第 1 版。

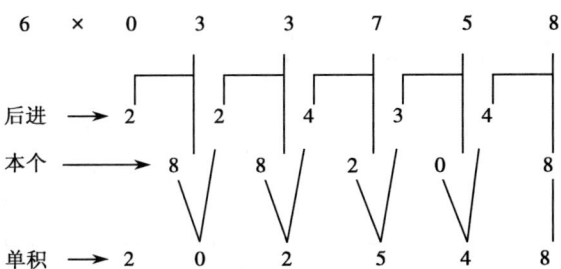

而且这里也是只凭借阿拉伯数码,未能发挥珠码的形象作用。这种做法,是在不了解珠算式脑算的情况下总结概括出来的。

二、看后1位定后进求单积（如乘2、5）

2和5与多位数相乘,求单积比较容易,只看后一位就能决定后进数。
[例5-5] 2×26 738 = 053 476

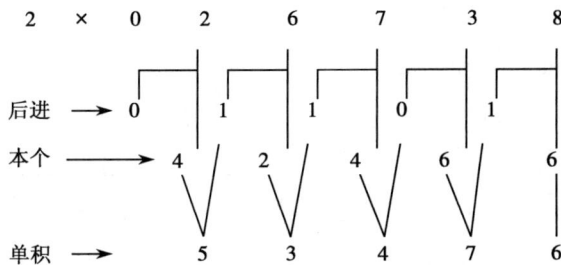

算法：除记住本个外,只看后一位就知后进数：满5进1。

三、看后2、3位定后进求单积（如乘4、8）

[例5-6] 8×15 367 = 122 936

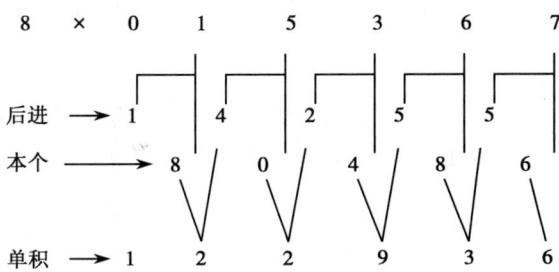

算法：除记住本个外,要看后三位才知后进数：满125进1,满25进2,满375进3,满5进4,满625进5,满75进6,满875进7。

四、看后1、2位循环节定后进求单积（如乘3、6、9）

[例5-7]　3×26 375 = 079 125

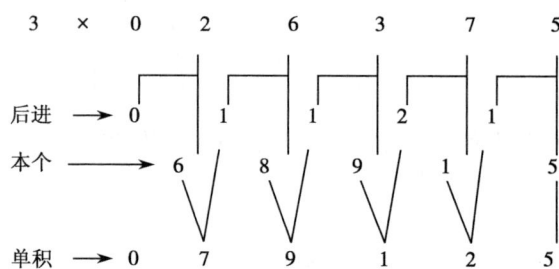

算法：除记住本个外，要看后位循环节方知后进数：超 $\dot{3}$ 进1，超 $\dot{6}$ 进2。

五、看后6位循环节定后进求单积（乘7）

[例5-8]　7×15 684 = 109 788

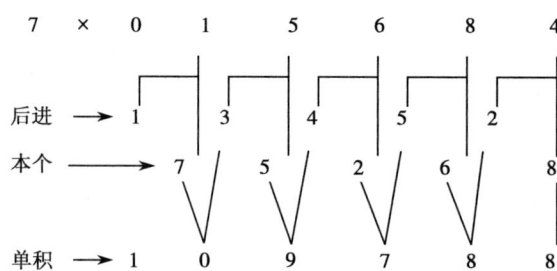

算法：除记住本个外，要看后多至6位循环节方知后进数：

超 $\dot{1}42 85\dot{7}$ 进1，超 $\dot{2}85 71\dot{4}$ 进2，超 $\dot{4}28 57\dot{1}$ 进3，超 $\dot{5}71 42\dot{8}$ 进4，超 $\dot{7}14 28\dot{5}$ 进5，超 $\dot{8}57 14\dot{2}$ 进6。

现在，我们已经知道想把这种求单积方法练熟掌握是要花大功夫的。且这种方法做起来难度较大，没有通用性，费了偌大的功夫，无非帮助求单积而已。所以，这种算法是不应当提倡的。

[课堂讨论] 乘数2至9的进位规律是什么？它们本个码的规律是什么？

> **练 习**

凭借阿拉伯数码试用脑算求下面各单积。

2 × 726 =	3 × 276 =	4 × 237 =	5 × 4 578 =
6 × 628 =	7 × 382 =	8 × 693 =	9 × 7 452 =
2 × 42 835 =	3 × 74 618 =	4 × 69 517 =	5 × 37 286 =
9 × 27 492 =	8 × 42 872 =	7 × 27 482 =	6 × 45 619 =
3 × 31 286 =	5 × 62 729 =	6 × 72 904 =	7 × 27 627 =
2 × 69 274 =	9 × 28 457 =	8 × 31 059 =	4 × 41 748 =

第五节 珠算式心算乘除法

一、多位数乘除就是珠心算加减的程序

多位数乘除的脑算，是加减脑算的程序。其中，要用系统软件乘法九九口诀，或脑算求单积。因此，没有多位数加减的脑算技能，是无法进行多位数乘除的脑算的。

九年制义务教育数学课程中，不要求多位数乘除脑算。鉴于教学的笔算方法和能力的限制，要求多位数乘除是不可能的。

本课程中，有珠算加减的基础，而且也讨论了珠算式脑算加减。有的同学，通过自己的练习追求，可能有了一定的加减脑算能力。因而，有可能学习、掌握多位数乘除的脑算。

而对于财会工作者来说，有一定的脑算多位数乘除能力，是十分有用的。这里对多位数乘除脑算法，从原则要领上加以提示，以供有志者进一步追求。

二、多位数乘法脑算

利用乘法九九口诀，按照笔算多位数乘法竖式那样的模型算法，进行脑算，是行不通的。所以，比较实用的算法是：脑算单积，再运用珠算式脑算把单积加起来。

本章介绍了单积的两种脑算法，这里分别讨论用于多位数乘法的方法。

（一）拼排单积 + 算母拼排加减

珠算式脑算能力强的人，用这种方法较好。因此，对于学习珠心算的儿童、少年，最好用这种方法。

可以分解一因数，取其一码，按珠码拼排出它与另一因数的单积，想象入算盘；再接连拼排另外码的单积，同样拼排入算盘即可。

[例 5 – 9] 5.2 × 7.4 = 38.48（见图 5 – 9）

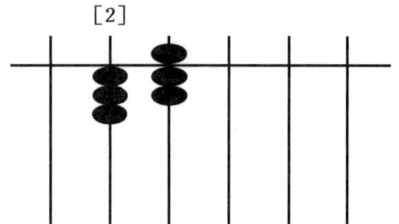 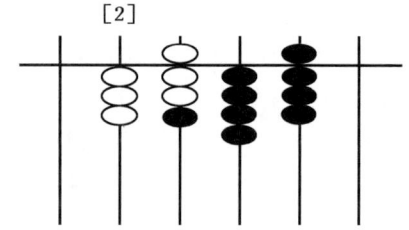

（1）把"5"与"74"的单积入盘："5"在 1 位，"74"的首码"7"在 1 位，单积首码入盘的档位为：1＋1＝2，就是从［2］档拨入 37。

（2）把"2"与"74"的单积拼排上："2"在 0 位，"74"的首码"7"在 1 位，单积首码拼排入盘的档位为：0＋1＝1，就是从［1］档起拼排 148。

图 5 – 9

最好能如图 5 – 9，记住算盘上小数点位置，按位拼排入单积。如果为了减少记忆内容，也可不记小数点位置，写得数时，再按算式定位，点上小数点。如 1，积头较小，1＋1＝2，积为 2 位，由此也可点出小数点。

容易明白，只要脑算加减、拼排单积熟练，脑算多位数乘法是不困难的。

[例 5 – 10] 25 × 657 = 16 425（见图 5 – 10）

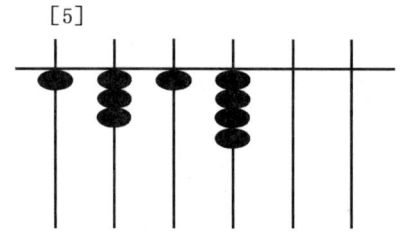 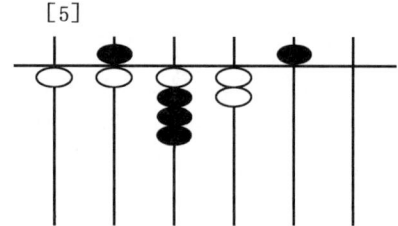

（1）把"2"与"657"的单积入盘："2"在 2 位，"657"的首码"6"在 3 位，单积首码入盘的档位为：2＋3＝5，就是从［5］档拨入 1 314。

（2）把"5"与"657"的单积拼排上："5"在 1 位，"657"的首码"6"在 3 位，单积首码拼排入盘的档位为：1＋3＝4，就是从［4］档起拼排 3 285。

图 5 – 10

练 习

试脑算下面各题。

7.4 × 5.2 =	50.2 × 7.9 =	9.7 × 2 050 =	7.05 × 4 300 =
206 × 3.4 =	7.05 × 9.3 =	4.8 × 7 020 =	5.07 × 390 =
20.4 × 0.683 =	50.9 × 74.3 =	7.2 × 3.96 =	340 × 28.7 =

0.59 × 7 430 =	80.4 × 7.49 =	620 × 43.6 =	0.93 × 8 120 =
560 × 7.4 =	8.34 × 2.5 =	5.3 × 8 640 =	6.02 × 49.3 =
50.3 × 0.47 =	2.09 × 4.8 =	8.5 × 6.07 =	640 × 20.5 =
0.26 × 8.3 =	60.5 × 0.67 =	320 × 40.8 =	0.24 × 9 050 =

（二）凭字码心算单积＋算母拼排加减

这种脑算方法的不同，只在于求单积凭借的是阿拉伯数码的"本个＋后进"方法得出单积后用珠算式脑算的算母拼排方法完成。

[例 5 – 11] 67.4 × 30.2 = 2 035.48（见图 5 – 11）

这里，因数"30.2"虽写在后面，也应当分解它。因为，它中间含"0"，而且含有"2"，不是 0 的数码较少。

无论珠算，或珠算式脑算，"0"只有决定数位的作用，计算时"0"码再多都不必管它，只要定出不是 0 的码的单积首码位数，按档位入盘拼排就是了。

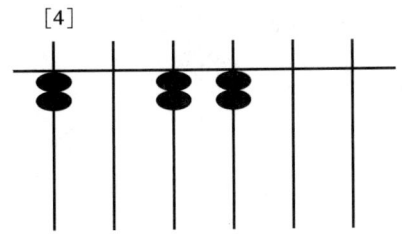
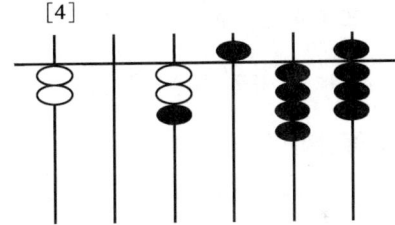

（1）把"3"与"674"的单积入盘："3"在 2 位，"674"的首码"6"在 2 位，单积首码入盘的档位为：2＋2＝4，就是从 [4] 档拨入单积。

求 674×3 的单积：超 6̇ 进 2，

再超 6̇ 进 2 加 8 取 0，

超 3̇ 进 1 加 1 得 2，

末位本个 2。

于是，得单积：2 022。

（2）把"2"与"674"的单积拼排上："2"在 0 位，"674"的首码"6"在 2 位，单积首码拼排入盘的档位为：0＋2＝2，就是从 [2] 档起拼排单积。

求 674×2 的单积：满 5 进 1，

再满 5 进 1 加 2 得 3，

后位 4 不进加 4 得 4，

末位本个 8，

于是，得单积：1 348。

图 5 – 11

练　习

试脑算下面各题。

0.58 × 6 030 =	60.4 × 2.05 =	820 × 50.2 =	0.93 × 5 020 =
20.4 × 0.608 =	30.9 × 50.6 =	7.2 × 3.06 =	340 × 207 =

0.67 × 2 350 =	5.3 × 68.7 =	2 600 × 5.28 =	0.43 × 5 240 =
6.9 × 0.296 =	6 500 × 34.2 =	2.4 × 4.93 =	520 × 938 =
0.58 × 2 450 =	5.89 × 60.3 =	7 600 × 3.06 =	0.42 × 3 060 =
6.09 × 0.295 =	2 940 × 30.5 =	8.6 × 5.92 =	590 × 608 =
276 × 3.4 =	7.94 × 9.5 =	2.8 × 7 630 =	5.02 × 39.4 =

三、多位数除法脑算

（一）脑算除法模型

脑算除法必须采用珠算模型：只记录被除数或余数、商数。为了减少记忆单元，还可随时把得出的商码用笔记录下来，这样，脑中只记忆余数（被除数）最好。

得出商码后，要减去商码与除数的积（减积），这里最好求出单积再减，尽量不用九九口诀逐位求码积减。

总之，按笔算除法竖式模型脑算，是行不通的。脑算必须按珠算模型程序。

（二）脑算除法程序

依据珠算除法模型，脑算除法的程序如下：
（1）脑记忆被除数；
（2）估商码、写商码；
（3）脑算商码与除数的单积；
（4）减积、记余。

[例 5-12] 33.536 ÷ 6.4 = 5.24 （见图 5-12）

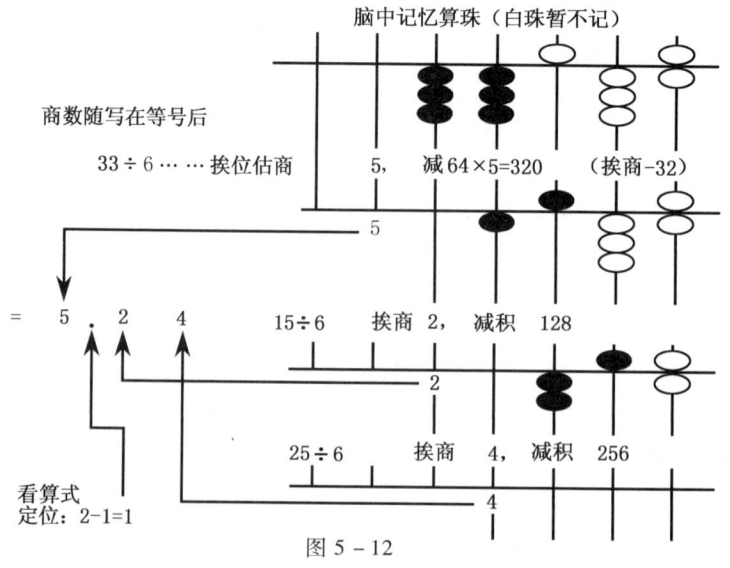

图 5-12

定位也可按第四章的只据算题的公式定位法。这样，脑算除法都按整数除法处理就可以了。

练 习

1. 脑算下面各题。

28.62÷5.4＝　　　397.5÷0.75＝　　　4 536÷84＝　　　37.96÷0.074＝

2 666÷430＝　　　403.2÷650＝　　　2.835÷0.063＝　　33.92÷0.53＝

486.4÷64＝　　　279.5÷4 300＝　　　55.25÷0.85＝　　　425.8÷6.3＝

22.78÷34＝　　　53 280÷7 400＝　　33.84÷0.047＝　　394.2÷54＝

2. 脑算下面各题。

266.49÷6.3＝　　　364.64÷0.86＝　　27 625÷65＝　　　230.04÷0.054＝

40 138÷940＝　　　2 867.6÷670＝　　1.8018÷0.042＝　　24.024÷0.0056＝

2 030.4÷470＝　　2 771.2÷640＝　　52.116÷0.74＝　　317.55÷7.3＝

[例5－13] 993.6÷0.46＝2 160（见图5－13）

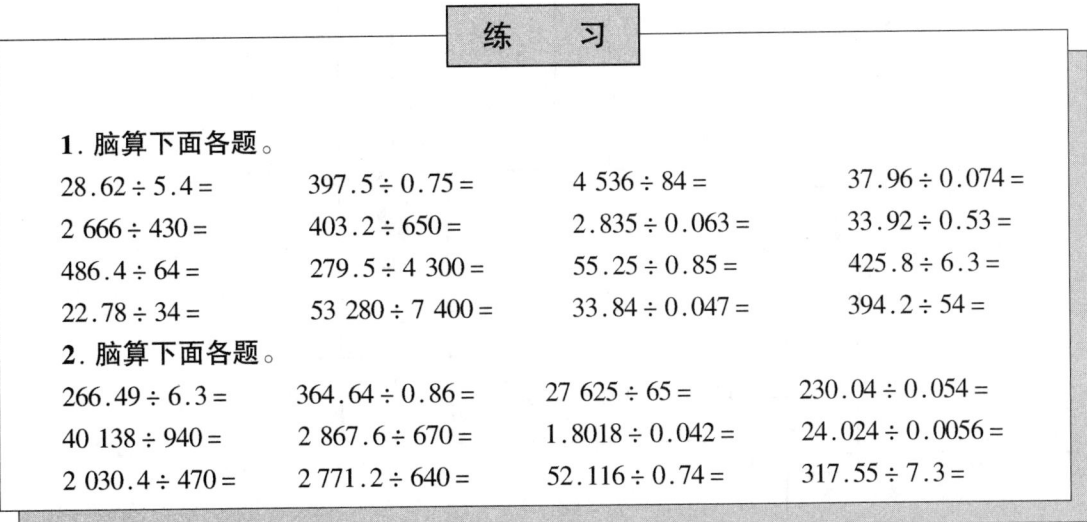

图5－13

[例5－14] 502.15÷830＝0.605（见图5－14）

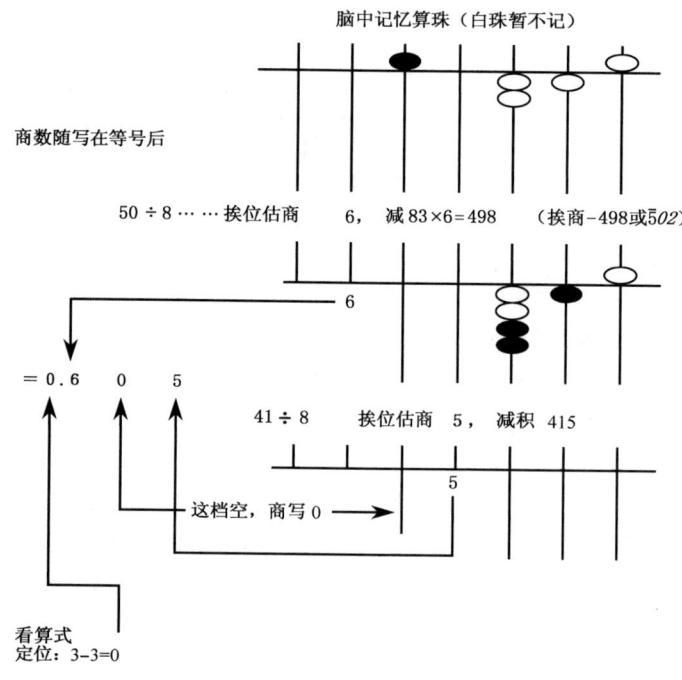

图 5-14

[课堂讨论] 珠算式脑算乘除法的程序是什么?

[本章小结] 珠算式脑算就是把 26 个算母内化,在脑中拼排算母求出得数。内化算母大体上分为手拨算母、打无珠算盘、空拨算母和想拼算母四个步骤。掌握珠算式脑算加减法应从算盘导入,大量进行听题心算、看题心算的训练;乘除法则是珠算加减法的程序。

练 习

脑算下面各题。

14.976÷7.8=	174.44÷0.89=	199.92÷680=	16.986÷0.057=
34.104÷0.87=	186.59÷470=	2.8768÷0.058=	17.748÷0.36=
411.93÷69=	4 676.8÷790=	33.312÷0.48=	40.31÷5.8=
28.512÷3.6=	38 304÷4 800=	741.19÷0.083=	574.08÷64=
28.736÷32=	42.822÷5.4=	50.274÷0.63=	58.128÷8.4=
64.124÷0.92=	576.02÷8 300=	439.56÷0.074=	256.71÷43=

第六章 会计数字录入与计算技能

📖 学习目标

通过本章的学习，了解电子计算机小键盘的功能键、电子计算器的功能键的内涵。熟练采用正确的坐姿、科学规范的手势和指法进行小键盘数字录入；运用小键盘数字录入技能进行加减、账表、传票、票币算，在本学期达到每分钟100键的速度。通过实践加深小键盘录入技能对于会计人员、银行柜员及超市收银员上岗操作重要性的认识。

第一节 认识小键盘数字录入技能

随着电脑的普及，计算机的小键盘和珠算的传统项目传票相结合能大大提高金融、商业行业的计算效率和工作效率。通常我们所说的键盘就是连接电脑的有数字、英文、各种功能键的全键盘。本任务主要介绍的小键盘是全键盘右边的数字键盘。下面首先让我们来认识一下小键盘及各种功能键的操作。

一、小键盘的功能键及操作

（一）认识计算机键盘

1. 常用的计算机键盘

见图 6-1。

图 6-1 常用的计算机键盘

2. 小键盘各功能键

见图6-2。

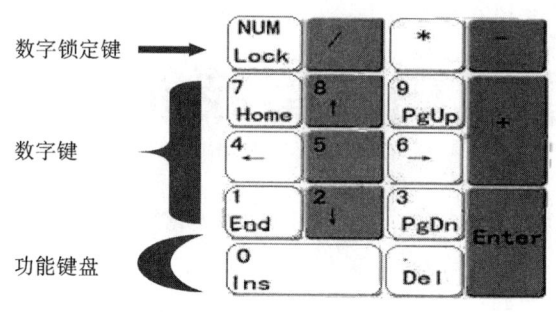

图6-2 小键盘

（二）小键盘区上的键位与功能键操作

小键盘区一共有17个键位，该区的大部分按键具有双重功能：一是代表数字和小数点，即0—9数字、小数点、加、减、乘、除运算符号及回车确认键；二是代表某种编辑功能，如↑、↓、→、←等功能键。

利用该区的Num Lock（数字锁定键）可在这两种功能之间进行转换，按下这个键，键盘右上角有一个标识为"Num Lock"的指示灯会点亮，这个时候小键盘输入的是数字，再按一下这个键，指示灯会熄灭，小键盘区域处于编辑功能状态。

二、小键盘数字录入的基本要求

认识小键盘及功能键操作后，我们还要反思自己，我们作好了录入的准备吗？利用小键盘进行数字录入必须遵循以下基本要求。

（一）坐姿端正、用品定位

正确的坐姿能减轻输入的疲劳感，有效地提高录入的速度。

（二）手势恰当、指法正确

小键盘数字录入有很多方法，我们提倡的方法是"五指法"，它有4个基本要求：

(1) 手势呈弓形（见图6-3）。

(2) 五个手指有明确的分工，既不能"一指禅""两指禅"，即由某个或某两个的手指包揽，也不能相互之间"串岗"。

(3) 实现盲打，即录入时眼睛不能看数字键盘，只能看数据源和屏幕。

(4) 右手独立完成，左手不能进行任何有关操作（包括辅助操作）。

图 6-3 五指法

(三) 遵循 24 字原则

我们认为掌握小键盘数字录入技能还必须严格遵守 24 字原则:"手型正确、严格分工、双手配合、击键规范、用力均匀、键位准确"。所谓手型正确是指手指保持弓形;严格分工强调手指使用的独立性;双手配合主要是在非传票算时左手食指协助指向要录入的数字或传票算时左手翻页右手击键;击键规范强调击键迅速、准确;用力均匀是指击键时轻重适度;键位准确则是盲打的关键,要干净利落、防止拖泥带水误击无关键位。

第二节 坐姿、手势和指法

任务描述

正确的坐姿能有效地提高录入的速度,减轻输入的疲劳感。规范的手势和指法能让我们录入更准确及轻松,达到事半功倍的效果。

一、坐姿与用品定位

(一) 坐姿

(1) 身体正面面对计算机屏幕坐端正,两腿自然分开,上体放松,双肩自然下垂(不要耸起),大臂自然下垂后抬起右手小臂。身体要自然坐直,两脚放平与胳膊平行,肘关节的弯度一般应保持在90°,眼睛与屏幕的距离在40至50厘米左右(见图6-4及图6-5)。

(2) 显示器的位置应在视线以下10°至20°左右。

(3) 右手各手指轻放在规定的基准键上,手腕平直,手指弯曲自然,击键只限于手指指关节,身体其他部分不要接触工作台或键盘。

(4) 小键盘录入过程中左手是绝对不能参与任何操作动作的,包括击清除键。

图6-4 正确坐姿

图6-5 错误坐姿1

图6-6 错误坐姿2

友情提示:

掌握正确的坐姿是学好小键盘操作技能的秘诀之一,不要养成把左手放在椅子上、撑腰、撑头、翘二郎腿等不良习惯(见图6-5、图6-6)。

(二) 用品定位

(1) 小键盘或计算器放置在桌面偏右侧,保证右手在小键盘区域上方,食指、中指和无名指刚好落在"4""5"和"6"基准键上为宜。

(2) 计算题或传票放置在左手边。

(3) 记录纸张放在传票的下方。

(4) 笔放在计算器的下方,右手能方便拿到。

见图6-7、图6-8。

图6-7 小键盘用品定位　　　　　图6-8 计算器用品定位

二、手势

(一) 小键盘的手势 (不需要握笔)

在击键时，通过调整手指的弯曲度和手指间的张度，使每个手指的指尖落在键的中间，这个姿势称作基本姿势。在数字录入的整个过程中必须保持基本姿势不变。

(1) 举起右手，食指、中指、无名指和小指的三个指节都自然弯曲，手指与手掌间的关节稍微突起 (见图6-9)。

(2) 手腕保持平直。

(3) 将食指、中指和无名指的指尖依次轻放于"4、5、6"三个基准键上，指甲与键面的夹角略小于90°，指节略向前倾。

(4) 小指保持相同姿势略往后缩。

(5) 大拇指弯曲后放置于手掌下方，抬起手腕，使手掌稍微架空于键盘。

(6) 大拇指左侧指尖在"0"键上，小指右侧指尖刚好在"Enter"键上 (见图6-10)。

> 💗 **小贴士**
>
> 特别要注意"0"和"Enter"键的长度比一般键大一倍，要防止指尖击在键的两端时造成的"空击"现象。

(二) 计算器的手势 (需要握笔)

前4项同小键盘的手势相同，大拇指弯曲后将笔按笔头朝左，笔芯朝右的方向塞在大拇指与手掌的空隙处 (见图6-11)。

图 6-9　手势

图 6-10　基本手型

> **小贴士**
>
> 握笔的技巧
>
> 1. 技巧：录入结束，书写计算结果也是一项重要技能，书写速度的高低也直接影响录入的整体速度，为方便快速地书写结果，握笔的方法是把笔横压在右手拇指与手掌之间，使笔与手掌平行，笔杆上端伸出虎口并露出1/3，笔尖露在外侧。
> 2. 作用：便于书写计算结果，减少了取放笔的次数，节约计算时间。
>
>
>
> 图 6-11　计算器的手势

三、指法

（一）基本指法

在小键盘上击键的基本指法是：右手食指、中指和无名指在键盘上实行"纵向管理",每个手指负责管理基准键位上方和下方的键(一竖条四个键),即食指负责"Num Lock""7""4""1"键,中指负责"/""8""5""2"键,无名指负责"*""9""6""3""小数点"键。大拇指负责"0"键,小指负责"Enter"键。

友情提示

掌握正确的指法是学好小键盘操作技能的秘诀之一!重点是右手食指、中指和无名指在键盘上纵向移动并熟悉键位,用大拇指左侧指尖击"0"键,用小指右侧指尖击"Enter"键(见图 6-12)。

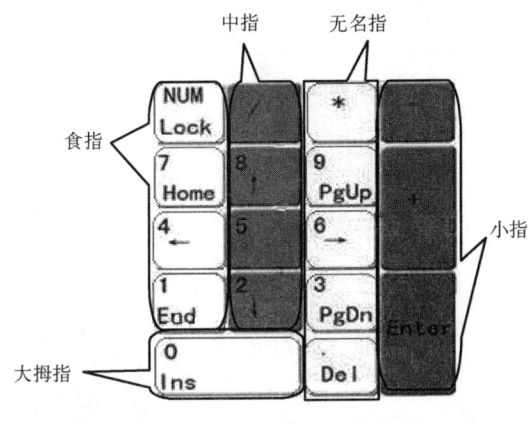

图 6-12 基本指法

(二) 击键的方法

击键和按键是键盘操作的两种方法,我们建议采用击键法录入数字。

1. 按键

右手做好基本姿势,录入时所有手指不离开键面(见图 6-13),某个手指把需要录入的数字键往下压(见图 6-14)。

2. 击键

右手保持基本姿势,录入时在手腕带动下抬起手掌使所有手指离开键面并向下或向上移动到所需键位,操作的手指在手腕的带动下快速向下击打键面并快速抬起,整个手势仍然保持基本姿势不变(见图 6-15)。

图 6-13 基本手势

图 6-14 按键

图 6-15 击键

（三）掌握正确指法的八个要领

（1）录入前各手指要放在基本键上，输入数字时，每个手指只负责相应的几个键，不要混淆。

（2）在数字录入的整个过程中必须保持基本姿势不变，不要翘兰花指或大拇指外翘。

视频1　击键指法

（3）录入时，一手击键，另一手要处于预备状态或配合指向要计算的数字或翻传票。

（4）击键时，手抬起，只有要击键的手指才可伸出击键，不可压键或按键。

（5）击键速度要均匀，用力要轻，有节奏感，不可用力过猛。

（6）快速击快速放，手指击键的动作轻捷有力而干脆。

（7）从上一个键到下一个键不能靠手指延伸或手指在键面上滑行来完成，而是靠整个手掌在键盘上的上下跳跃式移动来定位。

（8）击键时要注意尽可能击在键的中间，避免击在两个键之间。因为击在键的边沿造成"空键"或同时录入两个数字而造成"连击"的错误，特别是"0"键和"Enter"键（见图6-16）。

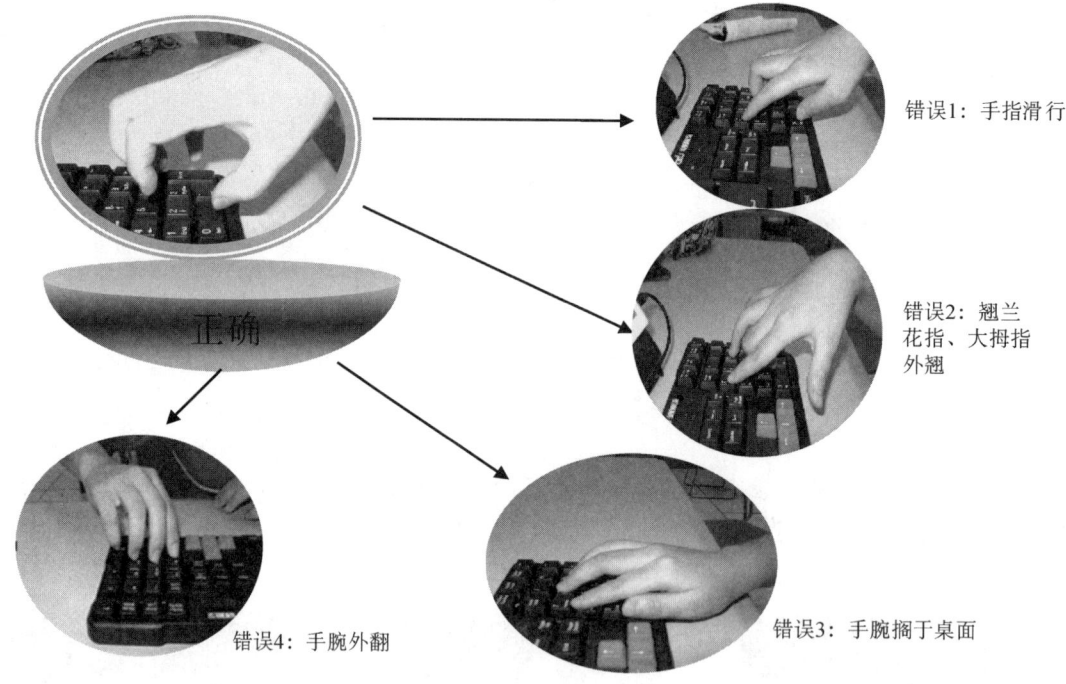

图6-16　五指法正误对照

视频2　盲打基础训练　　　　　　视频3　盲打综合性训练

第三节 电子计算器计算技能

目前用于小键盘数字录入与计算的工具分为三种：一是专用于比赛、练习的学习机；二是电子计算器；三是电脑。后两种运用更广泛一些，下面就介绍一下计算器的功能及操作。

一、电子计算器的种类、结构及功能键

(一) 电子计算器的种类

1. 简单型计算器

又称算术型计算器，可进行加、减、乘、除、开发等简单的四则运算（见图6-17）。

2. 科学型计算器

又称函数计算器，除了具有普通计算器的功能外，还增加了许多函数和统计计算功能，具有初等函数、排列、组合、概率、统计等运算功能（见图6-18）。

3. 专用型计算器

目前这类计算器主要是供财会人员使用的计算器，可做加、减、乘、除四则运算，百分比计算等，有的还附加一些其他的功能，如日历、报时等。

4. 程序型计算器

可以编制程序，把比较复杂的运算步骤储存起来，进行多次重复的运算。

目前学生使用与训练的大多数为简单型计算器，它具有加、减、乘、除、百分比、累计等基本计算功能，这种计算器结构简单，操作方便，适合于会计、统计和一般家庭日常生活使用。

图6-17 简单型计算器

图6-18 科学型计算器

(二) 简单型计算器的结构

显示屏：在计算器的表面，显示屏显示从功能键输入的数据及运算结果，一般为液晶

显示。

功能键：在计算器的表面，是计算器的主要外部部件，功能键用来输入计算指令和需要计算的各种数据。

内存：在计算器的内部，是计算器的仓库，用来存放指令和各种数据，以及运算器算出的各种运算结果。

运算器：在计算器的内部，是计算器的运算装置，是对数据信息进行加工和处理的部件，其主要功能就是在控制器的控制下，完成各种运算。

（三）简单型计算器各功能键介绍

（1）电子计算器按键包括数字键，符号键和功能键三类。

（2）功能键介绍。

［ON/C］：开启键和清除屏幕键。按下此键即接通电源，如果在操作中按下此键则可删除记忆外的所有输入。

［AC］或［CA］：清除计算器内存所有内容，按下此键存储器和总存储器内容均被清除。

［OFF］：关闭电源键。

［M＋］：记忆加法键。可以加上屏幕上的数字并存储在计算器中。

［M－］：记忆减法键。可以减去屏幕上的数字并存储在计算器中。

［MR］：累计显示键。可调出由［M＋］或［M－］键存入的数据。

［MC］：清除存储器键。按下此键储存器内的内容均被清除。

［CE］：清除错误键。按下此键屏幕上输入的数字均被删除。

［GT］：汇总键。按下"＝"或"％"键，结果会累计在总和中，按下一次可显示总和，如果连续按下两次，可清除总和。

↑5/4↓：位数形态选择键。5/4 表示四舍五入键；↑无条件进位数；↓无条件舍去数。

F4320A：小数位数选择键。4、3、2、0 表示小数以下取 4 位、3 位、2 位、0 位数。F 表示满档，计算时按实际数据如实输入。A 表示小数已自动设定为两位数。

二、电子计算器操作的基本要求与指法

（一）电子计算器操作基本要求

1. 坐姿端正

身正腰直，双脚平放在地上，头微低，眼于计算器之间保持适当的距离，肌肉放松，动作协调。

2. 放置适合

一般根据操作人员身体的实际情况，将击打键盘放置于感觉最舒适的地方。如果是右手击键，一般放于右方某个适合位置，资料置于计算器的左边。位置固定后，不要随便移动，以免影响速度。

3. 正确击键

击键时手腕要平,胳膊尽可能保持不动;严格按照手指的键位分工进行击键;击键用力要适中,不能过轻、过重,手指与键的接触时间要短,否则容易发生连击,造成误操作;按键要垂直用力,不要侧向按键;一次只能击一个键,否则容易损坏计算器;击键后,手指要迅速返回基本键位4、5、6。

4. 正确握笔

用右手拇指轻轻托住笔,其余四指按键。从一开始训练时就应由右手握笔击键计算,速度会更快。

5. 精力集中

注意力高度集中,做到眼到手到,熟练到一定程度,眼睛就不需看键盘,而靠手、眼、脑协调配合,做到眼睛看到什么数字手指就击打什么数字。

(二) 基本指法

通常将计算器功能键分为四个区域,每个手指负责一个区域,一般规定右手的食指、中指、无名指和小指依次放于第三排4、5、6、+基准键上,当准备操作小键盘时,手指应轻轻放在相应的基准键上,敲击完其他按键后,也应立即回复到指定的基准按键上(见图6-19)。

图6-19 基本指法

(三) 指法训练

练习方法跟小键盘的指法基本相同。基本键位练习活动分三个阶段:

第一阶段:将中指放在"5"键上,其余手指放在相应的基本键上,然后以原地踏步的方式敲击数字键和符号键,如5555、4444、6666、7777、8888、9999、1111、2222、3333、0000、0000、++++、----、××××、÷÷÷÷、====。

第二阶段：手指在相邻和不相邻的几个键位上连续敲击，进一步加深键位印象，如546、879、213、147、852、963、321、456、789、258、741、000、+、-、×、÷、=。

第三阶段：全盘练习，例如常数法练习：如 26785＋26785＋26785＋26785…26785（10 次）＝267850

> ♥ **小贴士 1**
>
> 　　练习指法时，抓住 4、5、6 三个键位，逐渐向 123、789、0、00 键延伸，通过一定时间的练习，可以循序渐进地掌握计算器的基本指法，进而为计算器盲打创造条件。
>
> ♥ **小贴士 2**
>
> 　　在击键中，右手的位置有两种方式：一是右手腕悬空，操作时手掌上下移动。二是右手（腕）掌尾放在桌面上，靠手指的移动来完成操作。用什么方式根据自身身体条件而定。

三、加减算

基本方法：采用"一目一行看数键入法"，左手指着每一行数，眼睛迅速看完，大脑同步记住该数，并指挥右手快速键入该数。

1. 看数

方法一：分节看数、分节击键。

【例 6 - 1】 82 305

读成：捌贰 略停顿 叁零伍

【例 6 - 2】 1 249.57

读成：壹贰肆玖 略停顿 点伍柒

视频 4　看数与记数

课堂训练：根据下列数据边看数边击键。

9 267；	5 128；	6 793；	8 310
14 258；	25 806；	78 674；	67 032
571 608；	641 206；	354 276；	980 106
2 034.56；	5 892.34；	9 541.37；	1 357.68
32 605.34；	65 910.57；	78 354.64；	97 364.27

方法二：一目一行看数、按键。

【例 6 - 3】 91 624

读成：玖壹陆贰肆

2. 记数

方法：对应分节号和小数点，按上述看数技巧有规律、有节奏地记数。

课堂训练：（1）资料见配套《会计基本技能习题集》。

　　　　　（2）时间 5 分钟至 10 分钟。

(3) 记数时心中默记不出声。

(4) 尽量一次性记下来，不重复记同一个数。

3. 按键

方法：同前述指法。

要求：(1) 手指分工协作。

(2) 手尽量下压，不要高抬手。

(3) 不能使用一个手指按键。

4. 写数

方法：看一行、记一行、写一行、一笔写成。

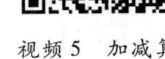

视频5 加减算

【例6-4】完成下面加减算练习题，要求：十分钟打完十道题并对八题以上（见表6-1）。

表6-1

（一）	（二）	（三）	（四）	（五）
2 718	34	348	3 706	95
43	156	95	584	741
905	8 907	126	12	3 602
67	23	4 082	97	857
4 051	765	61	4 065	23
96	4 091	3 504	38	4 016
832	28	793	921	39
15	742	27	73	64
6 709	16	6 019	2 109	718
824	3 809	54	756	5 203
37	563	835	83	98
5 091	28	26	1 075	136
83	79	4 108	62	4 097
452	6 014	79	894	52

（六）	（七）	（八）	（九）	（十）
473	4 108	39	815	3 206
5 206	93	751	76	94
98	762	6 908	24	851
137	59	47	9 301	79
84	6 087	832	87	408
2 019	25	64	5 163	5 367
65	341	1 059	429	203
842	9 576	283	68	85
71	104	15	3 402	4 902
5 608	82	4 706	971	716
94	37	952	56	98
812	2 016	73	478	73
53	384	8 091	15	4 052
6 097	25	64	2 039	61

四、账表算

账表算又称表格算,是日常经济工作中最常见的加减运算形式。它是把纵向运算与横向运算合并于一张表格中,用横栏和纵栏相互交叉的数据分别进行横向和纵向的加减运算最后求得两个总数相等,又称"轧平"的计算。

视频6 账表算

【例6-5】完成下面账表算练习题(表6-2),要求:限时20分钟完成。每张表满分200分,纵向题每题14分,共计70分;横向题每题4分,共计80分,全卷合计150分,而能扎平者(即横向合计的和与纵向合计的和相等),再另加50分。

表6-2

序数	一	二	三	四	五	答数
1	42 139 065	5 863	70 491	435 628	9 807 142	
2	9 807 142	10 974	483 562	42 196 053	3 586	
3	5 638	428 356	14 265 039	8 904 217	40 719	
4	40 719	21 453 096	9 801 724	5 368	456 283	
5	462 835	8 902 471	8 635	-90 147	21 439 065	
6	8 965	158 649	27 483 650	37 102	9 307 124	
7	71 203	42 736 580	9 301 742	195 864	-9 658	
8	149 586	3 902 417	9 856	74 258 360	71 203	
9	74 265 830	5 869	23 701	3 904 271	186 495	
10	9 307 124	12 307	164 958	5 986	42 765 830	
11	50 891	5 638 109	4 672	13 950 274	842 736	
12	827 364	7 624	10 985	5 619 308	39 140 572	
13	13 950 274	90 518	836 427	-7 642	6 581 903	
14	6 581 903	873 642	91 320 475	80 159	2 674	
15	4 267	39 140 572	6 593 801	864 273	50 891	
16	968 042	97 025	85 724 136	6 134	3 104 579	
17	78 546 321	982064	3 109 758	52 074	3 641	
18	3 108 579	57 813 462	6 341	946 028	-29 057	
19	6 413	1 305 987	75 092	78 561 243	968 042	
20	29 057	4 163	924 086	1 307 859	57 832 614	
答数						

五、传票算

银行传票是一种会计凭证。会计凭证是记录经济业务,明确经济责任的重要凭证,也是办理资金收付和登记会计账簿的根据,也是核对账务和事后考察的重要依据。当银行的会计凭证作为记账凭证使用的时候,因为要在银行内部进行传递,因此,记账凭证又称作"传票"。

(一) 计算器调整

一般来说在初次使用时,根据计算器的功能键,结合自己工作的需要一次调整好。如果使用电脑小键盘计算的无须调整。主要调整的键有:四舍五入键、保留小数位数键、统计计算笔数键、清零键、不连加连减键等。

(二) 传票整理

传票整理操作要做到"一蹾齐""二开扇""三固定",具体要领如下:
(1) 蹾齐:双手拿起传票侧立于桌面蹾齐。
(2) 开扇:左手固定传票左上角,右手沿传票边沿轻折,打开成扇形,扇形角度约20度至25度(详见图6-20开扇的方法)。
(3) 固定:右手用夹子固定左上角,防止翻打时散乱。

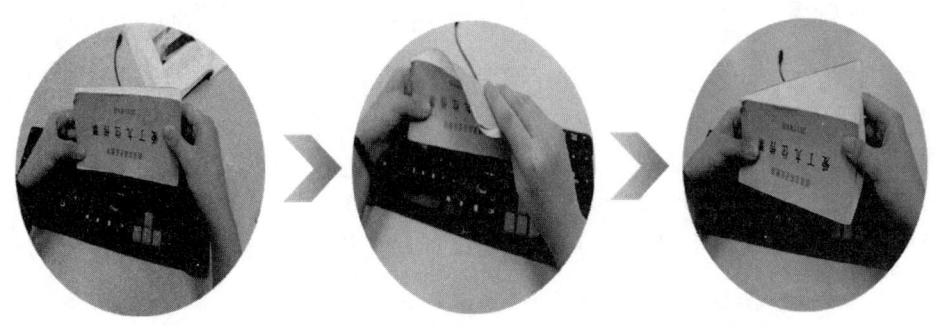

图 6-20 开扇的方法

> 小贴士
>
> 注意事项:开扇角度不要太大或太小。太大不好控制已经翻完的传票,不易翻传票;太小容易连张,漏打传票,最终影响计算速度。

(三) 传票翻打

传票翻打操作要做到"一按""二翻""三协调",具体要领如下:
(1) "按":左手小指、无名指和中指按住传票的左下端。
(2) "翻":采用拇指翻页法,即左手大拇指逐页翻起传票,并交给中指和食指夹住。
(3) "两个协调":①左右手要协调;②眼脑手要协调。

教你一招

先翻一步,眼比手快,手脑并用,看比按快(见图6-21)。
左右手协调:左手翻传票时,右手直接将传票上的数字敲入计算器。

眼脑手协调：左手翻开传票时，眼睛应迅速看完上面的数字，大脑同步记住数字，右手连续不断地将此行数字敲入计算器。确保右手未打完当页数时，左手已经翻到下一页，保持动作流畅。

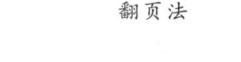

视频7　传票算拇指翻页法

图6-21　动作协调

（四）写答案

翻打完传票后，按"＝"键，显示屏上呈现最终结果，此时需要将答案记录下来，其具体要领如下：

（1）用笔放置适当，以便拿放。

（2）右手拿笔迅速抄写答案。要求：一眼成、一笔清。

（3）注意书写工整、清晰；分节号、小数点标记规范；当答案是整数时，角分位应补"0"。

（五）传票算实训

1. 基本功实训

（1）翻页训练。盲翻：指在整理好扇面后，左手压住传票，不看票面，从第1页连续向后翻动传票，直到最后一页为止，时间不得超过1分钟。

【活动1】2人对练，看谁翻得快。

【活动2】集中训练，在一定时间内看谁翻的页数多。

（2）找页训练方法。

【活动1】老师报页数，学生找页。

【活动2】2人对练，一位同学报页数，另一位同学找页。

【活动3】集中训练：给出40道题，学生同时找40道题的起始页，看谁找得既快又准，教师为完成的同学报时。

视频8　传票翻页训练

（3）翻页读数训练。翻页读数训练同账表算的读数训练有所不同的是，账表算是一笔一笔读数，而传票算是翻一页读一笔数字。

【活动1】以百张传票为一个单元，翻一页读一笔数字，注意动作的衔接，使时间缩到最短。

视频9　传票找页训练

【活动2】翻页读数比赛：用百张传票做翻读练习，翻一页读一笔数字，再翻到下一页读同一行数字，在规定时间内看谁翻读得更快。

（4）翻打百张传票算。练习翻打百张传票，可以先计算第1—50页，接着再计算第51—100页，分别按这种顺序运算每行数字，最后再计算第1—100页求出合计，主要目的地是训练翻页和数字输入时眼脑手的协调配合，提高运算效率。

2. 传票算综合实训

（1）传票算连贯性训练。利用比赛题型进行训练，要求注意力高度集中、眼脑手协调配合、动作连贯一致。比赛试题命题原则：传票题每题20页，20笔数字，约110个数字；百页传票100笔数字，550个数字，数码均衡出现。出题方法：①起止页：首页小于82，止页＝首页＋19；②行数：每5题一组，依次按一、二、三、四、五均衡出现。据此可命题如表6-3所示：

表 6-3

序　号	起止页数	行　次	答　案
1	44—63	（二）	
2	28—47	（四）	
3	23—42	（五）	
4	1—20	（一）	
5	69—88	（三）	
6	55—74	（二）	
7	38—57	（三）	
8	29—48	（四）	
9	76—95	（五）	
10	3—22	（一）	
11	30—49	（二）	
12	27—46	（三）	
13	4—23	（四）	
14	26—45	（五）	
15	35—54	（一）	

（2）传票练习方法。

①定量不定时练习：规定完成的题量，训练计算的准确率。

1—20页（一）行　答案：

1—20页（二）行　答案：

1—20页（三）行　答案：

41—60页（一）行　答案：

41—60页（二）行　答案：

41—60页（三）行　答案：

视频10　传票算手眼脑配合连贯性训练

②定时定量练习：规定练习的时间，训练计算的速度。

见上述比赛题型和配套《会计基本技能练习题》中的试题。

六、票币算

票币计算是指收银员在交班时要填写"现金交款单"。上面有各种币值、张数，要求计算总计金额。然后再和实际收入金额核对，如前者多则说明出现短款、如后者多则说明出现长款、如两者一样则当天的账实相符。这实际上属于"滚乘累加"的计算，在票币计算器上可以用两种方法实现。

（一）用"GT"键

具体操作程序：循环按"被乘数×乘数＝"四项键，直到所有面额的数量都输入，最后按"GT"键调出合计金额。

【例6-6】用"GT"键法完成票币算练习：$100 \times 21 + 50 \times 13 + 20 \times 9 + 10 \times 34 = ?$

操作：（AC）$100 \times 21 = 50 \times 13 = 20 \times 9 = 10 \times 34 =$ GT　显示：3 270

（二）"M＋"和"MRC"键

具体操作程序：循环按"被乘数×乘数（M＋）"四项键，直到所有面额的数量都输入，最后按"MRC"键调出合计金额。上例用本法操作如下：

操作：（AC）100×21（M＋）50×13（M＋）20×9（M＋）10×34（M＋）"MRC"

显示：3270

【例6-7】完成下面票币算练习题（如表6-4所示）。

视频11　票币算

表6-4

第1题		第2题		第3题		第4题		第5题	
面值	张数	面值	张数	面值	张数	面值	张数	面值	张数
壹佰元	56	壹佰元	15	壹佰元	98	壹佰元	15	壹佰元	14
伍拾元	96	伍拾元	36	伍拾元	85	伍拾元	76	伍拾元	65
贰拾元	85	贰拾元	45	贰拾元	16	贰拾元	44	贰拾元	66
壹拾元	46	壹拾元	93	壹拾元	45	壹拾元	48	壹拾元	52
伍元	33	伍元	15	伍元	73	伍元	69	伍元	31
贰元	32	贰元	36	贰元	50	贰元	52	贰元	85
壹元	63	壹元	53	壹元	22	壹元	12	壹元	95
伍角	63	伍角	52	伍角	26	伍角	36	伍角	63
贰角	61	贰角	40	贰角	25	贰角	35	贰角	6
壹角	50	壹角	50	壹角	49	壹角	21	壹角	32
伍分	33	伍分	22	伍分	25	伍分	45	伍分	12
贰分	32	贰分	23	贰分	36	贰分	36	贰分	36
壹分	50	壹分	25	壹分	14	壹分	32	壹分	54
合计		合计		合计		合计		合计	

第四节 提高传票算训练水平的方法

一、日常训练中常出现问题的分析及对策

学生在日常训练时，常遇到一些问题，现收集了以下常见问题以及相应对策，提供给学生及指导教师作为参考。

问题一：速度不快。训练时很多学生普遍反映打不快，主要原因是学生未采用盲打及左右手配合不够协调。

问题二：准确度不高。这是很多学生在训练时遇到的主要问题，只要速度一快，就出现错题较多的情况，主要原因是学生基本功不扎实，指法不够标准，故按键准确度不高，需加强指法训练，增加指法训练时间，当指法训练量达到较高水平时准确度也会随之提高。

问题三：翻页夹张。经常有学生在录入时左手翻页出现夹张情况，左手须调整，这时整个录入节奏打断，如果出现夹张次数较多，录入速度也会受到较大影响。这时应将传票重新开扇。

问题四：录入时页与页之间出现停顿。这种情况对于初学传票的学生常会出现，主要原因是看数的速度不快，翻页无法先翻一步。这时除了强化看数能力、翻页的训练外，还需注意左右手的配合。

问题五：录入成绩提升有困难，呈现"高原反应"。当传票录入训练到达一定阶段后（如使用学习机可打出200分以上），录入水平的进一步提升开始变得有些困难，在保持原有的训练强度情况下，很多学生仍感觉进步不明显，这时大多数学生开始对传票录入水平提高缺乏信心，从而会慢慢放弃训练。此时首要任务是克服心理障碍，认识到这是正常现象，树立信心，相信自己录入水平一定可以进一步提高。再次要认识到传票录入水平的提升需要一个从量变到质变的过程，并加大训练的强度，进行有意识的集中训练一段时间，不断激发自己的潜能。

 小贴士

传票录入水平的提高，除了技巧方法正确，训练方法得当外，还需建立在一定的训练量的基础之上，只有经历量变到质变的过程，才能不断提高成绩。

二、提高传票算训练水平的基本方法

传票录入训练一般分为两个阶段（见表6-5）：

表 6-5　　　　　　　　　　　　　　　训练阶段

训练阶段	训练方法	训练目标
第一阶段：常规训练	指法训练	盲打
	翻看训练	先翻一步
	综合训练	先准后快
第二阶段：选手训练	抗干扰训练	锻炼心理素质
	耐力训练	锻炼选手的耐力
	看屏与看数训练	提高准确度
	以赛代练	增加比赛经验

（一）第一阶段常规训练

常规训练一般在班级内进行，由各班的任课老师与班主任老师进行组织。此阶段的训练又可分为三个部分。

1. 指法训练

指法训练的基本要求是指法正确，键位准确，训练目标是盲打。可分为五个步骤进行训练（见表 6-6）。

表 6-6　　　　　　　　　　　　　　　训练步骤

训练步骤	训练内容与方法	注意事项
第一步：基准键位训练	"4" "5" "6" 键的训练	食指、中指、无名指分工合作。
第二步：单指训练	食指进行 "1" "4" "7" 纵向训练； 中指进行 "2" "5" "8" 纵向训练； 无名指进行 "3" "6" "9" "." 纵向训练。	强化无名指的练习，特别注意小数点位置。
第三步：双指训练	食指与中指的训练； 中指与无名指的训练； 食指与无名指的训练； 食、中、无名指与大拇指的训练。	各手指分工明确，不得串指。
第四步：五指训练	"666" 从 1+2+3+…+36，答案是 666； "打百子" 从 1+2+3+…+100，答案是 5 050。	注意小拇指的力度，不得太大或太小，太大容易出现停顿，太小容易空按。

> **小贴士**
>
> 指法训练时，操作要点如下：指尖击键、保持手势、手腕发力、指在键中、快速击放、纵向管理、踢踏舞步。

2. 翻看训练

翻看训练的基本要求是翻页迅速，看数准确，训练目标是先翻一步。可分为三个步骤进行训练（见表 6-7）。

表 6-7 步骤

步骤	方法	注意事项
第一步：盲翻训练	指在整理好扇面后，左手压住传票，不看票面，从第 1 页连续向后翻动传票，直到最后一页为止，时间不得超过 1 分钟。	不得翻夹。
第二步：找页训练	老师随机报一个页码，要求学生在两秒内翻到。	宁多勿少。宁可翻多几页进行调整，不要翻少几页。
第三步：看数训练	用百张传票做翻读练习，翻一页看一笔数字，再翻到下一页看同一行数字，在规定时间内看谁翻看更快。	刚开始训练可读出声，到一定的程度只可默读。

3. 综合训练

综合训练的基本要求是眼、手、脑三者密切配合，训练目标是先准再快。综合训练时可采用翰林提学习机里传票录入功能中的传票练习与传票测试进行。两者的区别是传票练习功能状态下，学生录入错误系统会反黑提醒，并且无法进行下一数的录入。

（二）第二阶段选手训练

选手训练一般从各班挑选出优秀学生进行集中训练，由专职教师进行指导与组织训练。此阶段可采用以下方法进行训练：

（1）抗干扰训练。抗干扰训练，可采用多种形式，常用的有，将选手带到公共场合，各班级教室，教学楼大厅，人流量大的地方进行测试。

（2）耐力训练。测试时间一般为 10 分钟，为解决部分选手后 5 分钟成绩明显低于前 5 分钟的问题，可将测试时间调整为 20 分钟。

（3）准确度训练。要求选手在右手录入数据的同时，眼睛盯着屏幕上显示的数字，检查是否录入正确，此方法掌握得当可大幅提高准确度，但有些选手看数能力不强的，整个录入速度会受到一定影响。因此在强化看屏训练的同时，应同步进行看数的训练。

（4）以赛代练。多组织选手进行比赛，增加比赛经验，锻炼选手临场发挥以及控制比赛状态的能力，也可在队内形成强烈的竞争势头。可采用队内比赛，队外比赛，校外友谊赛，交流赛等各种形式。

> 小贴士
>
> 传票录入水平的高低，取决于数据录入时是否做到又快又准，而要想做到又快又准，训练时学生应要有扎实的基本功，正确的指法，长期刻苦的训练，相信一定可以取得好的成绩。

第七章
出纳点钞技能

学习目标

通过本章学习,要求掌握手工点钞、机器点钞的基本要领。重点掌握手工点钞的基本环节和单指单张、四指四张点钞的基本方法。掌握机器点钞的操作方法。培养学生爱护人民币的品质,养成严谨、认真、准确、规范的职业道德素质。

第一节 点钞的基础知识

一、点钞技术的产生与发展

点钞是徒手或借助工具、机器来进行钞券计数的一种应用技术。点钞是财经类专业学生必须学习的一门专业技术课,也是从事财会、金融、商品经营等工作必须具备的基本职业技能。在当今机器点钞还不能完全代替手工点钞的情况下,它仍是银行、企事业单位出纳、收银、营销等部门人员大量的、技术性很强的工作。点钞的速度、准确率是评价其业务素质的一项重要指标。

点钞技术随着货币的产生而产生,1935年银元禁止流通后,我国进入使用纸币的新时代,手工点钞开始出现。新中国成立后中国人民银行共发行了五套人民币。随着改革开放的逐步深入,国民经济得到飞速发展,人民币流通量空前增加,手工点钞技术成为现金清点的主要形式,各地金融企业、财经商贸类院校将手式点钞技术作为员工必备技能进行教学并组织各种点钞技能大赛,手工点钞开始在金融、商贸等行业日益兴起。

为适应经济发展和市场货币流通的要求,1999年10月1日,在中华人民共和国建国50周年之际,根据中华人民共和国国务院第268号令,中国人民银行陆续发行第五套人民币。2005年8月31日,人民银行对第五套人民币(1999年版)的生产工艺、技术进行了提高和改进后,发行了2005年版第五套人民币,与1999年版人民币同时流通。为更好地保持人民币持有人的利益,不断提高钞票的防伪技术和印刷质量,保持人民币防伪技术的领先地位,2015年11月12日中国人民银行发行了2015年版第五套人民币100元纸币;2019年8月30日起发行2019年版第五套人民币50元、20元、10元、1元纸币和1元、

5角、1角硬币。随着中国经济的发展、人民币的发行量、流通中现金量的越来越大，手工点钞演变为多种点钞方法，而且点钞机逐步得到普及，但机器点钞尚不能完全取代手工点钞，呈现出手工和机器点钞并存共同服务于各行业现金清点需要的新时代。

 小贴士

为什么机器点钞不能取代手工点钞？

机器点钞在近年来凭借其便捷、快速的特点，已经普遍应用于各银行及企事业单位的收付款工作中。但是由于点钞机受场地电源限制、携带不方便、无法清点破损严重及小面值的钞票等原因，机器点钞不能完全取代手工点钞。手工点钞依然是一项比较重要的技术性很强的工作。

二、点钞的方法与分类

在实际工作中，点钞技能分为整点纸币和清点硬币两种。整点纸币一般包括手工点钞和机器点钞两种方法。手工点钞按持钞姿势的不同可分为手持式点钞和手按式点钞两大类。手持式点钞主要包括单指单张捻弹式、单指多张捻弹式、食指削点式、多指多张和扇面点钞等；手按式点钞主要有单指单张和多指多张两种方法。机器点钞就是使用点钞机整点钞以代替手工整点。由于机器点钞操作简单易学，点钞速度快于手工点钞，可以极大地提高工作效率，因其局限性目前多用于钞票的复点。

点钞的分类如图7-1所示：

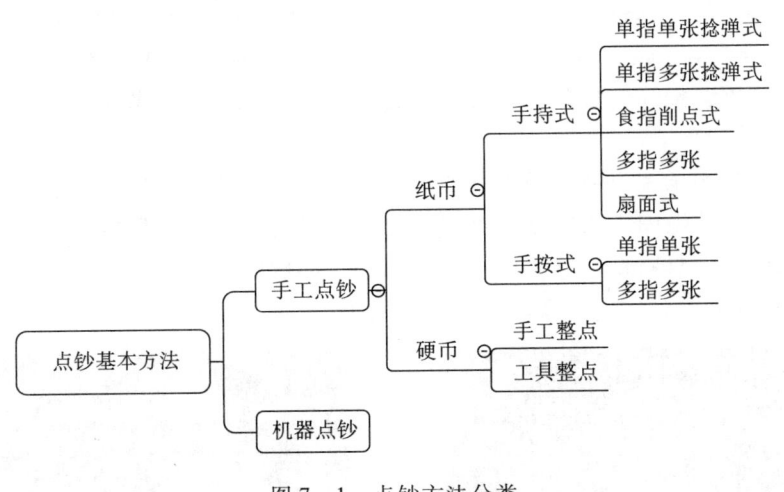

图7-1 点钞方法分类

三、纸币收付整点的基本程序

纸币收付整点时主要有四道工序：持钞拆把、点数、扎把、盖章。在不同的点钞方式下,这四道工序的顺序和方法会有所不同。

(一) 手工纸币收付整点的基本程序

手工现金整点程序如下:

(1) 持钞拆把。将待点的钞券按不同点钞方法的要求拿在手中,然后脱去扎钞条或将扎钞条勾断,为点数做好准备。

(2) 点数。即左手持钞,右手点钞,同时脑中计数。手、眼、脑三位一体,协调配合,将钞票清点准确。

(3) 扎把。即将整点准确的100张钞票蹾齐,用专用扎钞条捆扎牢固。

(4) 盖章。即在捆扎钞票的纸条上加盖点钞人员的名章,以明确责任。

(二) 机器纸币收付整点的基本程序

机器现金整点程序如下:

(1) 持钞拆把。将待点的钞票拿在手中,然后脱去扎钞纸条或将纸条勾断,放进点钞机入钞口。

(2) 机器点数。钞票经点钞机清点后落到接钞台。

(3) 取票扎把。即将整点准确的100张钞票从接钞台上取下蹾齐,用专用扎钞条捆扎牢固。

(4) 盖章。即在捆扎钞票的纸条上加盖点钞人员的名章,以明确责任。

四、手工点钞的基本要领

手工点钞是一门技术性很强的工作,工作人员在办理现金的收付与整点时,要做到"准"和"快"。"准"是指现金清点不错不乱,准确无误;"快"是指在"准"的前提下,加快点钞速度,提高工作效率。要做到这两点,点钞时必须掌握以下几项基本要求:

1. 坐姿要端正

点钞时坐姿要端正,正确的坐姿能使人动作协调,有利于提高点钞速度和质量;不正确的坐姿会使人动作生硬,从而影响点钞速度。正确的坐姿是上身挺胸坐直,两脚平踏地面,全身自然放松,双肘自然放在桌面上,双手各部位肌肉要放松,双手活动自如动作协调,如图7-2所示。

图 7-2 坐姿

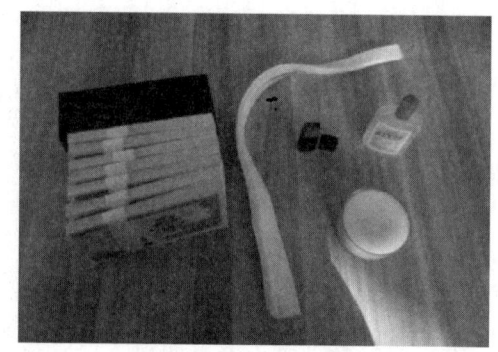

图 7-3 用品定位

2. 用品要定位

点钞时应将钞券放在适当的位置,按不同券别和残次程度分类放好,方便于点钞时取放。点钞时使用的印泥、图章、蘸水盒、扎钞条等用品要按使用顺序固定位置放好,以便点钞时使用顺手,如图 7-3 所示。

3. 扇面要均匀

点钞时不论采取哪一种点钞方法,都需要把钞券开成一个扇面或微扇形,使钞券有一个坡度,便于准确地进行清点。

4. 手指触面要小

点钞时,点钞的手指与钞券的接触面要小,这样有利于手指动作频率加快,为提高点钞速度打下基础。

5. 点数要协调

点钞时,点和数要速度一致、相互配合,才能保证点数准确的效果。点的快数的慢,或者点的慢数的快,都会造成点钞结果不准确。

6. 清理要整齐

点完一把钞券后,应将钞券清理整齐,即将券角拉平,将钞券蹾齐,然后进行捆扎。钞券蹾齐应四条边水平无露头,不能呈梯形错开。

7. 扎把要牢固

清点准确的钞券要捆扎牢固。扎小把时,将第一张钞券轻轻向上方提起,以抽不出票为标准。扎大捆(10 把)时,以"井"字形捆扎,以用力推不变形,抽不出票为标准。

8. 盖章要清晰

清点完毕,点钞人员必须在捆扎好的钞券扎钞条上盖章以明确责任,因此,图章一定要盖的清晰可见,不能模糊不清。

9. 动作要连贯

点钞时动作连贯是提高点钞效率和质量的必要条件。动作连贯有两层意思:一是指点钞过程中的拆把、点数、扎把、盖章等每个环节须衔接紧密,动作协调,环环紧扣。二是指清点时动作要连贯,双手动作协调,清点速度均匀,切忌忽快忽慢。

 小贴士

练功券的保管

学校或工作单位通常会购置数量较多的练功券进行点钞训练。用练功券进行训练时要厉行节约,白天训练时要轻拿轻放,点钞时采用适当的力度,以防练功券折损;晚上将练功券平压于重物下,促使练功券恢复原有状态,以延长练功券循环利用的时间;对于平时闲置不用的练功券,要存放于阴凉干燥处,并定期进行晾晒,防止练功券霉烂,造成浪费。

第二节 手工点钞的基本方法

一、手持单指单张捻弹式点钞法

手持式单指单张捻弹点钞法是指点钞时大拇指一次捻动一张钞券后,再用无名指将其弹下的点钞方法。这是最基本、最常用的点钞方法。它的适用范围比较广,可用于收付款的初点、复点以及各种新、旧、大、小面额钞券的整点。采用这种方法,由于是逐张捻动,易于识别真假票币,便于挑剔残损钞券,最适合各种行业的出纳在收款时使用。点钞时的基本操作步骤为:

(一) 起把

左手横执钞券,将钞券横立于桌面上,钞券正面朝向身体。将钞券左端夹在左手中指、无名指之间,且尽量靠近手指根部;左手拇指扶在钞券上部内侧边沿处,食指伸开,其他手指自然弯曲,左手腕向内弯扣,如图7-4所示。

图7-4

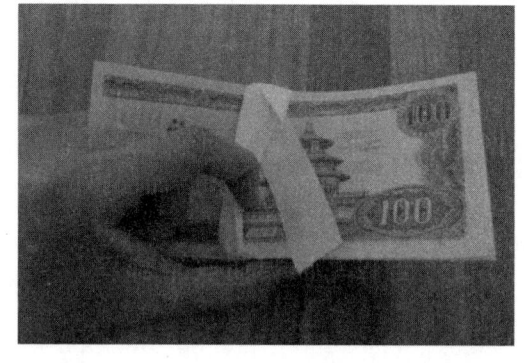

图7-5

(二) 拆把

若需清点的钞券已捆扎,有时需将扎钞条拆掉。起把持钞后,将食指向前伸,向后用力将扎钞纸条勾断(见图7-5)。或者将食指伸直,拇指向上移动按住钞券侧面,与中指同时用力将钞券压成瓦形,右手上前脱去扎钞纸条。

(三) 持钞

拆把后,左手中指和无名指夹紧钞券左端,拇指按住钞券内侧将钞券向外翻推,推出一个微开的扇面形状,食指伸直托住钞券背面,使钞券自然直立与桌面基本垂直(见图7-6)。同时,右手拇指、食指、中指沾水做点钞准备,注意沾水要不宜太多,以免弄污钞券,造成粘连。

图 7-6　　　　　　　　　　　图 7-7

视频 12　单指单张起把持钞 1　　　视频 13　单指单张起把持钞 2

（四）清点

左手持钞推开扇面后，右手食指、中指翘起，托住钞券右上角，拇指指尖将钞券自右上角向下方逐张捻动（见图 7-7）；捻动时幅度要小、动作要轻，无名指同时配合拇指将捻动的钞券向右手手心方向弹拨，拇指捻动一张，无名指弹拨一张。左手拇指随着点钞的进度逐步向后移动，食指向前推移钞券，以便加快钞券下落的速度。

视频 14　单指单张清点 1　　　　视频 15　单指单张清点 2

> **小贴士**
>
> 点钞时，右手大拇指捻的幅度要小，不要抬得过高，以免影响速度。无名指要注意轻点快弹。清点过程中发现残损钞券不宜接着抽出，以免带出其他钞券，最好的办法是随手向外折叠，使钞券伸出外面一截，待点完整把钞券后，再抽出残票补上好票。若发现可疑券还应进行真伪鉴别。

（五）记数

记数要与清点同时进行。记数有两种基本方法：一种是习惯记数法，即从 1 数至 100，另一种是分组记数法。在清点速度快的情况下，习惯记数法会影响点钞的效率，因此记数最好采用分组记数法。

> **小贴士**
>
> 分组记数法有两种计数方法。
>
> 第一种分组计数方法：1，2，3，4，5，6，7，8，9，1（10）；1，2，3，4，5，6，7，8，9，2（20）；1，2，3，4，5，6，7，8，9，3（30）……1，2，3，4，5，6，7，8，9，10（100），整100张为一把。
>
> 这种方法是将100个数字分成10组，每组都由10个一位数组成，每组的第十位数字既表示这一组的第十张，又表示这个组的组序号码。
>
> 第二种分组计数方法：1，2，3，4，5，6，7，8，9，10；2，2，3，4，5，6，7，8，9，10；3，2，3，4，5，6，7，8，9，10……10，2，3，4，5，6，7，8，9，10，整100张为一把。
>
> 这种计数方法的原则与第一种基本相同，不同的是把每组的组序号码放在了每组数字的前面。
>
> 这两种基数方法采用分组既简单快捷，又省力好记，有利于准确计数。但在记数时要用心默记，不要念出声音来，手、眼、脑密切配合，这样才能既快又准。

（六）扎把

在现金收付中，最常用的捆扎方式是将整点好的钞券捆扎为一把，也称为扎把。

先将整点准确的100张钞券在桌面上蹾齐，使其四条边整齐光滑，然后左手持钞，右手取扎钞条将钞券捆扎牢固。扎把方法可依据自己的习惯，采用拧扎法或缠绕捆扎法。

1. 拧扎法

（1）将整点准确的一把（100张）钞券蹾齐后，左手横持钞券，正面朝向点钞员，拇指在前，食指伸直压在钞券上侧，中指、无名指和小指在后，五指配合捏住钞券左端。

（2）以右手大拇指和食指取扎钞条，将扎钞条三分之一处搭在钞券上脊中间，左手食指将纸条压住。

（3）右手拇指与食指捏住纸条较长的一端，从钞券的正面向下向外缠绕，在纸条两端并拢处捏紧。

（4）左手拇指从钞券前面快速移到与食指对侧面中间，将钞券捏紧并竖起，手指稍用力将钞券捏成瓦形；然后左手向里转动钞券，右手捏住纸条末端向外拧纸条打半个劲结（见图7-8）；

（5）右手食指按压花结外侧，顺势将纸条下端掖进凹面瓦形一侧纸条的下边，最后将钞券压平即可。

2. 缠绕捆扎法

缠绕捆扎法分为向上缠绕和向下缠绕两种方法。

（1）向上缠绕捆扎法。

①左手横执蹾齐的钞券，正面朝点钞员，左手拇指在内，其余四指在外握住钞券左端，五指配合将钞券握成一个弧形。

图 7-8　　　　　　　　　　　　图 7-9

②左手握紧钞券，右手拇指、食指、和中指捏住扎钞条一端，将扎钞条一端从钞券下侧贴在钞券背面，用左手食指、中指将纸条压住（见图 7-9）。

③右手拇指、食指和中指捏住纸条，由下向上向里侧缠绕两圈至钞券下端（见图 7-10）。

图 7-10　　　　　　　　　　　　图 7-11

④右手腕向右侧翻转，将扎钞条折成 45°角，用右手大拇指掖入扎钞条圈内（见图 7-11），并用左手大拇指配合将扎钞条拉紧（见图 7-12），右手大拇指将下端折角压平，以防纸条松脱。

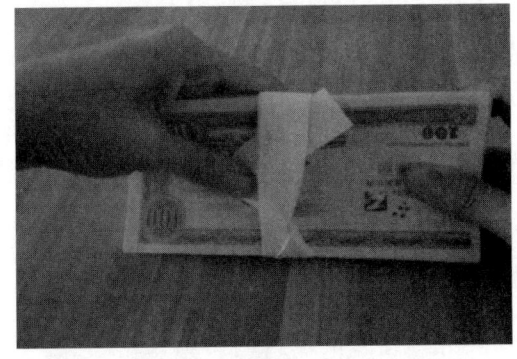 

图 7-12　　　　　　　　　　　　图 7-13

（2）向下缠绕捆扎法。

①左手横执蹾齐的钞券，正面朝点钞员，左手拇指在内，其余四指在外握住钞券左端，五指配合将钞券握成一个弧形。

②左手食指将钞券上侧分开一条缝，右手拇指、食指、和中指捏住扎钞条一端，将其插入钞券上侧缝中（见图7-13），或不将钞券开缝，直接将纸条一端贴在钞券背面，用左手食指、中指将纸条压住。

③右手拇指、食指和中指捏住纸条，由上往下向里侧缠绕两圈半至钞券上端（见图7-14）。

图 7-14　　　　　　　　　　　　图 7-15

> 小贴士
>
> 缠绕时一定要注意保护手指，平均用力，以防被扎钞条划伤。

④将扎钞条折成45°角，用右手食指将扎钞条插入扎钞条圈内（见图7-15），并用右手大拇指将折角压平，以防止纸条松脱。

视频16　扎把1　　　　　　　　视频17　扎把2

> 小贴士
>
> 用缠绕捆扎法进行捆扎时，要注意右手沿钞券进行缠绕的半径要小一些，左手要迎合右手的缠绕动作上下互动，从而最大程度的提高捆扎的速度。

（七）盖章

钞券扎把后，在钞券侧面的纸条上盖上点钞人员的名章，表示对此把钞券的质量和数量负责。盖章时用力要均匀，让印章清晰可见，不能模糊不清（见图7-16）。

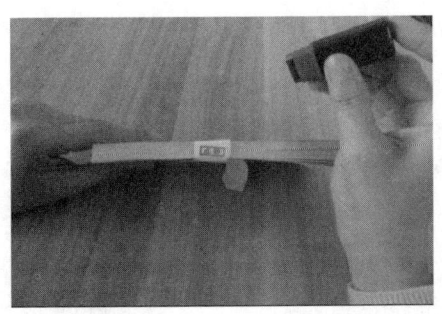

图 7 - 16

二、手持式四指四张点钞法

手持式四指四张点钞法又叫四指拨动点钞法，即用右手小指、无名指、中指、食指四指依次各点一张，一次点四张，轮回清点。其优点是速度快，点数准，轻松省力，是钞券复点中常用的一种方法。点钞时的基本操作步骤为：

1. 起把

左手中指与其他手指分开，中指在下，食指和无名指、小拇指在上，四指配合夹住钞券（见图 7 - 17），用大拇指按住钞券右端，将钞券弯成"⊃"形；大拇指按在钞券右端向内按压，使右端展开成扇面形状；同时左手向外翻转，将钞券翻起并持钞于胸前（见图 7 - 18）。

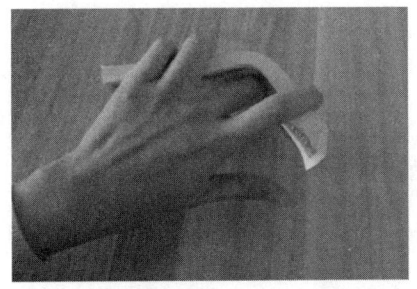

图 7 - 17

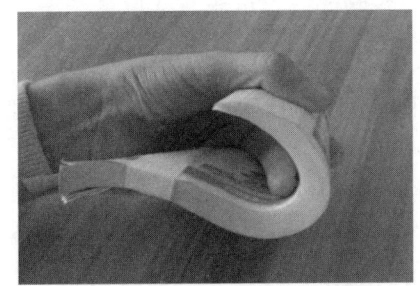

图 7 - 18

视频 18　手持式四指四张起把 1

视频 19　手持式四指四张起把 2

视频 20　手持式四指四张起把 3

2. 清点

右手大拇指托住钞券右端弧形的底部，其余四指并拢弯曲，指尖成斜直线（见图 7 - 19）。清点时由小拇指开始从钞券上角点第一张，无名指、中指、食指依次清点第二、第三、第四张（见图 7 - 20），每四张为一组，四指连续动作循环操作。同时左手拇指、中指随着右手清点动作逐渐向上移动，以保证清点时下钞通畅。

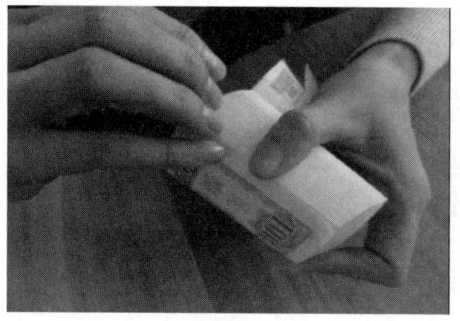
图 7 - 19

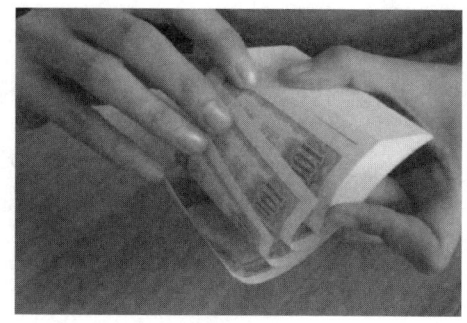
图 7 - 20

视频 21　手持式四指四张清点 1

视频 22　手持式四指四张清点 2

> 💡 **小贴士**
>
> 　　清点时注意右手清点用的四个手指用力要均匀，循环清点下来的钞券间隔的距离要一致，训练时不要急于提高速度，要在扎实的掌握点钞手型和方法、准确率基本稳定的情况下，逐渐提高清点速度。

3. 记数

采用分组记数法，每点四张为一组，每一组记一个数，数至 25 组即为 100 张。

4. 拆把

若清点的钞券已捆扎，需将扎钞条拆掉。清点完毕，左手拇指在内，其余四指在外握住钞券左端，大拇指向后用力将扎钞条勾断（图 7 - 21）。或用左手持钞，右手上前脱去扎钞条（见图 7 - 22）。

图 7 - 21

图 7 - 22

5. 扎把盖章

同手持式单指单张捻弹点钞法。

【点钞达人】

点钞达人　范静波

58秒，清点完400张钞票。这一近似于点钞机的手工点钞速度，出自绍兴一位银行女职员之手。她令人叹为观止的业务技能，受到德国国家电视台的青睐，该台邀请她赴慕尼黑参加类似于挑战极限的一场"达人秀"节目（见图7-23）。排除特异功能，单靠勤学苦练恐怕是很难达到这一境界的，是什么让她练就了如此"盖世神功"？

图7-23　绍兴"点钞达人"德国技惊四座

图7-24　练就绝活

罗马不是一天建成的，功夫也不是一天就能达到巅峰的。18岁时，范静波从县里的一所中专毕业后进了农行绍兴县支行华舍分理处。对于一个普通家庭来说，银行职员是一份理想的工作。但刚刚参加工作的范静波面对的现实却是残酷的。华舍分理处临近万商云集的柯桥，每天忙碌不堪，常常是成捆成捆的现金堆在柜台上等待清点，而拉闸限电导致的停电，常常使"跑"得发烫的点钞机得以"喘气"，取而代之的是临柜人员累得喘不上气：手工清点所有现金，必须要准确、快速，还得分捡出破残币，更要留心假钞。

那段时间，范静波每天上班时特别担心停电。有道是怕什么来什么，参加工作没几天的范静波，还是在停电时遇到一位持几十万元现钞前来办理业务的客户。当时，范静波是在老同事的帮助下渡过难关的。也就是从此开始，她便"券"不离手地开始练习点钞，当时也没其他念想，只是希望自己能独立完成每一笔业务，即使是在停电的时候。没想到，这么一练习，让她在此后的业务技能比赛中拔得头筹。习惯了拿第一的她，在2000年一次市分行举行的业务比赛中败北，只拿到了第七。支行行长便带着范静波和行里的其他几位业务能手，赴温州学习最为先进的点钞方法，那就是刀削式点钞法。一段时间练习后，范静波发现自己的中指比食指更灵活有力，便大胆进行尝试，将师傅教她的右手食指点钞改为中指点钞，这一突破使得范静波的速度和准确度又有精进。"无论什么事，一定要灵活变通，找到适合自己的才是最好的。"这是范静波总结出来的工作经验，也是生活经验。在次年的又一次比赛中，范静波以刀削式点钞法获市分行点钞比武第一名，还与第二名拉开了悬殊的差距。2012年年底，在参加中央电视台《想挑战吗》节目时，登台前她还十分紧张，但一到了点钞环节，她便又找到了淡定从容的自己，无论是计时器跑秒的滴答声，还是主持人渲染台上的紧张气氛，似乎全然与己无关。那次，她以58秒点钞400张的速度，成为世界上数钱最快的人（见图7-24）。

第三节　手工点钞的其他方法

一、手持式食指削式点钞法

手持式食指削式点钞法是用食指一次清点一张钞券的点钞方法，动作与削铅笔有的近似，因此称之为削式点钞法，是近年发展起来的一种新式的单指单张点钞技法。因为食指的灵活性优于大拇指，所以这种方法极大地提高了单指单张点钞的速度，但因在点钞的同时不便于辨别钞券的真伪，这种方法目前更多的是应用于各种点钞比赛中。

手持式食指削式点钞时的基本操作步骤为：

1. 起把

左手中指与其他手指分开，中指在下，食指和无名指、小拇指在上，四指配合夹住钞券，用大拇指按住钞券右端，将钞券弯成"⊃"形；大拇指按在钞券右端向内按压，使右端展开成扇面形状；同时左手向外翻转，将钞券翻起并持钞于胸前（方法同手持式四指四张点钞法）。

2. 清点

右手大拇指托住钞券右端弧形的底部，食指伸直，将食指指肚前部放在钞券上角，将钞券向下削下，削点时幅度要小，动作要快（见图 7 - 25）。左手拇指随着点钞的进度逐步向后移动，以便加快钞券下落的速度。

图 7 - 25

视频 23　手持式食指削式点钞法 1

视频 24　手持式食指削式点钞法 2

3. 记数

同手持式单指单张捻弹点钞法。

4. 拆把

若清点的钞券已捆扎，需将捆扎条拆掉。清点完毕，左手拇指在内，其余四指在外握住钞券左端，大拇指向后用力将捆扎条勾断。或用左手持钞，右手上前脱去捆扎条（方法同手持式四指四张点钞法）。

5. 扎把盖章

同手持式单指单张捻弹点钞法。

二、扇面点钞法

扇面式点钞法是指将钞券打开成扇形，然后再分组进行清点的方法。这种方法速度快，最适合用于清点新券及复点工作，是手工点钞中效率最高的一种点钞方法。但这种方法不适合清点新、旧及残损票混合的钞券。而且因清点时只能看到钞券边沿，而看不到票面，不便于挑剔残损券和识别假钞。扇面点钞分为扇面一指点钞和扇面多指点钞两种方法。

（一）扇面一指点钞法

扇面一指点钞法的基本操作步骤如下：

1. 拆把

左手持钞，将钞券竖起，钞券正面朝向身体。左手拇指与食指、中指捏住钞券左下方约四分之一处，拇指在前，其余四指在后。右手拇指将捆扎条拆断（见图7-26）。

图 7-26

图 7-27

2. 持钞

将右手大拇指放在左手大拇指的上方，其余四指横放在钞券背面附在左手四指上，（见图7-27）。钞券下端与左掌心保持一定距离，使钞券可以自动晃动。

3. 开扇

开扇是扇面式点钞的一个重要环节，扇面要开得均匀，为点数打好基础，做好准备。开扇方法有两种：一次性开扇和推动式开扇。

一次性开扇：一次性开扇要求左右手动作的配合一定要协调。开扇时以持票的左手为轴，握住轴心，右手虎口卡住钞券右侧，拇指在前，其他四指在钞券后面，再用手腕把钞券压弯，从右侧向左侧稍用力往胸前方向转过向外甩动，这时左手拇指与食指原地不动从右向左捻动，左手捻右手甩，同时进行。在甩动时，轴心要放松，使扇面一次甩开，开扇要均匀，不重叠（见图7-28）。

图 7 - 28　　　　　　　　　　　　　　　图 7 - 29

推动式开扇：以左手拇指为轴心，右手四指配合将钞券向左下方压弯，右手腕带动手指由左向右甩动钞券；同时左手拇指与食指配合右手逆时针捻动钞券，右手拇指协助向左推捻钞券，其余四指在钞券背面随着左右晃动将钞券均匀错开，直至打开如扇面形状，每两张钞券之间间隔能清晰辨认为标准。开扇后钞券上部呈大扇面形状，下端呈相反方向的小扇形，开出的效果就如同一把打开的纸扇（见图 7 - 29）。

4. 清点

左手持钞，右手大拇指在前，食指在后，捏住钞券右上角，从右向左分组进行清点，每一组清点张数可以是 5 张或 10 张，也可以是其他张数，以便于记数为原则。清点时眼睛从扇面右上角开始向左看，确认一组张数后，右手拇指快速向下按压（见图 7 - 30），同时迅速用食指跟上将这组钞券隔开（见图 7 - 31），接着拇指再点第二组，如此循环操作。

图 7 - 30　　　　　　　　　　　　　　　图 7 - 31

5. 记数

采用分组记数法。例如一指五张清点时，每按下 5 张钞券为一组，记一个数，记满 20 组为 100 张。

6. 合把

钞券清点完毕，右手拇指放在钞券右侧正面中间，其余四指托在钞券背面，双手同时快速向中间推钞合把。然后两手轻拢，将钞券蹾齐，以备扎把。

7. 扎把盖章（同前）

（二）扇面式多指多张点钞法

扇面式多指多张点钞法的基本操作步骤也分为七个环节，除清点方法不同外，其余环节均与扇面式一指多张点钞法相同。

清点时，左手握住钞券扇面的下端，右手拇指和食指交替分组清点。眼睛从扇面右上角开始向左看，第一组看准张数后，拇指迅速向下按压（见图 7-32），看清第二组张数后，食指向下按压（见图 7-33），然后是第三组、第四组，大拇指与食指再依次按压。如此循环操作，直至清点完毕。

图 7-32

图 7-33

当然也有的清点时用右手拇指、食指、中指、无名指和小指一次各按下五张、十张或二十张；按下后用其他手指压住，拇指继续向前按第二次，以此类推。

三、手按式点钞法

手按式点钞法是将钞券平放在桌面上进行清点的点钞方法。一般可分为单张点钞和多张点钞两种方法。这种方法可以发挥桌面的辅助作用，避免钞券在清点过程中散落。

（一）手按式单指单张点钞法

手按式单指单张点钞法，适用于收、付款工作的初点和复点，尤其适用于不足 100 张零票的整点。清点时，票面可以看到的幅度较大，便于挑剔残损钞券和识别假票。基本操作步骤如下：

1. 按钞

将钞券平放在胸前的桌面上，以左手手掌外侧按住钞券左端约三分之一处，左手食指、中指和大拇指抓住钞券右端向上提起，小指、无名指自然弯曲（见图 7-34）；右手大拇指放在钞券右端里侧的角上，食指和中指放在右端外侧，其他手指自然弯曲，为点数作准备（见图 7-35）。

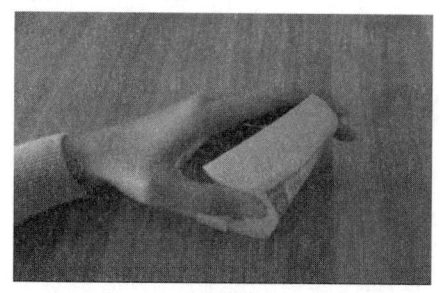

图 7-34

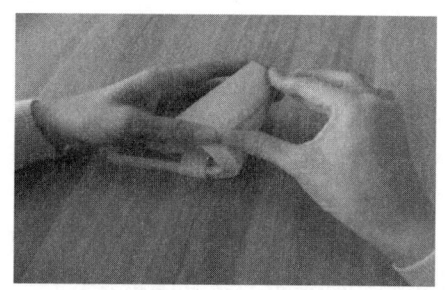

图 7-35

2. 清点

右手大拇指向掌心方向用力,将钞券逐张滑下,滑动时幅度要小,动作要轻,用力要均衡,左手拇指随着点钞的进度逐步向后移动,以便加快钞券下落的速度(见图 7-36)。

视频 25　手按式单指单张点钞法按钞

图 7-36

视频 26　手按式单指单张点钞法清点 1

视频 27　手按式单指单张点钞法清点 2

3. 记数

记数与清点同时进行,具体方法同手持式单指单张点钞法。

4. 扎把盖章(同前)

(二)手按式多指多张点钞法

手按式多指多张的基本步骤也是包括按钞、清点、记数及扎把盖章等环节。

1. 清点

手按式多指多张的清点环节,按每次清点的张数不同又分为双指双张、三指三张和四指四张点钞法。其基本操作要领如下:

将钞券斜放在桌面上,左手的小指、无名指压在钞券的左上方约占票面的四分之一处,双指双张清点时,用右手食指在钞券的右上角捻起第一张,随即用中指捻起第二张,捻起的这两张钞由左手拇指往上推送到左手食指、中指间夹住,依次循环操作。

三指三张清点时,用右手食指在钞券的右上角捻起第一张,随即用中指捻起第二张,无名指捻起第三张,捻起的这三张钞由左手拇指往上推送到左手食指、中指间夹住,依次循环操作(见图 7-37)。

四指四张清点时，用右手食指在钞券的右上角捻起第一张，随即用中指捻起第二张，无名指捻起第三张，小指捻起第四张，捻起的这四张钞由左手拇指往上推送到左手食指、中指间夹住，依次循环操作（见图7-38）。

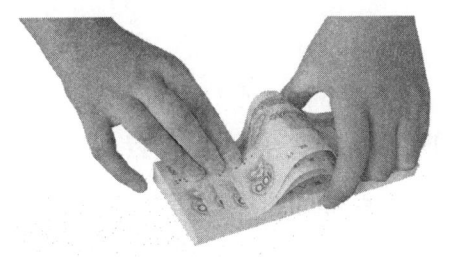

图7-37 三指清点

图7-38 四指清点

2. 记数

采用分组记数法。双指双张每两张为一组计一个数，数到50就是100张。三指三张每三张为一组计一个数，数到33零1张为100张。四指四张每四张为一组计一个数，数到25就是100张。

四、手持式单指多张捻弹式

一指同时点两张或两张以上的方法叫作一指多张点钞法。这种点钞方法是在单指单张点钞法的基础上发展而来的。它适用于收、付款和各种券别的整点工作。点钞时记数简单省力，效率高；其缺点是在一指捻动几张钞券时，由于不能看到中间几张的全部票面，所以假钞和残损票不容易被发现。

手持式单指多张捻弹式点钞法的基本操作也分为起把、拆把、持钞、清点、记数、扎把和盖章七个环节，除清点与记数外，其他五个环节都与单指单张捻弹式相同。

1. 清点的具体操作要领

清点时，右手食指拖着钞券背面右上角，大拇指指肚放在钞券正面右上角，拇指尖超出票面，拇指肚先捻第一张，拇指尖紧跟着捻第二张（点一指三张时，拇指肚先捻第一、二张，拇指尖捻第三张，点一指四张时同理）（见图7-39）。拇指肚要均衡用力，捻动的幅度不要太大，食指、中指配合拇指捻钞，无名指向下弹钞，弹拨速度要快。左手拇指随着点钞的进度逐步向后移动，食指向前推移钞券，以便加快钞券下落的速度。

图7-39

2. 记数

可采用分组记数法。点一指两张时，两张为一组记一个数，50组就是100张。点一指三张时，三张为一组记一个数，33组零一张就是100张。点一指四张时，四张为一组记一个数，25组即100张。

【点钞达人】

陶萍：用指尖打开的世界

我叫陶萍，自从上了中央电视台《状元360》和《中国达人秀》节目后，大家都亲切地称我为"点钞姐"。电视剧《人民的名义》的播出，其中短短的点钞镜头，又让大家进一步认识了我。

对我来说，爱岗就是肯干不怕苦。当年，18岁的我，和其他6位姐妹一块分到了发行处整点科，发现整点工作是那样的枯燥乏味、又脏又累，长年与霉烂的残损币打交道，工作间弥漫着烟尘和刺鼻的气味。6姐妹先后调离了整点岗位，我也曾有过思想的波动，但一想起当初母亲的教诲，就打消了念头。就这样，我在整点岗位上，一干就是17年。记得那年，我产假未满，被推荐参加南京市金融系统点钞比赛，我用宝宝睡觉时间，刻苦训练，常常手指练得先是红肿、磨出泡、再磨出血，每天都是旧伤还没有好，新的伤口又有了，像小孩的嘴一样咧着口，血就从口里流出来滴在钞票上，钻心的疼，有时候实在难忍，边流血边流泪，咬着牙坚持着练习点钞。对这一切我全然不顾，一心只想着要为集体争光。功夫不负有心人，那次比赛我获得了第一名。

对我来说，敬业就是坚持不放弃。2005年，我被调到业务稽查科任主任科员，于是我努力学习反假知识，经过一次次的实践、摸索，总结出了一套使人一看便清、一摸便知、一用就会假币识别方法，老百姓亲切地称为"吉祥三宝"。多年来，我毫无保留地为全国各类金融机构8 000多名员工传授点钞技能和最新的假币识别方法。2017年，我荣获了首批十大"南京工匠"称号。更让我高兴的是银行系统有10名候选人，其中有9人都是我手把手带出来的徒弟。

对我来说，追求就是超越不却步。当我得知有点钞吉尼斯纪录后，我决定要向极限挑战！从那时起，业余时间，我用铅砣绑着手指进行负重训练，练得指纹磨平，指甲磨翻。经过反复练习，我终于30秒钟"单指单张"达190张，"多指多张"达330张，远远超过30秒点171张的世界纪录。在这个期间，自创了一指、两指、三指、四指、五指点钞法。2011年3月，我作为特邀嘉宾参加了总行"永远跟党走"汇报演出，蒙上眼睛在18秒钟内快速挑出假币。我与点钞机进行点钞对抗，以绝对的速度优势战胜了点钞机，让在场的领导连声称赞说："小陶啊！因为你，让我们记住了南京。"

对我来说，人生就是奉献不怨悔。有一次，孩子回家告诉我说，幼儿园的老师问她"怎么从来没看到你妈妈呀？"当听到委屈的孩子这话时，我眼睛湿润了。是的，为了训练、为了事业我付出了很多很多，而对待他们实在亏欠了太多太多。一天，一位弹棉花的农民工，因租的房屋突遭大火，积攒半年的19 000元被烧。当他身上缠着绷带，用烧伤的手捧着焦黑的钱来兑换时，我不禁一阵心痛，赶忙放下手中的一切，用了2个半小时小心翼翼地、将这些烧粘在一起的钞票揭开、鉴定，仔细地把这一百多张钱贴好。当我告诉他，能兑换18 000元时，他"扑通"跪了下去，含着眼泪说：谢谢，你可是救了我的命啊！是啊，这是怎样的一种真情表达！那一刻，我的心深深地被触动了。我很早就失去了父亲，是母亲含辛茹苦把我和妹妹抚养成人，所以很小的时候就懂得人间的冷暖。作为一名央行员工，服务百姓是我义不容辞的责任。

每个人有自己的梦想，我的梦想就是与改革创新的人民银行同进步共成长，在实现中国梦的征程上，不忘初心，在平凡的岗位上做出新的业绩！（见图7-40）

图7-40

第四节 机器点钞与硬币清点

一、认识点钞机，熟悉点钞准备工作

机器点钞，就是用点钞机整点钞券以代替部分手工整点的点钞方式。点钞机是一种自动清点钞券数目的机电一体化装置，通常带有荧光检测、磁性检测、红外穿透检测和激光检测等防伪功能，能轻松地帮助工作人员辨别钞票真伪。

点钞机的速度较快，每小时可点钞券5万张左右，能够有效减轻工作人员的劳动量，提高工作效率。对于现金流通规模庞大的单位，点钞机已成为点钞人员点钞的得力助手和不可缺少的设备。但是因为点钞机存在一定的局限性，所以机器点钞依然不能替代手工点钞，目前多用于钞票的复点。

（一）认识点钞机

点钞机是由捻钞、出钞、接钞、机架、电机、变压器、电子电路等多部分组成。经常使用点钞功能需熟悉捻钞、出钞、计数和接钞四方面的构成（见图7-41）。

1. 捻钞部分

主要由滑钞板、送钞舌、阻力橡皮、落钞板、调节螺丝、捻钞胶圈等组成。其功能是将钞券均匀的捻下，送入输钞带。

图 7-41

2. 出钞部分

主要由出钞胶轮、出钞对转轮组成。其作用是出钞胶圈以捻钞胶圈两倍的线速度把连续送过来先到的钞券与后面的钞券有效地分开，送往计数器与检测传感器进行计数和辨伪。

3. 计数部分

主要由光电管、灯泡、计数器和数码管组成。捻钞轮捻出的每张钞券通过光电管和灯泡后，由计数器记忆并将光电信号轮换到数码管上显示出来；数码管显示的数字，即为捻钞张数。

4. 接钞部分

主要由接钞爪轮、托钞板、挡钞板等组成。其功能是将点验后的钞券一张张分别卡入接钞爪轮的不同爪，由脱钞板将钞券取下并堆放整齐。

（二）点钞前的准备工作

1. 放置好点钞机

点钞机放置的位置应该避开强光源，如果光线过强，会使硅光电池出现损坏、短路等问题，缩短点钞机的使用寿命。

2. 放置好钞券和工具

因机器点钞速度较快，工作人员需在点钞前将待点的钞券整理好，其他工具放置要适当、顺手、固定，以避免在清点过程中杂乱无序。

3. 试机

打开点钞机电源开关和计数器开关，查看并选择点钞机的工作状态，对点钞机按需要进行调整和试验，力求下钞流畅、点钞准确、转速均匀、落钞整齐。

【课堂练习】

1. 观察点钞机的各构成部分，明确其功能。
2. 按步骤对点钞机进行试机，通过调整与实验，使点钞机达到正常工作状态。

二、机器点钞的操作方法

机器点钞同手工点钞一样，也分为拆把、点数、扎把、盖章等工序。

1. 拆把与放钞

右手取过钞券，握住钞券的右端，拇指在前，其余四指在钞券背面；掌心向下用力，将钞券捏成瓦形，左手上前顺势将扎钞纸条从左侧脱去。

右手横握钞券，将钞券捻成前低后高的的坡形，然后横放在点钞机的滑钞板上，不要太用力，使钞券顺着滑钞板形成自然斜度（见图7-42）。

图7-42　　　　　　　　　　　图7-43　数码防伪智能点

2. 清点

钞券进入机器后，通过捻钞轮自然下滑到输钞带，清点中目光应紧盯传动的钞券，检查是否有夹杂票、残破票、假钞和其他异物。钞券全部下到接钞板（接钞台）后，要看清计数器显示数字是否为"100"，或是与此把钞券纸条上所标数字相符的张数。检查数字准确后，左手将钞券取出。

> 💟 小贴士
>
> 处于智能状态的点钞机，在清点过程中若发现假币，机器就会自动停止，蜂鸣器会发出"嘟嘟"几声报警信号，如果学生在练习使用点钞机时用的是练功券，需将点钞机调至计数状态。

3. 扎把

将清点准确的钞券蹾齐，右手取过纸条进行扎把。

4. 盖章

待所有钞券清点、捆扎完毕，在钞券侧面的纸条上盖上点钞人员名章，以明确责任。

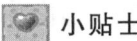
知识驿站

点钞机有许多种类型，但不管哪种类型的点钞机，其功能大同小异，主要功能就是点钞和防伪（见图7-43）。

点钞机点钞通常有以下几种清点方式：

1. 全数清点方式

关闭所有检测功能键，在自动启动的状态下可以进行全数清点。把钞券横放于滑钞板上，机器会自动启动、运行，直至滑钞板上钞券走空，清点数目显示在计数显示窗上。如果要继续清点，则取走接钞板上的钞券，并把另一把钞券放在滑钞板上，计数窗数值自动回"0"，机器重新启动并点钞。如果不取走接钞板上的钞券，而在滑钞板上加放钞券，机器将自行启动，且将新点的张数累加于原计数值之上。

2. 累加清点方式

按累加键，指示灯亮，表示机器处于累加点钞方式。清点完第一把钞券后，如果要继续清点，不管接钞板上的钞券是否取走，只要把钞券放于滑钞板上，机器便会自行启动点钞，而且将新点的钞券张数累加于原数值上。依此类推，直至数值显示到"9999"张后，即回到"0"重新计数。

3. 定量清点方式

通过按预置键、加或减数键，可在"1—999"范围内选取预定数值，选定后机器即自动选择了定量清点方式。把钞券放于滑钞板上，机器便会自行启动点钞，当点钞计数到预定数值时，机器会自动停止。如果要重复定量清点，只要拿走接钞板上已经点过的钞券，机器会自动重复上述过程。若不拿走接钞板上的钞券，只要按启动键，机器也会启动点钞，重复定量清点，计数窗将显示所累计的数值。未达到预定数值时，应重新往滑钞板上放入钞券，机器会自行启动，连续计数，并达到预定数值时停止。

4. 防伪清点方式

防伪清点方式包括：荧光、磁性、安全线、光谱，以及连张、半张、夹张等识别功能，按需要选择相应的功能键进行识别。使用紫光防伪检测，开机后待紫光管预热 3 分钟，才能达到最佳检测效果；使用磁性防伪检测，按磁性键，指示灯亮即打开磁性防伪功能；连张、半张、夹张识别，是对长度小于 70mm、宽度大于 1/3 的纸币进行检测。

点钞过程中，当遇到可疑钞券时，机器会立即停机，发出警报声，并在预置窗闪动显示相应的检测信息代号，可疑币停留在接钞板表面第一张。机器停机约 5 秒后，自行启动继续运行，或按启动键随时让机器启动继续点钞。

【课堂练习】

按照机器点钞的工序步骤练习使用点钞机进行钞券的整点，要求动作熟练流畅。

三、机器点钞的注意事项

（一）机器点钞的常见差错及其处理

1. 开机后无显示

（1）检查电源的插座是否有电。

（2）检查点钞机的插头是否插好。

（3）检查点钞机的保险丝是否已熔断。

2. 开机后出现故障提示代码

一般点钞机具有故障自检功能，开机后点钞机就自诊是否有故障。

不同的点钞机，故障代码也不一样。请参考《使用说明书》。

3. 计数不准

（1）调节托钞盘后部的垂直螺丝，顺时针拧一周或两周。

（2）清理光电记数传感器上的积尘。

（3）清尘后不能恢复正常，阻力橡皮、捻钞轮是否严重磨损。换完后再进行调整。

（4）调节送钞台光电计数器传感器的对正位置。

4. 荧光鉴伪不报警或检伪灵敏度降低

（1）调节电路板灵敏度按键或灵敏度调节电位器（荧光鉴伪的灵敏度）。

（2）荧光灯管光传感器（紫光灯探头）是否积灰尘。

（3）荧光灯管是否老化。

5. 启停方式失灵

（1）送钞传感器是否积灰尘。

（2）送钞传感器和主电路板连接开路，接好即可。

（3）点钞机皮带是否折断。

（二）点钞机的日常保养

"工欲善其事，必先利其器"，仅仅能使用好点钞机还是不够的，还应注意对点钞机进行日常的保养和维护。保养时主要包括以下2点：

1. 除尘

保养机器最重要的一点就是除尘。如果灰尘积留得比较多，轻则影响鉴伪，重则对机器的集成电路造成无法补救的损害。

在机器内灰尘积累较多的地方是紫外灯管。这里的灰尘可以用毛刷或者抹布进行清理，不过一定要记住必须先将机器的电源线拔下来，以免触电！然后再将机器的积尘盒进行清理。带有吸尘装置的点钞机，其吸尘装置吸取的灰尘都装在积尘盒里，可以将它拆下来进行清理除尘时要注意，用毛刷或者抹布不能碰到的地方就不要非得去碰，否则容易损坏机器。

2. 及时更换易损件

点钞机的易损件主要包括橡胶器件和紫光灯管。橡胶器件使用一段时间后会由于磨损而导致摩擦力下降，从而导致机器的性能也随之下降。紫外灯管工作一段时间后紫外光的发射能力也要下降，从而导致机器鉴伪能力下降，这样也需要更换紫外灯管。更换这些易损件时要严格按照使用说明书要求的方法进行安装。

另外，每次使用完点钞机后，应及时关闭电源，这样既能延长点钞机的使用寿命，又能节约用电。

第八章
出纳挑残识假技能

学习目标

通过本章的学习，要求掌握人民币的防伪特征，认识与了解假币的危害性。熟练掌握2005年版、2015年版、2019年版第五套人民币的防伪特征。熟练掌握辨别真假人民币的主要方法。从爱护人民币做起，自觉学习、执行国家有关保护人民币的法律、法规，同制贩假币的违法犯罪行为作斗争，做诚实守信、遵守社会公德的好公民。

案例导入

应 聘

刘明看到中百超市招聘收银员，中专商贸专业毕业的她便前往应聘。当天面试由总经理直接考核，总经理一句专业知识也没问，只是从皮包内抽出四张百元大钞，分别递给4位求职者，让他们每个都去买包香烟，希望各位快一点，他喜欢动作轻快的人，第一个买回来的就是优胜者。他话音刚落，三位应聘者争先恐后跑出办公室，刘明拿到钞票后总觉得颜色不大对劲儿，趁其他应聘者出门时，他仔细用手摸了摸这张钞票，没有凹凸不平感。刘明犹豫了一会儿，迟疑不决的对总经理说："这张钞票有点问题，您能不能换一张？"总经理笑了："你已经具备了收银员最基本的素质，明天能来上班吗？"

这时，一位求职者气急败坏地跑进办公室："经理，我发现这张钱是假的！"经理反问："现在发现已经晚了。顾客早已离开商场，你到哪里去追？作为收银员，每天都要与钱打交道，接过钱连看都不看一眼，就慌里慌张去买香烟，这就是失职。"

想一想，如果这次应聘的人中有你，你会应聘成功吗？拿在手里的钱，你又是如何来辨别真假的呢？

第一节 认识人民币的防伪特征

随着经济的快速发展和科技进步，近年来，假币的仿真度不断提高。制造和贩卖假币，已经成为经济流通领域中的一个不容忽视的犯罪现象。防范和打击制贩假币的违法犯罪活动，关系到国家经济稳定和人民群众的切身利益。人民币反假是全社会的责任。我们每个人都应该了解相关的反假币知识和生活常识。在全社会筑起一道坚实的贩假货币防线，让假币没有藏身之地。作为会计及金融相关专业的学生，需要掌握各项适应岗位的专业技能，反假币是银行从业人员以及会计人员必须掌握的技能之一，掌握反假币的识别技能对会计及金融相关专业的学生有着重要的意义。只有掌握人民币的防伪特征，才能更有效地提高识别假币的能力。由于目前流通的是第五套新版人民币，所以这里主要介绍一下第五套人民币的大众防伪特征。

一、第五套人民币（2005年版）的防伪特征

截至2019年9月第五套人民币分为1999年、2005年、2015年和2019年四个版本，目前流通的是2005、2015和2019年版。为提高第五套人民币的印刷工艺和防伪技术水平，经国务院批准，中国人民银行于2005年8月31日发行了第五套人民币2005年版100元、50元、20元、10元、5元纸币和不锈钢材质1角硬币。2005年版人民币6个券别，保持了1999年版第五套人民币主图案、主色调、规格不变，从构成货币的基本要素来说，它不是发行一套新的人民币，所以2005年版人民币属于第五套人民币的范畴。

（一）2005年版第五套人民币防伪特征

1. 2005年版第五套人民币（100元）的防伪特征

人民币100元的样币见图8-1：

图8-1　2005年版100元防伪特征

（1）固定人像水印（见图8-2）：位于正面左侧空白处，迎光透视，可以看到立体感很强的毛泽东水印。

图8-2

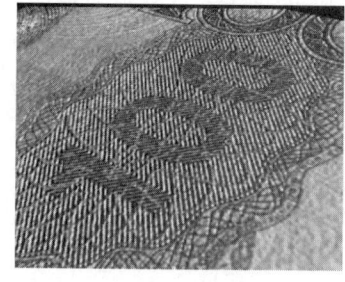

图8-3

图8-4

（2）隐形面额数字（见图8-3）：正面右上方有一椭圆形图案，将钞票置于与眼睛接近平行的位置，面对光源上下倾斜晃动，可以看到面额数字"100"字样。

（3）胶印对印图案（见图8-4）：正面左下角和背面右下角均有一圆形局部图案，迎光透视，可以看到正背面图案重合并组成一个完整的古钱币图案。

（4）胶印缩微文字（见图8-5）：票面正面上文椭圆形图案中，多处印有胶印缩微文字，在放大镜下可看到"100"和"RMB100"字样。

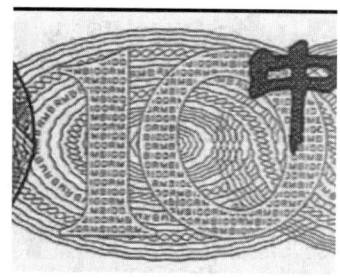

图8-5

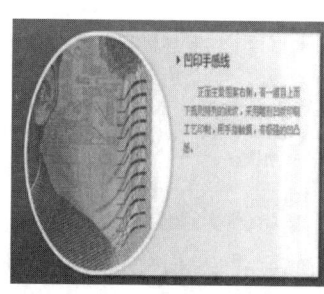

图8-6

图8-7

（5）凹印手感线（见图8-6）：正面主景图案右侧，有一组自上而下规则排列的线纹，采用雕刻凹版印刷工艺印制，用手指触摸，有极强的凹凸感。

（6）双色异形横号码（见图8-7）：正面左下角印有双色异形横号码，左侧部分为暗红色，右侧部分为黑色。字符由中间向左右两边逐渐变小。

（7）光变油墨面额数字（见图8-8、图8-9）：正面左下方"100"字样，与票面垂直角度观察为绿色，倾斜一定角度则变为蓝色。

图8-8

图8-9

图8-10

(8) 白水印（见图 8-10）：位于正面双色异形横号码下方，迎光透视，可以看到透光性很强的水印"100"字样。

(9) 雕刻凹版印刷（见图 8-11）：正面主景毛泽东头像、"中国人民银行"行名、面额数字、盲文面额标记和背面主景"人民大会堂"图案等均采用雕刻凹版印刷，用手指触摸有明显凹凸感。

  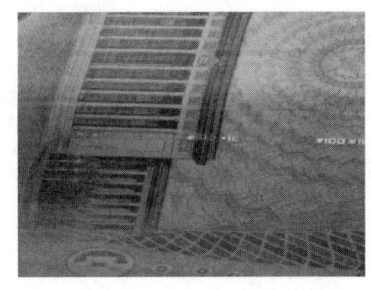

图 8-11　　　　　　　图 8-12　　　　　　　图 8-13

(10) 手工雕刻头像（见图 8-12）：正面主景毛泽东头像，采用手工雕刻凹版印刷工艺，形象逼真、传神，凹凸感强，易于识别。

(11) 全息磁性开窗安全线（见图 8-13）：背面中间偏右，有一条开窗安全线，开窗部分可以看到由缩微字符"￥100"组成的全息图案，仪器检测有磁性。

(12) 汉语拼音"YUAN"和年号"2005 年"：背面主景图案下方的面额数字后面，增加人民币单位元的汉语拼音"YUAN"；年号为"2005 年"。

2. 2005 年版第五套人民币（50 元）的防伪特征

人民币 50 元的样币见图 8-14：

(1) 固定人像水印：位于正面左侧空白处，迎光透视，可见与主景人像相同，立体感很强的毛泽东水印。

(2) 胶印缩微文字：正面上方椭圆形图案中，多处印有胶印缩微文字，在放大镜下可看到"50"和"RMB50"字样。

(3) 胶印对印图案：票面正面主景图案左侧中间处和背面主景图案右侧中间处均有圆形局部图案，迎光透视，可以看到正背面图案重合并组成一个完整的古钱币图案。

(4) 隐形面额数字：正面右上方有一椭圆形图案，将钞票置于与眼睛接近平行的位置，面对光源做上下倾斜晃动，可以看到面额数字"50"字样。

(5) 凹印手感线：正面主景图案右侧，有一组自上而下规则排列的线纹，采用雕刻凹版印刷工艺印制，用手指触摸，有极强的凹凸感。

(6) 双色异形横号码：正面左下角印有双色异形横号码，左侧部分为暗红色，右侧部分为黑色。字符由中间向左右两边逐渐变小。

(7) 光变油墨面额数字：正面左下方"50"字样，与票面垂直角度观察为金色，倾斜一定角度则变为绿色。

(8) 白水印：位于正面双色异形横号码下方，迎光透视，可以看到透光性很强的水印"50"字样。

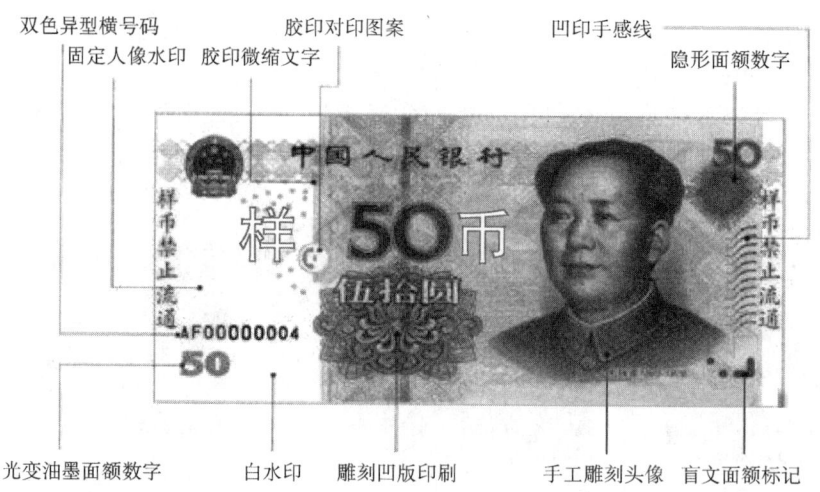

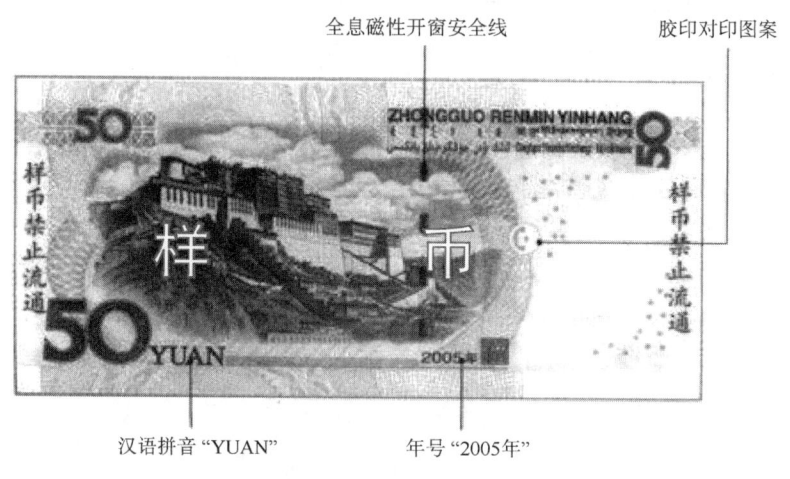

图 8－14　2005 年版 50 元防伪特征

(9) 雕刻凹版印刷：正面主景毛泽东头像、"中国人民银行"行名、面额数字、盲文面额标记和背面主景"布达拉宫"图案等均采用雕刻凹版印刷，用手指触摸有明显凹凸感。

(10) 手工雕刻头像：正面主景毛泽东头像，采用手工雕刻凹版印刷工艺，形象逼真、传神，凹凸感强，易于识别。

(11) 全息磁性开窗安全线：背面中间偏右，有一条开窗安全线，开窗部分可以看到由缩微字符"￥50"组成的全息图案，仪器检测有磁性。

(12) 汉语拼音"YUAN"和年号改为"2005 年"：背面主景图案下方的面额数字后面，增加人民币单位元的汉语拼音"YUAN"；年号为"2005 年"。

3. 2005 年版第五套人民币（20 元）的防伪特征

人民币 20 元的样币见图 8－15：

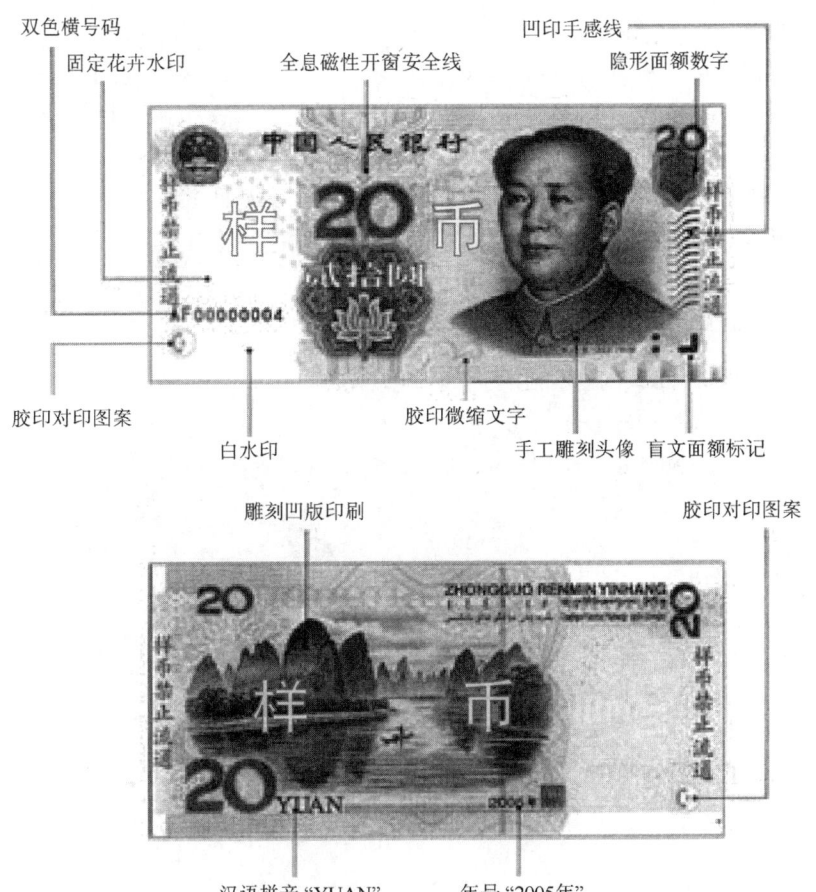

图 8-15　2005 年版 20 元防伪特征

（1）固定花卉水印：位于正面左侧空白处，迎光透视，可见立体感很强的荷花水印。

（2）全息磁性开窗安全线：正面中间偏左，有一条开窗安全线，开窗部分可以看到由缩微字符"￥20"组成的全息图案，仪器检测有磁性。

（3）隐形面额数字：正面右上方有一椭圆形图案，将钞票置于与眼睛接近平行的位置，面对光源做上下倾斜晃动，可以看到面额数字"20"字样。

（4）凹印手感线：正面主景图案右侧，有一组自上而下规则排列的线纹，采用雕刻凹版印刷工艺印制，用手指触摸，有极强的凹凸感。

（5）双色横号码：正面左下角印有双色横号码，左侧部分为暗红色，右侧部分为黑色。

（6）胶印对印图案：正面左下角和背面右下角均有圆形局部图案，迎光透视，可以看到正背面图案重合并组成一个完整的古钱币图案。

（7）白水印：位于正面双色异形横号码下方，迎光透视，可以看到透光性很强的水印"20"字样。

（8）胶印缩微文字：正面右侧和下方及背面图案中，多处印有胶印缩微文字"RMB20"字样。

（9）手工雕刻头像：正面主景毛泽东头像，采用手工雕刻凹版印刷工艺，形象逼真、传神，凹凸感强，易于识别。

（10）雕刻凹版印刷：正面主景毛泽东头像、"中国人民银行"行名、面额数字、盲文面额标记和背面主景"桂林山水"图案等均采用雕刻凹版印刷，用手指触摸有明显凹凸感。

（11）汉语拼音"YUAN"和年号改为"2005年"：背面主景图案下方的面额数字后面，增加人民币单位元的汉语拼音"YUAN"；年号为"2005年"。

4. 2005年版第五套人民币（10元）的防伪特征

人民币10元的样币见图8-16：

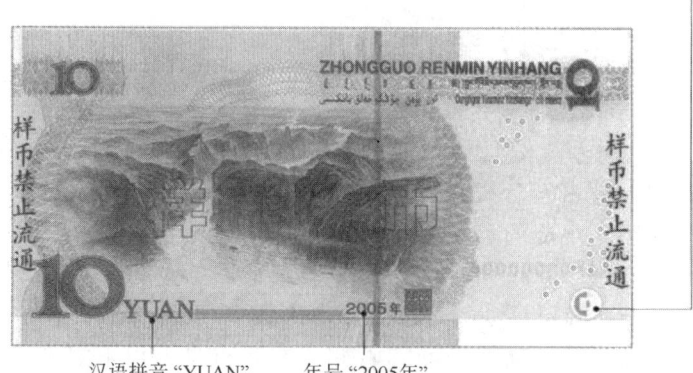

图8-16　2005年版10元防伪特征

（1）固定花卉水印：位于正面左侧空白处，迎光透视，可见立体感很强的月季花水印。

（2）胶印缩微文字：正面上方胶印图案中，多处印有胶印缩微文字"RMB10"字样。

（3）全息磁性开窗安全线：正面中间偏左，有一条开窗安全线，开窗部分可以看到由缩微字符"¥10"组成的全息图案，仪器检测有磁性。

（4）隐形面额数字：正面右上方有一椭圆形图案，将钞票置于与眼睛接近平行的位置，面对光源做上下倾斜晃动，可以看到面额数字"10"字样。

（5）凹印手感线：正面主景图案右侧，有一组自上而下规则排列的线纹，采用雕刻凹版印刷工艺印制,用手指触摸,有极强的凹凸感。

(6) 双色横号码:正面左下角印有双色横号码,左侧部分为暗红色,右侧部分为黑色。

(7) 胶印对印图案:正面左下角和背面右下角均有圆形局部图案,迎光透视,可以看到正背面图案重合并组成一个完整的古钱币图案。

(8) 白水印:位于正面双色异形横号码下方,迎光透视,可以看到透光性很强的水印"10"字样。

(9) 雕刻凹版印刷:正面主景毛泽东头像、"中国人民银行"行名、面额数字、盲文面额标记和背面主景"长江三峡"图案等均采用雕刻凹版印刷,用手指触摸有明显凹凸感。

(10) 手工雕刻头像:正面主景毛泽东头像,采用手工雕刻凹版印刷工艺,形象逼真、传神,凹凸感强,易于识别。

(11) 汉语拼音"YUAN"和年号改为"2005年":背面主景图案下方的面额数字后面,增加人民币单位元的汉语拼音"YUAN";年号为"2005年"。

5. 2005年版第五套人民币(5元)的防伪特征

人民币5元的样币见图8-17:

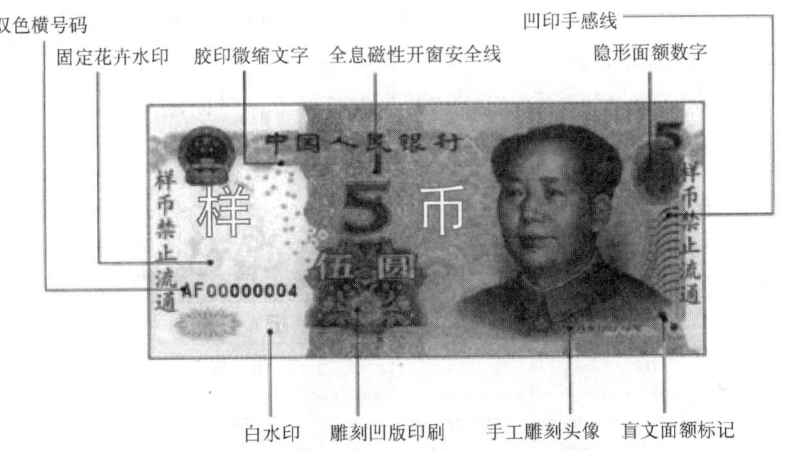

图8-17　2005年版5元防伪特征

（1）固定花卉水印：位于正面左侧空白处，迎光透视，可见立体感很强的水仙花水印。

（2）胶印缩微文字：正面上方胶印图案中，多处印有胶印缩微文字，在放大镜下可看到"RMB5"和"5"字样。

（3）全息磁性开窗安全线：正面中间偏左，有一条开窗安全线，开窗部分可以看到由缩微字符"￥5"组成的全息图案，仪器检测有磁性。

（4）隐形面额数字：正面右上方有一椭圆形图案，将钞票置于与眼睛接近平行的位置，面对光源做上下倾斜晃动，可以看到面额数字"5"字样。

（5）凹印手感线：正面主景图案右侧，有一组自上而下规则排列的线纹，采用雕刻凹版印刷工艺印制，用手指触摸，有极强的凹凸感。

（6）双色横号码：正面左下角印有双色横号码，左侧部分为暗红色，右侧部分为黑色。

（7）白水印：位于正面双色异形横号码下方，迎光透视，可以看到透光性很强的水印"5"字样。

（8）雕刻凹版印刷：正面主景毛泽东头像、"中国人民银行"行名、面额数字、盲文面额标记和背面主景"泰山"图案等均采用雕刻凹版印刷，用手指触摸有明显凹凸感。

（9）手工雕刻头像：正面主景毛泽东头像，采用手工雕刻凹版印刷工艺，形象逼真、传神，凹凸感强，易于识别。

（10）汉语拼音"YUAN"和年号改为"2005年"：背面主景图案下方的面额数字后面，增加人民币单位元的汉语拼音"YUAN"；年号为"2005年"。

（二）2005年版各票面纸币防伪特征分析（见表8-1）

表8-1　　　　　2005年版第五套人民币防伪特征分析——纸币

		100元	50元	20元	10元	5元
票面设计	发行时间	2005-8-31	2005-8-31	2005-8-31	2005-8-31	2005-8-31
	规格	155mm*77mm	150mm*70mm	145mm*70mm	140mm*70mm	135mm*63mm
	主色调	红色	绿色	棕色	蓝黑色	紫色
	正面主景	毛泽东头像	毛泽东头像	毛泽东头像	毛泽东头像	毛泽东头像
	背面主景	人民大会堂	布达拉宫	桂林山水	长江三峡	泰山
公众防伪	固定水印	固定人像水印：毛泽东头像	固定人像水印：毛泽东头像	固定花卉水印：荷花	固定花卉水印：月季花	固定花卉水印：水仙花
	白水印	100	50	20	10	5
	安全线	全息磁性开窗安全线开窗在背面，￥100	全息磁性开窗安全线开窗在背面，￥50	全息磁性开窗安全线开窗在正面，￥20	全息磁性开窗安全线开窗在正面，￥10	全息磁性开窗安全线开窗在正面，￥5
	手工雕刻头像	毛泽东头像	毛泽东头像	毛泽东头像	毛泽东头像	毛泽东头像

续表

		100元	50元	20元	10元	5元
公众防伪	隐形面额数字	100	50	20	10	5
	胶印缩微文字	RMB100、RMB	RMB50、50	RMB20	RMB10	RMB5、5
	光变油墨面额数字	绿变蓝	金变绿	无	无	无
	胶印对印图案	古钱币	古钱币	古钱币	古钱币	无
	雕刻凹版印刷	正面国徽、行名、主景、面额、装饰图案、团花、凹印手感线、盲文面额标记、背面主景、民族文字、凹印缩微文字、年号、行长章	正面国徽、行名、主景、面额、装饰图案、团花、凹印手感线、盲文面额标记、背面主景、民族文字、凹印缩微文字、年号、行长章	正面国徽、行名、主景、面额、装饰图案、团花、凹印手感线、盲文面额标记、背面主景、民族文字、凹印缩微文字、年号、行长章	正面国徽、行名、主景、面额、装饰图案、团花、凹印手感线、盲文面额标记、背面主景、民族文字、凹印缩微文字、年号、行长章	正面国徽、行名、主景、面额、装饰图案、团花、凹印手感线、盲文面额标记、背面主景、民族文字、凹印缩微文字、年号、行长章
	冠字号码	双色异型横号码，二位冠字，八位号码，左红右黑	双色异型横号码，二位冠字，八位号码，左红右黑	双色横号码，二位冠字，八位号码，左红右黑	双色横号码，二位冠字，八位号码，左红右黑	双色横号码，二位冠字，八位号码，左红右黑
	凹印手感线	有	有	有	有	有
专业防伪	胶印接线印刷	有	有	有	有	无
	凹印接线印刷	有	有	有	有	有
	凹印缩微文字	RMB100，人民币，100	RMB50，人民币，50	RMB20，人民币，20	RMB10，人民币，10	RMB5，人民币，5
	无色荧光油墨印刷图案	100	50	20	10	5
	有色荧光油墨印刷图案	橘黄色	黄色	绿色	黄色	绿色
	无色荧光纤维	黄、蓝	黄、蓝	黄、蓝	黄、蓝	黄、蓝
	磁性号码	有	有	有	有	有
	特种标记	有	有	有	有	有
	专用纸张	中性	中性	中性	中性	中性
	公众防伪	11项	11项	10项	10项	9项
	专业防伪	9项	9项	9项	9项	8项

二、第五套人民币（2015年版）的防伪特征

2005年版第五套人民币100元纸币发行十年期间，现金流通和银行业金融机构对钞票处理的手段发生了巨大变化，自动售货设备和现金自动处理设备蓬勃发展，对人民币的机读性能提出了更高要求。同时一些不法分子也不断利用新技术来伪造人民币，给公众识别带来了困难。有资料统计仅2012年至2014年三年时间内，全国公安机关分别缴获假币

3.29亿元、4.15亿元、5.32亿元,增幅都在25%以上。从央行的统计数据来看,百元假钞已占全部假钞的一大半,反假钞形势严峻。此外,发行新版百元钞有利于人民币国际化进程。按照国际惯例,一般5到8年会进行一次货币改版升级。美元、欧元等主流币种已在2013年进行了改版,境外不法分子仿制这些币种的难度增加,在此情况下,人民币也有更新换代的必要。为更好地保护人民币持有人的利益,需要根据科学技术的发展,不断提高钞票的防伪技术和印制质量,保持人民币防伪技术的领先地位。中国人民银行决定发行2015年版第五套人民币100元纸币,在保持规格、主图案、主色调等与2005年版第五套人民币100元纸币不变的前提下,对票面图案、防伪特征及其布局进行了调整,提高机读性能,采用了先进的公众防伪技术,使公众更易于识别真伪。

(一)2015年版第五套人民币100元纸币的防伪特征

2015年11月12日中国人民银行发行的2015版第五套人民币100元纸币的样币见图8-18,其主要防伪特征是:

图8-18 2015年版第五套人民币100元纸币的票样

(1)光变镂空开窗安全线(图8-19):位于票面正面的右侧,当你垂直观察票面时,这条安全线呈现品红色,而与票面成一定角度观察时,安全线又会呈现绿色;透光观察,你还可以看到安全线中正反交替排列着镂空文字"¥100"字样。

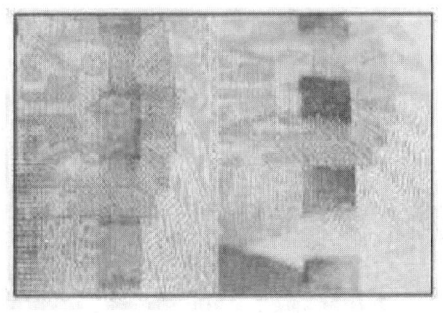
图 8-19

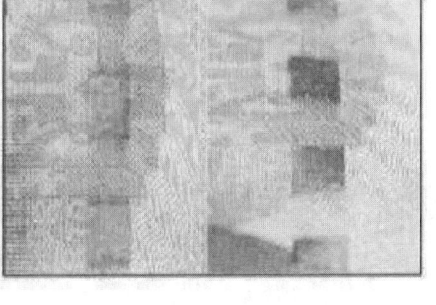
图 8-20

（2）光彩光变数字（见图 8-20）：在票面正面的中部有面额数字 100，垂直观察数字是金色；平视观察则变为绿色。随着观察角度的改变，数字颜色在金色和绿色之间交替变化，还可以看到一条亮光带上下滚动。

（3）人像水印（见图 8-21）：在票面正面左侧空白处，在透光观察时就可看到与人像相同、立体感很强的毛泽东头像水印。

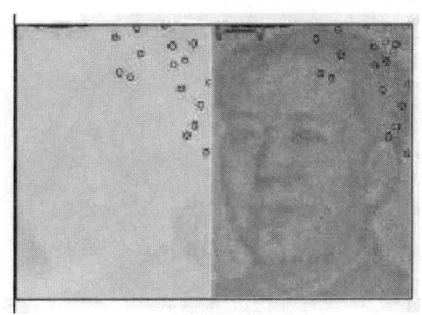
图 8-21

图 8-22

（4）胶印对印图案（见图 8-22）：在票面正面左下方和背面右下方，两面都有数字"100"的局部图案。在透光观察的情况下，正背面图案就可以组成一个完整的"100"。

（5）横竖双号码（见图 8-23）：位于票面正面左下方是横号码，冠字和前两位数字是暗红色，后六位数字为黑色；而票面正面右侧则是蓝色的竖号码。

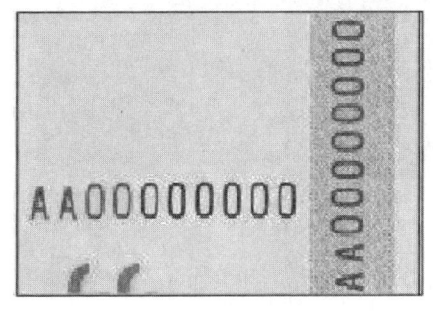
图 8-23

图 8-24

（6）白水印（见图 8-24）：位于票面正面横号码下方，透光观察时，你可以看到透光性很强的水印面额数字"100"。

(7) 雕刻凹印（见图 8-25）：在毛泽东头像、国徽、"中国人民银行"行名、右上角面额数字、盲文及背面人民大会堂全部采用雕刻凹印印刷，当用手指触摸时会有明显的凹凸感。

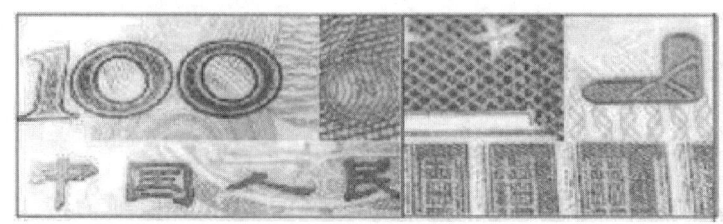

图 8-25

（二）2015 年版第五套人民币 100 元与 2005 年版 100 元防伪特征对比

2015 年版第五套人民币 100 元纸币是 2005 年版第五套人民币 100 元纸币的升级版，它在保持规格、正背面主图案、主色调等不变的情况下，对图案做了以下调整：

1. 正面图案主要调整

图 8-26 2005 年版 100 元纸币正面　　　　图 8-27 2015 年版 100 元纸币正面

（1）取消了票面右侧的凹印手感线（见图 8-28）、隐形面额数字（见图 8-29）和左下角的光变油墨面额数字（见图 4-29）。

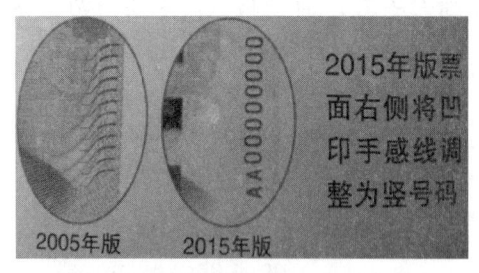 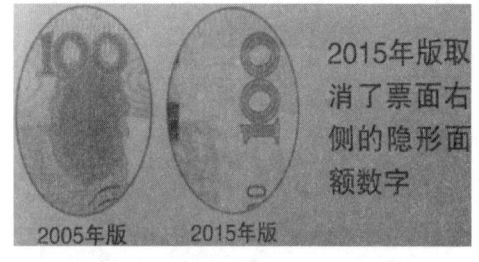

图 8-28　　　　　　　　　　　　　　图 8-29

（2）票面中部增加了光彩光变数字（见图 8-30），票面右侧增加了光变镂空开窗安全线（见图 8-31）和竖号码（见图 8-27）。

图 8 – 30　　　　　　　　　　　　　图 8 – 31

（3）票面右上角面额数字由横排改为竖排，并对数字样式做了调整（见图 8 – 32）；中央团花图案中心花卉色彩由橘红色调整为紫色，取消花卉外淡蓝色花环，并对团花图案、接线形式做了调整（见图 8 – 34）；胶印对印图案由古钱币图案改为面额数字"100"，并由票面左侧中间位置调整至左下角（见图 8 – 33）。

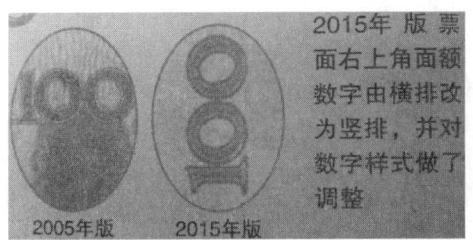
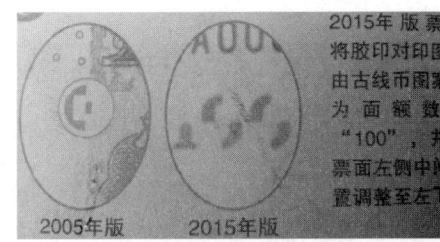

图 8 – 32　　　　　　　　　　　　　图 8 – 33

图 8 – 34

2. 背面图案主要调整（见图 8 – 35、图 8 – 36）

图 8 – 35　2005 年版 100 元纸币背面　　　图 8 – 36　2015 年版 100 元纸币背面

（1）取消了全息磁性开窗安全线（见图 8 – 37）和右下角的防复印标记（见图 8 – 38）。

图 8-37

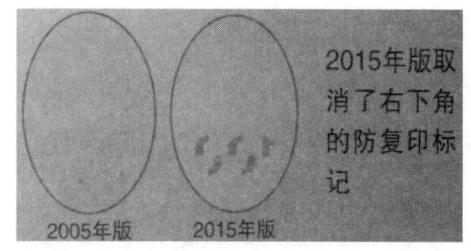

图 8-38

(2) 减少了票面左右两侧边部胶印图纹,适当留白(见图8-39);胶印对印图案由古钱币图案改为面额数字"100",并由票面右侧中间位置调整至右下角;面额数字"100"上半部颜色由深紫色调整为浅紫色,下半部由大红色调整为橘红色,并对线纹结构进行了调整;票面局部装饰图案色彩由蓝、红相间调整为紫、红相间;左上角、右上角面额数字样式均做了调整。

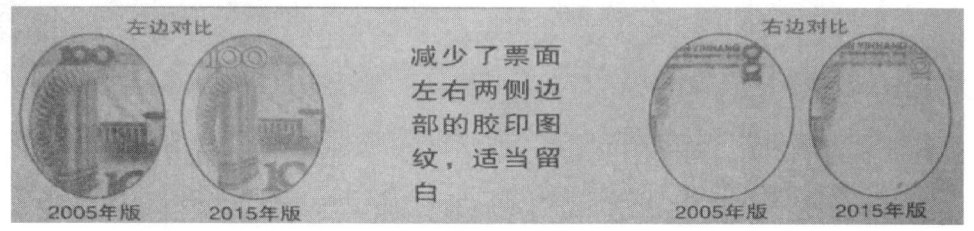

图 8-39

(3) 年号调整为"2015年"(见图8-40)。

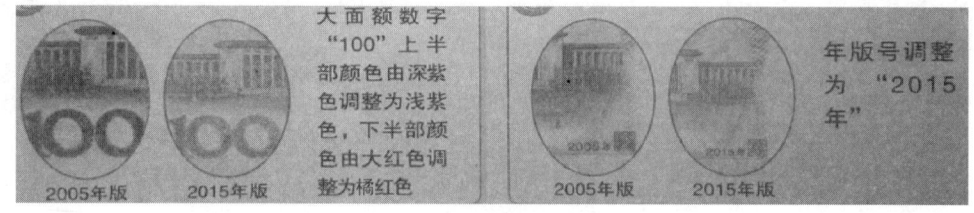

图 8-40

(三)2015年版第五套人民币100元纸币与2005年版第五套人民币100元纸币的防伪技术和印制质量有哪些改进和提升?

2015年版第五套人民币100元纸币集成应用的防伪技术更为先进,布局更为合理,防伪技术水平较2005年版100元纸币有明显提升。人像水印清晰度明显提升,层次更加丰富。光彩光变技术是国际钞票防伪领域公认的前沿公众防伪技术之一,公众更容易识别。目前全世界已有包括中国、俄罗斯、欧元区在内的多个国家和地区的钞票采用了该技术。近年来,我们发现一些不法分子采用真假拼接的办法变造人民币;此外,由于人民币在使用过程中各部位磨损不同,单一号码会增大机具设备误判率。针对以上情况,2015年版第五套人民币100元纸币采用了横竖双号码,以达到防范拼接变造币和提高机具对钞票冠字号码识别准确率的目的采用了横竖双号码，并改变了原有的冠字号码字形，更符合公众识别习惯和机器读取要求，有利于冠字号码的识别与记录，也有利于防范变造货币。安全线是人民币的重要防伪特征。2015 年版第五套人民币 100 元纸币针对公众的识别和机具设备的识别，设计了两条安全线。其中，光变镂空开窗安全线线宽 4 毫米，其光变性能对光源要求不高，颜色变化明显，集成镂空文字特征，更加有利于公众识别。磁性全埋安全线采用了特殊磁性材料和先进技术，机读性能更好。另外，光变镂空开窗安全线和磁性全埋安全线分别位于票面两边，也有利于防止变造人民币。

三、第五套人民币（2019 年版）的防伪特征

1999 年 10 月，根据中华人民共和国国务院令第 268 号，中国人民银行发行了第五套人民币。2005 年 8 月，为提升防伪技术和印制质量，中国人民银行发行了 2005 年版第五套人民币部分纸硬币。2015 年 11 月，中国人民银行发行了新版 100 元纸币，其防伪能力和印制质量明显提升，受到社会广泛好评。迄今为止，50 元、20 元、10 元、1 元纸币和 1 元、5 角、1 角硬币已发行流通十多年。在此期间，现金流通情况发生巨大变化，现金自动处理设备快速发展，假币伪造形式多样化，货币防伪技术更新换代加快，人民币逐步走向国际化，这些都对人民币的设计水平、防伪技术和印制质量提出了更高要求。为适应人民币流通使用的发展变化，更好维护人民币信誉和持有人利益，提升人民币整体防伪能力，保持第五套人民币系列化，中国人民银行决定于 2019 年 8 月 30 日起发行 2019 年版第五套人民币 50 元、20 元、10 元、1 元纸币和 1 元、5 角、1 角硬币，在保持现行第五套人民币主图案等相关要素不变的前提下，对票（币）面效果、防伪特征及其布局等进行了调整，采用先进的防伪技术，提高防伪能力和印制质量，使公众和自助设备易于识别。

（一）2019 年版第五套人民币防伪特征设计的思路

2019 年版第五套人民币 50 元、20 元、10 元、1 元纸币分别保持 2005 年版第五套人民币 50 元、20 元、10 元纸币和 1999 年版第五套人民币 1 元纸币规格、主图案、主色调、"中国人民银行"行名、国徽、盲文面额标记、汉语拼音行名、民族文字等要素不变，提高了票面色彩鲜亮度，优化了票面结构层次与效果，提升了整体防伪性能。

2019 年版第五套人民币 50 元、20 元、10 元、1 元纸币调整正面毛泽东头像、装饰团花、横号码、背面主景和正背面面额数字的样式，增加正面左侧装饰纹样，取消正面右侧凹印手感线和背面右下角局部图案，票面年号改为"2019 年"。与以往版本的纸币相比具体可总结为三个新的变化：

变化一：更强的防伪技术易识别

新版 50 元、20 元和 10 元纸币正面中部面额数字调整为光彩光变面额数字。新版 50 元、20 元和 10 元纸币右侧增加了光变镂空开窗安全线和竖号码。安全线中交替排列着镂空的面额数字，变换角度观察时安全线颜色变化明显，便于识别。同时，增添竖号码后可以有效防范变造纸币。此外，2019 年版第五套人民币纸币还明显提升了水印清晰度和层次效果，延续 2015 年版第五套人民币 100 元纸币冠字号码字形设计，便于人工和现金机

具识别。

变化二：更高的印刷质量耐流通

新版第五套人民币纸币采取了多种措施提升印制质量。例如，提高钞票纸强度，延长其流通寿命；在纸币两面采用抗脏污保护涂层，明显改善整洁度等。

变化三：更亮的票面色彩添美观

新版硬币主要调整了正面面额数字的造型，背面花卉图案适当收缩。新版硬币的正面面额数字改为斜体后，数字字体简洁大方，视觉效果更活泼、富有动感，更加突出和醒目。

（二）2019年版第五套人民币外观及防伪特征与现行第五套人民币纸币（2005年版50元、20元、10元纸币，1999年版1元纸币）、硬币（1999年版1元、5角硬币，2005年版1角硬币）的区别

1. 纸币方面

与2005年版第五套人民币50元、20元、10元纸币和1999年版第五套人民币1元纸币相比，2019年版第五套人民币50元、20元、10元、1元纸币提高了票面色彩鲜亮度，优化了票面结构层次与效果，采用了更强的防伪技术。

（1）50元纸币（见图8-41）。

图8-41　2019年版第五套人民币50元纸币图案

①光彩光变面额数字（见图8-42）：正面中部面额数字调整为光彩光变面额数字"50"，随着观察角度的改变，数字"50"的颜色在绿色和蓝色之间交替变化，并可见一条亮光带在数字上下滚动。

图 8-42

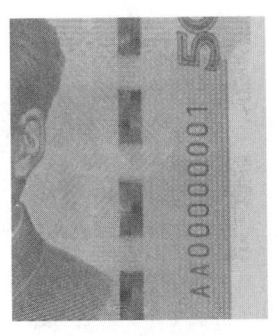

图 8-43

图 8-44

②动感光变镂空开窗安全线（见图 8-43）：光变镂空开窗安全线具有颜色变化和镂空文字特征，易于公众识别，是一项常用的公众防伪特征。50 元纸币采用的动感光变镂空开窗安全线位于票面右侧，改变钞票观察角度，安全线颜色在红色和绿色之间变化，亮光带上下滚动。透光观察可见"￥50"。

③雕刻凹印（见图 8-44）：票面正面毛泽东头像、国徽、"中国人民银行"行名、装饰团花、右上角面额数字、盲文面额标记及背面主景等均采用雕刻凹版印刷，触摸有凹凸感。

④横竖双号码（见图 8-41）：新版 50 元纸币增添了竖号码，可以有效防范变造纸币。左侧横号码的样式为双色异形横号码，其冠字和前两位数字为暗红色，后六位数字为黑色。右侧竖号码冠字和数字均为蓝色。

⑤水印（见图 8-45、图 8-46）：2019 年版 50 元纸币明显提升了水印清晰度和层次效果。人像水印位于票面正面左侧的空白处，透光观察可见毛泽东头像。人像水印清晰度明显提升，层次更加丰富。白水印位于票面正面横号码下方，透光观察可见水印面额数字"50"。

图 8-45

图 8-46

图 8-47

⑥胶印对印图案图（见图 8-47）：票面正面左下角和背面右下角均有面额数字"50"的局部图案。透光观察，正背面图案组成一个完整的面额数字"50"。

其他变化还有调整装饰团花的样式；左侧增加装饰纹样，取消左下角光变油墨面额数字；调整毛泽东头像、右上角面额数字的样式，取消凹印手感线。背面调整主景、面额数字、胶印对印图案的样式，取消全息磁性开窗安全线和右下角局部图案，年号改为"2019 年"。

(2) 20 元纸币 (见图 8-48)。

图 8-48 2019 年版第五套人民币 20 元纸币图案

① 光彩光变面额数字 (见图 8-49): 正面中部面额数字调整为光彩光变面额数字 "20", 随着观察角度的改变, 数字 "20" 的颜色在金色和绿色之间交替变化, 并可见一条亮光带在数字上下滚动。

图 8-49

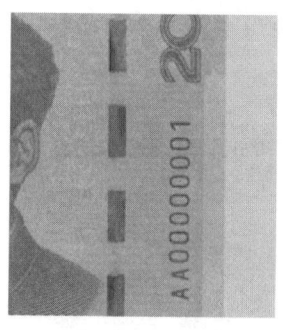
图 8-50

图 8-51

② 光变镂空开窗安全线 (见图 8-50): 20 元纸币采用的光变镂空开窗安全线位于票面右侧, 与 2015 年版 100 元纸币类似, 改变钞票观察角度, 安全线颜色在红色和绿色之间变化。透光观察可见 "¥20"。

③ 雕刻凹印 (见图 8-51): 票面正面毛泽东头像、国徽、"中国人民银行"行名、装饰团花、右上角面额数字、盲文面额标记及背面主景等均采用雕刻凹版印刷, 触摸有凹凸感。

④ 横竖双号码 (见图 8-48): 新版 20 元纸币增添了竖号码, 可以有效防范变造纸币。左侧横号码的样式调整为双色异形横号码, 其冠字和前两位数字为暗红色, 后六位数

字为黑色。右侧竖号码冠字和数字均为蓝色。

⑤水印（见图 8-52、图 8-53）：2019 年版 20 元纸币明显提升了水印清晰度和层次效果。花卉水印位于票面正面左侧的空白处，透光观察可见立体感很强的荷花水印。花卉水印清晰度明显提升，层次更加丰富。白水印位于票面正面横号码下方，透光观察可见水印面额数字"20"。

图 8-52

图 8-53

图 8-54

⑥胶印对印图案（见图 8-54）：票面正面左下角和背面右下角均有面额数字"20"的局部图案。透光观察，正背面图案组成一个完整的面额数字"20"。

其他变化还有调整装饰团花的样式；左侧增加装饰纹样，取消左下角光变油墨面额数字；调整毛泽东头像、右上角面额数字的样式，取消凹印手感线。背面调整主景、面额数字、胶印对印图案的样式，取消全息磁性开窗安全线和右下角局部图案，年号改为"2019 年"。

（3）10 元纸币（见图 8-55）。

图 8-55　2019 年版第五套人民币 10 元纸币图案

①光彩光变面额数字（见图8-56）：正面中部面额数字调整为光彩光变面额数字"10"，随着观察角度的改变，数字"10"的颜色在绿色和蓝色之间交替变化，并可见一条亮光带在数字上下滚动。

图8-56　　　　　　　图8-57　　　　　　　图8-58

②光变镂空开窗安全线（见图8-57）：2019年版10元纸币采用光变镂空开窗安全线，与2015年版100元纸币类似，改变钞票观察角度，安全线颜色在红色和绿色之间变化，透光观察可见"¥10"。

③雕刻凹印（见图8-58）：票面正面毛泽东头像、国徽、"中国人民银行"行名、装饰团花、右上角面额数字、盲文面额标记及背面主景等均采用雕刻凹版印刷，触摸有凹凸感。

④横竖双号码（见图8-55）：新版10元纸币增添了竖号码，可以有效防范变造纸币。左侧横号码的样式调整为双色异形横号码，其冠字和前两位数字为暗红色，后六位数字为黑色。右侧竖号码冠字和数字均为蓝色。

⑤水印（见图8-59、图8-60）：2019年版10元纸币明显提升了水印清晰度和层次效果。花卉水印位于票面正面左侧的空白处，透光观察可见立体感很强的月季花水印。花卉水印清晰度明显提升，层次更加丰富。白水印位于票面正面横号码下方，透光观察可见水印面额数字"10"。

图8-59　　　　　　　图8-60　　　　　　　图8-61

⑥胶印对印图案（见图8-61）：票面正面左下角和背面右下角均有面额数字"10"的局部图案。透光观察，正背面图案组成一个完整的面额数字"10"。

其他变化还有调整装饰团花的样式；左侧增加装饰纹样，取消左下角光变油墨面额数字;调整毛泽东头像、右上角面额数字的样式,取消凹印手感线。背面调整主景、面额数字、胶印对印图案的样式,取消全息磁性开窗安全线和右下角局部图案,年号改为"2019年"。

(4) 1元纸币(见图8-62)。

图8-62 2019年版第五套人民币1元纸币反面图案

新版1元纸币增加了面额数字白水印(见图8-63),白水印位于票面正面横号码下方,透光观察可见水印面额数字"1"。花卉水印位于票面正面左侧的空白处,透光观察可见立体感很强的兰花水印(见图8-64)。正面中部调整面额数字、装饰团花的样式;左侧增加装饰纹样,调整横号码的样式为双色异形横号码,取消左下角装饰纹样;右侧调整毛泽东头像的样式,取消凹印手感线。

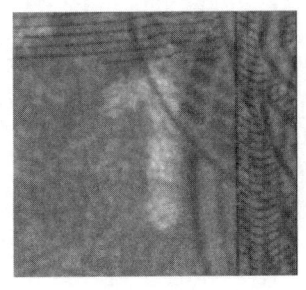 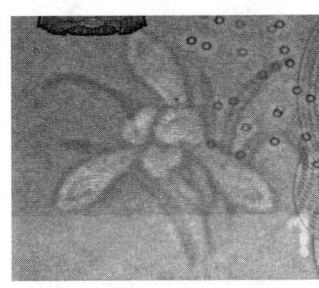 

图8-63　　　　　　图8-64　　　　　　图8-65

背面调整主景(见图8-65)、面额数字的样式,取消右下角局部图案,年号改为"2019年"。

2. 硬币方面

与1999年版第五套人民币1元、5角硬币和2005年版第五套人民币1角硬币相比,2019年版第五套人民币1元、5角、1角硬币调整了正面面额数字的造型,背面花卉图案适当收缩。面额数字的字体由衬线体调整为无衬线体后,数字的字体简洁大方、更易识别,与相邻的面额拼音、人民币单位的字体字形更加协调统一,具有较强的时代感。面额数字造型作倾斜处理后,视觉效果更活泼、富有动感,更加突出和醒目;面额数字轮廓线的粗细变化,强化了数字造型的立体效果,进一步提升了识别性。

(1) 1元硬币(见图8-66)。

图 8-66　2019 年版第五套人民币 1 元硬币正反面图案

直径由 25 毫米调整为 22.25 毫米,直径缩小,既方便携带,也节约造币成本。正面面额数字"1"轮廓线内增加隐形图文"¥"和"1",转动硬币,从特定角度可以观察到"¥",从另一角度可以观察到"1"。边部增加圆点。

(2) 5角硬币(见图8-67)。

图 8-67　2019 年版第五套人民币 5 角硬币正反面图案

1999 年版第五套人民币 5 角硬币采用的钢芯镀铜合金生产工艺,根据国家产业政策,属于拟淘汰的落后工艺。基于工艺升级和流通方便等方面考虑,新版 5 角硬币改变了材质由钢芯镀铜合金改为钢芯镀镍,色泽由金黄色改为镍白色。正背面内周缘由圆形调整为多边形,曾经的菊花 1 角就是这个设计,当初是为了方便盲人使用,能够快速鉴别各种面值的硬币。

(3) 1角硬币(见图8-68)。

图 8-68　2019 年版第五套人民币 1 角硬币正反面图案

正面边部增加圆点。

第二节　人民币真假钞票的识别方法

> **小案例**
>
> **收银员遭遇"调包计"**
>
> 　　一个周末的晚上六点半左右,在西单地区一家人流比较大的店面,一名女孩看中了一个漂亮的小玩意儿,男孩毫不犹豫地决定买下。到了收银台男孩翻开钱包,没有零钱,问女孩有没有,女孩打开钱包,也说没有,于是拿出一张 100 元真钞,交给收银员。收银员打算收进时女孩突然说有零钱了。收银员退回 100 元,数零钱,发现不够,可能只差 3 至 5 元,于是女孩又拿出 100 元,收银员重新收进,收到找零后他们就迅速消失了。收银员交班时才发现误收了假币 100 元,结果是只好自己认赔。
>
> 　　案例分析:知道收银员为什么会赔钱吗?注意,女孩后拿出的这张是假钞,你在日常生活中遇到过假币吗?你了解假币是什么样子的吗?知道如何避免中计吗?

一、假币的主要特征

验钞的目的是为了识别假币,减少财产损失。要掌握快速、准确识别假币的能力,还必须了解假币的种类与特征。

(一) 假人民币的种类

假币主要包括伪造币和变造货币两种:

1. 伪造人民币

指通过机制、拓印、刻印、照相、描绘等手段制作的假人民币。其中电子扫描分色制版印刷的机制假币数量最多、危害性最大。

2. 变造人民币

犯罪分子将人民币通过挖补、剪接、涂改、揭层等各种方法达到使原币改变数量、形态实现升值的假货币。例如,把一张假币对折分成四半,用四分之一的假币,和四分之三的真币,拼成一张货币,不注意的话,就又变成了一张货币。从而使一张假币流通了。

(二) 假人民币纸币的主要特征

1. 固定人像、花卉水印
(1) 在纸张夹层中涂布白色浆料,透光观察水印所在位置纸张明显偏厚。
(2) 在票面上面、背面或正背面同时使用无色或淡黄色油墨印刷类似水印图案,图案不透光也清晰可见,立体感较差。

2. 安全线
(1) 在钞票表面,用油墨印刷一个线条,无磁性。

（2）在纸张夹层中放置与安全线等宽的聚酯类线状物，与纸张结合较差，易抽出，缩微文字较粗糙，无磁性。

（3）伪造开窗安全线，使用双层纸张。在纸张正面，对应开窗位置留有断口，使镀有金属反射表面的聚酯类线状物，从一个断口伸出，再从另一个断口埋入，与纸张结合较差，无全息图像。

3. 雕刻凹版印刷图案

正背面主景图案多是由细点组成（真钞由点、线组成），图案颜色不正、缺乏层次、明暗过渡不自然，人像目光无神，发丝模糊，图案无凹凸感，也有一部分假币在凹印图部位涂抹胶水或压痕来模仿凹印效果。

4. 隐形面额数字

使用无色油墨印刷而成的，图文线条与真券差别较大，无隐形效果。

5. 胶、凹印缩微文字

缩微文字模糊不清，无法分辨。

6. 光变油墨面额数字

（1）普通单色油墨平版印刷的，无颜色变换特征，无凹凸感。

（2）使用珠光油墨丝网印刷，变色特征与真券有明显的区别。

7. 阴阳互补对印图案

正背面图案重合得不够完整，线条有明显的错位现象。

8. 有色、无色荧光图案。

（1）没有有色、无色荧光图案。

（2）颜色及亮度与真券有一定的差别。

9. 专用纸张

纸张在紫外光下会发出较强的蓝色荧光，也有少量假钞纸张荧光较弱或没有荧光，不含有无色荧光纤维。

二、识别人民币真假的主要方法

当我们掌握了人民币的主要防伪特征及假币的主要特征后，为什么有时仍然会收到假钞呢？这是因为我们还缺乏防伪意识，没有学会识别真假人民币的一般方法。

（一）真假人民币的简易识别方法

1. 纸币鉴别方法

纸币真伪的识别通常采用直观对比（眼看、手摸、耳听）和仪器检测相结合的方法，即通常所说的一看、二摸、三听、四测。

（1）眼看：颜色、图案、花纹、水印、安全线等外观情况。

①看水印：第五套人民币各券别纸币的固定水印位于各券别纸币票面正面左侧的空白处，迎光透视，可以看到立体感很强的水印。100元、50元纸币的固定水印为毛泽东头像图案。20元、10元、5元、1元纸币的固定水印为花卉图案。另外在位于正面双色横号码下方，迎光透视，可以看到透光性很强的面额数字白水印。

②看安全线：2005 年版 100 元、50 元纸币的安全线在票面正面中间偏左，背面开窗。迎光透视，分别可以看到缩微文字"￥100""￥50"的微小文字，仪器检测均有磁性。2015 年版 100 元纸币的安全线在票面两边各有一条，右侧光变镂空开窗安全线为正面开窗，左侧安全线是磁性全埋安全线采用了特殊磁性材料和先进技术，机读性能更好，仪器检测均有磁性。20 元、10 元、5 元纸币安全线为全息磁性开窗安全线，即安全线局部埋入纸张中，局部裸露在纸面上，其开窗部分在正面，从上面分别可以看到由微缩字符"￥20""￥10""￥5"组成的全息图案，仪器检测有磁性。2019 年版 50 元纸币采用了动感光变镂空开窗安全线，它位于票面右侧，改变钞票观察角度，安全线颜色在红色和绿色之间变化，亮光带上下滚动。透光观察可见"￥50"。2019 年版 20 元、10 元纸币则采用了光变镂空开窗安全线，改变钞票观察角度，安全线颜色在红色和绿色之间变化，透光观察可见"￥20"。

③看光变油墨：2005 年版第五套人民币 100 元券和 50 元券正面左下方的面额数字采用光变墨印刷。将垂直观察的票面倾斜到一定角度时，100 元券的面额数字会由绿变为蓝色；50 元券的面额数字则会由金色变为绿色。2015 年版 100 元券在票面正面的中部有面额数字 100，垂直观察数字是金色，平视观察则变为绿色。随着观察角度的改变，数字颜色在金色和绿色之间交替变化，还可以看到一条亮光带上下滚动。2019 年版 50 元券在票面正面中部面额数字采用了光彩光变面额数字"50"，随着观察角度的改变，数字"50"的颜色在绿色和蓝色之间交替变化，并可见一条亮光带在数字上下滚动。2019 年版 20 元、10 元券在正面中部面额数字则分别采用了光彩光变面额数字"20""10"，随着观察角度的改变，数字"20""10"的颜色在绿色和蓝色之间交替变化，并可见一条亮光带在数字上下滚动。

④看票面图案是否清晰，色彩是否鲜艳，对接图案是否可以对接上。

第五套人民币纸币的胶印对印图案应用于 100 元、50 元、20 元、10 元券中。2005 年版券别的正面左下方和背面右下方都印有一个圆形局部图案，迎光透视，两幅图案准确对接，组合成一个完整的古钱币图案。2015 年版 100 元在票面正面左下方和背面右下方，两面都有数字"100"的局部图案，在透光观察的情况下，正背面图案就可以组成一个完整的"100"。2019 年版人民币 50 元、20 元、10 元纸币的胶印对印图案全部调整为相应面额数字，票面正面左下角和背面右下角均有面额数字的局部图案，透光观察，正背面图案组成一个完整的面额数字"50""20""10"。

⑤用 5 倍以上放大镜观察票面，看图案线条、缩微文字是否清晰干净。

第五套人民币纸币各券别正面胶印图案中，多处均印有微缩文字，20 元纸币背面也有该防伪措施。100 元微缩文字为"RMB"和"RMB100"；50 元为"50"和"RMB50"；20 元为"RMB20"；10 元为"RMB10" 5 元为"RMB5"和"5"字样。

（2）手摸：纸张、行名、盲文、国徽、主景图案。

①摸人像、盲文点、中国人民银行行名等处是否有凹凸感。第五套人民币纸币各券别正面主景均为毛泽东头像，采用手工雕刻凹版印刷工艺，形象逼真、传神，凹凸感强，易于识别。

②摸纸币是否薄厚适中，挺括度好。

（3）耳听：抖动钞票的声音。

通过抖动钞票使其发出声响,根据声音来分辨人民币真伪。人民币的纸张,具有挺括、耐折、不易撕裂的特点。手持钞票用力抖动、手指轻弹或两手一张一弛轻轻对称拉动,能听到清脆响亮的声音。

(4)测:使用简单工具和专用仪器,如:放大镜、紫外灯、磁性检测仪。

如借助放大镜可以观察票面线条清晰度、胶、凹印缩微文字等;用紫外灯光照射票面,可以观察钞票纸张和油墨的荧光反映;用磁性检测仪可以检测黑色横号码的磁性。

2. 硬币鉴别方法

(1)对比法:外形、边部、图案花纹文字、光泽。

(2)测量称重法:直径、厚度、清边宽度、单枚重量。

(3)图纹重合比照法:对接重影比较仪进行图纹重合检查。

(4)合金成分分析法:金属材料的成分。

(二)真假人民币防伪特征对照(见表8-2)

表8-2 2005年版第五套人民币100元券真假对比

1. 固定人像水印	2. 磁性微缩文字安全线	3. 手工雕刻头像	4. 胶印微缩文字	5. 光变油墨面额数字	6. 阴阳互补对印图案
真币:纸张抄造中形成人像水印,层次丰富,立方体感很强。	真币:嵌于纸张内部,仪器检测有磁性。	真币:形象逼真,线条清晰,凹凸感强。	真币:在放大镜下,字形清晰。	真币:随视角变化,颜色变化明显。	真币:正背图案重合,组成完整的古钱币图案。
假币:在纸张夹层中涂布白色浆料并模压水印图案,或直接在纸张表面盖印浅淡水印图案,层次及立方体感较差。	假币:无磁性或磁性特征不稳定。	假币:线条模糊,无凹凸感。	假币:字形模糊。	假币:变色无规律或无变色效果。	假币:正背面图案错位。
7. 雕刻凹版印刷	8. 专用纸张	9. 隐形面额数字	10. 双色异型横号码		
真币:用手指触摸有明显的凹凸感。 假币:全胶印,手感平滑。	真币:采用专用纸张,纸质坚挺,具有耐磨性,有韧度,挺括,不易折断,抖动时声音响脆。 假币:普通纸张,纸质绵软、抖动时声音沉闷,在紫外灯照射下有荧光反应。	真币:将钞票置于与眼睛接近平行的位置,面对光源做上下倾斜晃动,可以看到面额数字"10"字样,字形清晰。 假币:无隐形效果。	真币:左侧部分为暗红色,右侧部分为黑色。字符由中间向左右两边逐渐变小。 假币:颜色与真币有差异。		

（三）假人民币犯罪的常见手段

1. 偷梁换柱式

犯罪份子使用真币购买高档酒水、香烟等轻巧、容易脱手的物品，当受害人验钱后，立即提出要开增值税发票，因受害人无法立即开票，犯罪份子则假意提出不要所购物品了，当受害人将真币退回后，犯罪份子乘机调包，又提出要购买物品，并将假币支付给受害人，得逞后迅速逃窜。在此类案件中，犯罪分子先使用真币麻痹受害人，当受害人放松警惕后，乘机调包使用假币，使其犯罪得以实施。

2. 巧取豪夺式

犯罪份子以一些烟酒行或副食品店为目标，在询问了香烟的价格后，犯罪份子让受害人拿两条香烟给他。当受害人接过犯罪份子手中的钱后把钱放入验钞机时，犯罪份子拿了烟就往马路上逃窜。犯罪份子利用店主警惕性不高的特点来实施诈骗。防范此类案件，最关键的一点是要做到点好钱再将商品给对方。

3. 瞒天过海式

犯罪份子以购物为名，先以大额真币付款，当店主担心大币有假迟疑不决或没有钱找零时，他会从内衣袋中"搜"出小额假币付款来实施诈骗。这是典型的小额诈骗。

4. 暗度陈仓式

犯罪嫌疑人用假币购买贵重物品或有价证券，营业员用验钞机对假币进行检验时，犯罪嫌疑人在近距离不断使用手机通话，从而使验钞机暂时不发出警报声。商家在每天营业结束进行总账核对时才发现假币，然而为时已晚。手机电磁波在与验钞机保持25－30厘米范围内会产生干扰现象。

5. 无中生有式

受害者在购买商品或搭乘出租车时，使用假币的犯罪份子假意验钞，调换事先准备好的假币，反说受害者给的是假币。

6. 浑水摸鱼式

犯罪份子在购买商品时，混进数张假币，尤其是10元或20元的面额居多。

7. 假装老板式

警惕犯罪份子出手阔绰，设圈套。有些犯罪份子使用假币购物时出手非常大方，完全不讨价还价，在选好物品后，甩下一句"不用找了"就匆忙离开。一些防范意识不强的受害者以为是遇到了好事，殊不知中了犯罪份子的圈套。

教你一招

"十看假币"宣传歌

打击假币搞宣传	教你如何识假钱	真假钞票好辨认	防伪特征有十看
迎光先把水印看	头像花卉在左看	真币水印立体感	假币粗糙又呆板
二看钞票左下边	油墨数字能光变	百元由绿变成蓝	假币变化不明显
三看拾元到百元	防伪对比有古钱	真币迎光成对圆	假币错位不成圆

仔细对比第四看	五套凹印手感线	用手触摸很明显	假币光滑无凹感
五看五套九九版	红蓝纤维票面显	真币造纸夹里面	假币表面手工添
六看磁性安全线	开窗微字面额显	假币用笔画上面	微字模糊无磁源
七看纸币作判断	真币成分短绒棉	假币纸张很一般	紫光灯下白光显
八看印刷雕刻版	真币最具凸凹感	凹版印刷最关键	假币光滑无手感
隐形数字第九看	与眼平行对光转	各类面额里面现	假币转动不明显
十看五套零伍版	正面仰光左下边	白水印码隐里面	假币目前未曾见
人民生活连着线	假币不时就出现	时刻注意要防范	捉摸不定请十看

实训 在银行柜面业务中准确、快速地识别人民币真伪？

> **小案例**
>
> 李松是某职业学校的一名学生，毕业后被分武汉市商业银行从事柜员工作。一天，一位客户从他的柜台递进20张100元，共20 000元现金，要存一年定期。李松按照收款程序，将20张100元放进点钞机中，过了两遍，未发现任何问题，最后，他又用人工清点的方式又清点了一遍，他发现其中有一张有点不对劲，于是仔细检查了这批钞票，发现共有七张钞票是假币。由于他对工作认真负责的态度，不仅挽回了损失，还受到了银行的奖励。
>
> **案例分析**：在实际工作中，我们不能全部依赖机器，毕竟是机器，说不定还有哪天心情不好罢工的可能呢，于是掌握一些反假币的常识是非常重要的。假币，毕竟是假币，稍微用心一看，你就会发现"假的绝对真不了"。

伪钞是仿照真钞制造的，它以假乱真，但毕竟不是真的，只要我们对它熟悉和用心，总是可以看出破绽的。有比较才能鉴别，首先我们要熟悉真钞的特点，另外也要了解伪钞的一般特点，经过比较就能识别伪钞。由于伪钞的仿真能力不同，在它仿真能力最弱的一个方面识别它和真钞的不同，再进一步识别其他不同点，以致揭开全部伪装。

根据过去的实践经验，点钞时一般是通过手摸和眼看同时进行检查，手摸是摸纸张，因为钞纸有与一般纸张不同的质量和手感；眼看主要是看人像（或上景）特点，因为钞票一般部是凹版印刷，人像（或主景）线条精细清晰有立体感。如果发现可疑，就要进一步从纸张、版面、印刷、油墨等几个方面全面细致地检查。如有条件再用仪器测试纸张上的油墨特征，如磁性油墨、荧光油墨等，最后确定真伪。鉴别外币真伪是要有个过程的，但是，只要我们熟悉各国钞票的印制基础特点，不断了解世界上出现的假钞情况，勤学苦练，增强触觉和视觉的敏感性，就能提高对外币的鉴别能力。

在日常生活中识别人民币真假的最基本的方法就是"一看，二摸，三听，四测"。在银行柜面业务中准确、快速的识别人民币真伪还要注意以下要点：

（1）边点边看：柜员或收银员接过顾客的钞票后，要认真进行清点。清点时要一边点数，一边注意察看票面。当发现有可疑钞票时，应把可疑钞票抽出来，仔细检验其真伪。

（2）注意手感：点钞过程中，看的同时还要注意自己的手感。通常真人民币手感较好、挺括；假币则手感较差、绵软。当发现手感较差的钞票时，也应当将其抽出来，仔细检验它的真伪。

（3）不放过疑点：清点现金时不要放过任何一个疑点，发现可疑钞票应立即将其抽出，认真进行鉴别。不能抱有侥幸心理，稍微的放松、大意就有可能放过假币，就会给公司和个人带来经济损失。

教你一招

一个在印钞厂上班的女孩的故事，其中一段介绍验钞诀窍：

"不要用手摸，手摸的质感有时会欺骗你。只需看看钞票上毛主席的头像，观察他老人家的头发，就能辨出真伪。真钞上的头发绝对是根根清晰，不会是一绺一绺的，而且每一根都是一笔完成的，线条很流畅。而假钱则相反。"

第三节 在日常生活中发现假钞和残损币如何处理

一、企事业单位及市民发现假钞怎么办

情景导入

走近一些商店常常看见商家在醒目处贴着告示"发现假币立即没收，并打110报警"。这种做法正确吗？

《中华人民共和国人民币管理条例》规定，公安机关和中国人民银行有权没收假币。办理人民币存取款业务的金融机构可以收缴假币，其他任何单位和个人均无权没收和收缴假币。作为单位和个人发现假币应如何处理呢？

（一）单位或者个人如何处理自己持有的假人民币？

如果误收假币，不应该再继续使用。《中华人民共和国人民币管理条例》第四章第三十一条明确规定，禁止走私、运输、持有、使用伪造、变造的人民币。

单位或者个人无论通过什么渠道遇到假人民币，应及时上缴中国人民银行、公安机关或者办理人民币存取款业务的金融机构。

（二）发现他人持有假人民币，或从事制造、运输、买卖假人民币行为的，应如何处理？

无论单位还是个人，发现他人持有少量假币，应劝其向中国人民银行或办理人民币存取款业务的金融机构上交。如果发现他人持有较多假币或有制贩假币嫌疑的，应当立即向公安机关报告。要积极协助公安机关扣留假人民币，提供持币人的有关情况。举报违法犯

罪活动,是每个公民的义务,也是向制贩假人民币违法犯罪行为展开斗争的有效措施。

(三) 持有人对被收缴货币的真伪有异议怎么办?

持有人对被收缴货币的真伪有异议,可自收缴之日起三个工作日内,持《假币收缴凭证》直接或通过收缴单位向中国人民银行授权的当地鉴定机构提出书面鉴定申请。

中国人民银行分支机构和中国人民银行授权的鉴定机构应当无偿提供鉴定货币真伪的服务,鉴定后应出具中国人民银行统一印制的《货币真伪鉴定书》,并加盖货币专用章和鉴定人名章。

二、银行及公安部门如何处理收缴的假钞

案例导入

一天上午10点,某银行营业厅内,一男客户来到VIP窗口掏出十万元现金办理存款业务。柜员接过钱放入点钱机开始验钞,不过发现其中一张钞票过不了,于是取出来经过确认后,告诉客户这是张假钞,要没收!客户要求看下这张钞票,柜员回答不行。于是,客户变得非常气愤,与柜员吵了起来,并不再听柜员解释,一直说要看这张钞票,理由是:这钞票是刚从另一家银行取出来的,不可能是假钞;第二,就算是假钞,自己也希望认识一下,免得以后再次误收!于是,大堂经理、保安纷纷来到VIP窗口帮忙解释说这是银行的规定,可是客户情绪激动,根本听不进去……客户希望就这个案例,银行要怎么比较妥当地处理,一方面是人行的规定,一方面是上帝的客户,该如何合法合情处理?

案例分析:假币收缴流程:柜员收入客户存款时,整个收款过程必须在客户视线范围内完成。如发现收入的款项中存在假钞,则必须立即报告当值的业务负责人,双人核实确为假钞后,必须在假钞上先加盖人民银行统一格式的假币章。而后开具假币没收凭证,该没收凭证上填有该张假钞的具体细节特征(如钞票编号)。客户可核实无误后在假币没收凭证上签字确认;如客户对钞票被没收有异议,或对钞票真假有不同意见,客户可凭这张假币没收凭证于三日内到银行投诉。

问题分析(客户心理需求):

1. 客户来到VIP窗口,说明他是VIP,VIP客户内心都会有优越感。

2. 客户要求看一下这张钞票,柜员回答不行。我认为完全可以给他看,但是必须盖"假币章"后给他看。

3. 客户理由:首先,这些钞票是刚从另一家银行取出来的,不可能是假钞;第二,就算是假钞,自己也希望认识一下,免得以后再次误收!我认为客户的理由合乎逻辑。客户没有要求将假币退还给他,只是希望认识一下,所以客户的需求完全可以满足。

综上所述:客户不是一个不通情达理的人,只是我们在处理问题上方式不对。

处理方法:

1. 以后遇到这样的问题,严格按照标准流程来处理。告诉客户银行收缴假币流程,取得客户的认可。

2. 在与客户沟通的语言方面要委婉,站在他的角度,并告诉其危害性。

3. 运用“同理心”，非常认同他内心的感受。

4. 如果客户情绪激动，可请他到休闲区，倒杯水，慢慢沟通，不要让他影响到其他客户。

5. 不要大堂经理、保安一起围攻客户，客户会有种孤独感，这种感觉会让他情绪更加激动，宜采取大堂经理一对一的沟通方式。

6. 必要时留下大堂经理电话，以备客户随时咨询和沟通。

（一）银行收缴假币的操作流程

金融机构在办理业务时发现假币应予以收缴。收缴假币时应该做到：

（1）由该金融机构两名以上业务人员当面予以收缴，收缴人员必须具有鉴定技能并获得上岗资格，无资格证人员应当交由其他有证人员进行后续程序。

（2）对假人民币纸币，应当面在正反两面使用蓝色印油加盖“假币”字样的戳记，并应该全程不脱离持有人视线。

（3）对假外币纸币及各种假硬币，应当面以统一格式的专用袋加封，封口处加盖“假币”字样戳记，并在专用袋上标明币种、券别、面额、张（枚）数、冠字号码、收缴人、复核人名章等细项。

（4）收缴假币的金融机构（简称“收缴单位”）向持有人出具中国人民银行统一印制的《假币收缴凭证》（见图 8－69）、向持有人出示反假币上岗证，告知持有人如对被收缴的货币真伪有异议，可向中国人民银行当地分支机构或中国人民银行授权的当地鉴定机构申请鉴定。

（5）收缴的假币，不得再交予持有人。

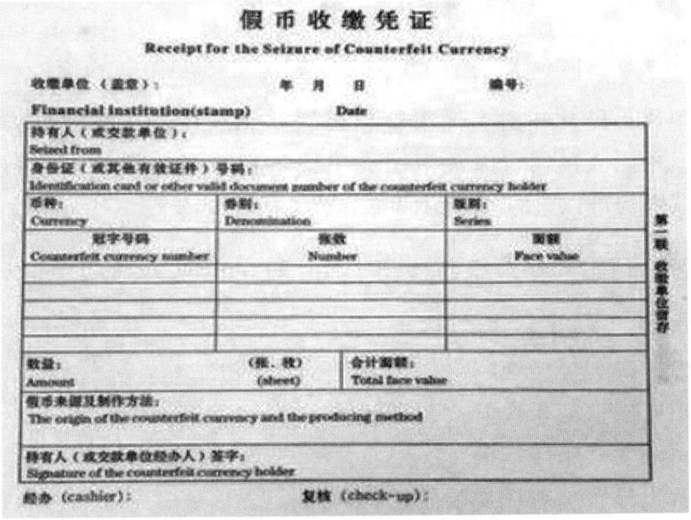

假币收缴凭证

Receipt for the Seizure of Counterfeit Currency

收缴单位（盖章）： 年 月 日 编号：

Financial institution(stamp) Date

持有人（或交款单位）：
Seized from

身份证（或其他有效证件）号码：
Identification card or other valid document number of the counterfeit currency holder

币种：Currency | 券别：Denomination | 版别：Series

冠字号码 Counterfeit currency number | 张数 Number | 面额 Face value

数量：Amount （张、枚）(sheet) | 合计面额：Total face value

假币来源及制作方法：
The origin of the counterfeit currency and the producing method

持有人（或交款单位经办人）签字：
Signature of the counterfeit currency holder

经办（cashier）： 复核（check-up）：

第一联 收缴单位留存

图 8－69 《假币收缴凭证》

假币收缴流程见图 8－70。

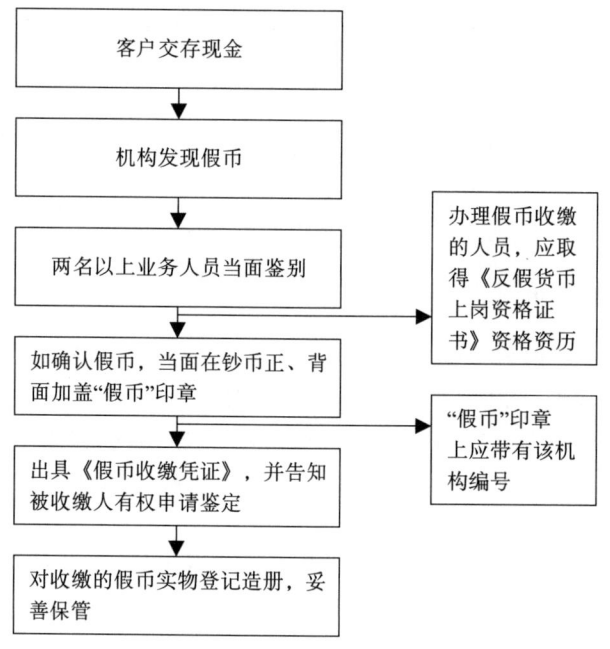

图 8-70 收缴假币的操作流程

（二）谁有权没收、收缴假币

根据《中华人民共和国人民币管理条例》和《中国人民银行假币收缴、鉴定管理办法》的规定，公安机关和中国人民银行有权没收假币，办理货币存取款和外币兑换业务的金融机构可以收缴假币。除以上单位，其他任何单位和个人均无权没收和收缴假币。

（三）哪些金融机构可以鉴定货币真伪？

根据根据《中华人民共和国人民币管理条例》和《中国人民银行假币收缴、鉴定管理办法》的规定，中国人民银行以及中国人民银行授权的中国工商银行、中国银行、中国建设银行的业务机构可以进行货币真伪鉴定。

（四）金融机构在收到假币过程中有下列情形之一的，应立即报告当时公安机关，提供有关线索：

(1) 一次性发现假人民币20张以上、外币10张以上的；
(2) 属于利用新的造假手段制造假币的；
(3) 有制造、贩卖假币线索的；
(4) 持有人有不配合金融机构收缴行为的。

三、残缺、污损人民币兑换方法

为维护人民币信誉，保护国家财产安全和人民币持有人的合法权益，确保人民币正常流通，根据《中华人民共和国中国人民银行法》和《中华人民共和国人民币管理条例》

的规定,办理人民币存取款业务的金融机构应无偿为公众兑换。残缺、污损人民币,不得拒绝兑换。

(1) 全额兑换:能辨别面额,票面剩余四分之三(含四分之三)以上,其图案、文字能按原样连接的残缺、污损人民币,金融机构应向持有人按原面额全额兑换。

(2) 半额兑换:能辨别面额,票面剩余二分之一(含二分之一)至四分之三以下,其图案、文字能按原样连接的残缺、污损人民币,金融机构应向持有人按原面额的一半兑换。纸币呈正十字形缺少四分之一的,按原面额的一半兑换。

(3) 兑付额不足一分的,不予兑换;五分按半额兑换的,兑付二分。

(4) 金融机构在办理残缺、污损人民币兑换业务时,应向残缺、污损人民币持有人说明认定的兑换结果。不予兑换的残缺、污损人民币,应退回原持有人。

(5) 残缺、污损人民币持有人对金融机构认定的兑换结果有异议的,经持有人要求,金融机构应出具认定证明并退回该残缺、污损人民币。持有人可凭认定证明到中国人民银行分支机构申请鉴定,中国人民银行应自申请日起5个工作日内做出鉴定并出具鉴定书。持有人可持中国人民银行的鉴定书及可兑换的残缺、污损人民币到金融机构进行兑换。

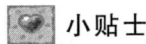 小贴士

反假货币　人人有责

1. 单位和个人误收假币后应主动上交中国人民银行或办理货币存取款和外币兑换业务的金融机构。发现他人有伪造、变造的货币,应当立即向公安机关报告。

2. 人民币是我国的法定货币。爱护人民币,保持人民币的整洁,维护人民币的尊严,保障人民币正常的流通秩序,是每个公民的义务。

(1) 任何单位和个人都应当爱护人民币。禁止损害人民币和妨碍人民币流通。

(2) 任何单位和个人不得印制、发售代币票券,以代替人民币在市场上流通。

(3) 禁止故意损坏人民币。

(4) 禁止制作、仿制、买卖人民币。

(5) 未经中国人民银行批准,在宣传品、出版物或者其他商品上使用人民币图样;

(6) 禁止利用人民币制作商业广告或利用人民币进行商品促销。

第九章
银行柜员、超市收银员基本操作技能

知识目标

掌握银行柜面收付业务的基本流程。

能力目标

1. 熟练采用正确的坐姿、科学规范的手势和指法进行小键盘数字录入。
2. 能运用模拟银行软件系统办理银行柜面开户业务,在本学期达到每分钟100键的速度。
3. 熟练掌握超市手工录入商品条形码技能。

情感目标

培养学生对数字的敏感性,增强对金额数字录入的责任感;认识小键盘录入技能对于银行及超市工作人员上岗操作的重要作用。

第一节 银行柜员基本操作技能

前台柜员负责直接面向客户的柜面业务操作、查询、咨询等;后台柜员负责无需面向客户的联行、票据交换、内部账务等业务处理及对前台业务的复核、确认、授权等后续处理。独立为客户提供服务并独立承担相应责任的前台柜员必须自我复核、自我约束、自我控制、自担风险;按规定必须经由专职复核人员进行滞后复核的,前台柜员与复核人员必须明确各自的相应职责,相互制约、共担风险。

一、银行柜员的工作职责

(1) 对外办理存取款、计息业务,包括输入电脑记账、打印凭证、存折、存单,收付现金等。

(2) 办理营业用现金的领用、保管,登记柜员现金登记簿。

(3) 办理营业用存单、存折等重要空白凭证和有价单证的领用与保管,登记重要空白凭证和有价单证登记簿。

（4）掌管本柜台各种业务用章和个人名章。

（5）办理柜台轧账，打印轧账单，清理、核对当班库存现金和结存重要空白凭证和有价单证，收检业务用章，在综合柜员的监督下，共同封箱，办理交接班手续，凭证等会计资料交综合柜员。

在信息时代，随着电脑的日益普及，各金融企业越来越依靠电脑及相配套软件系统来为顾客提供优质服务，银行柜员履行工作职责无论是在对外办理存取款业务、还是对内清算等很重要的一项技能就是要将业务数据录入电脑记账、对账，可见银行柜员小键盘数字录入水平对提高金融业服务质量有着多么重要的作用。

二、银行柜员基本操作技能

下面我们以个人活期储蓄存款开户业务为例，了解银行基本操作技能。

（一）个人活期储蓄存款开户业务流程

业务流程：迎接客户→受理→审核→点钞→入箱→录入→出折→打印→盖章→签名→交还→送别客户→凭证整理

个人活期储蓄存款开户业务流程（见图9-1）：

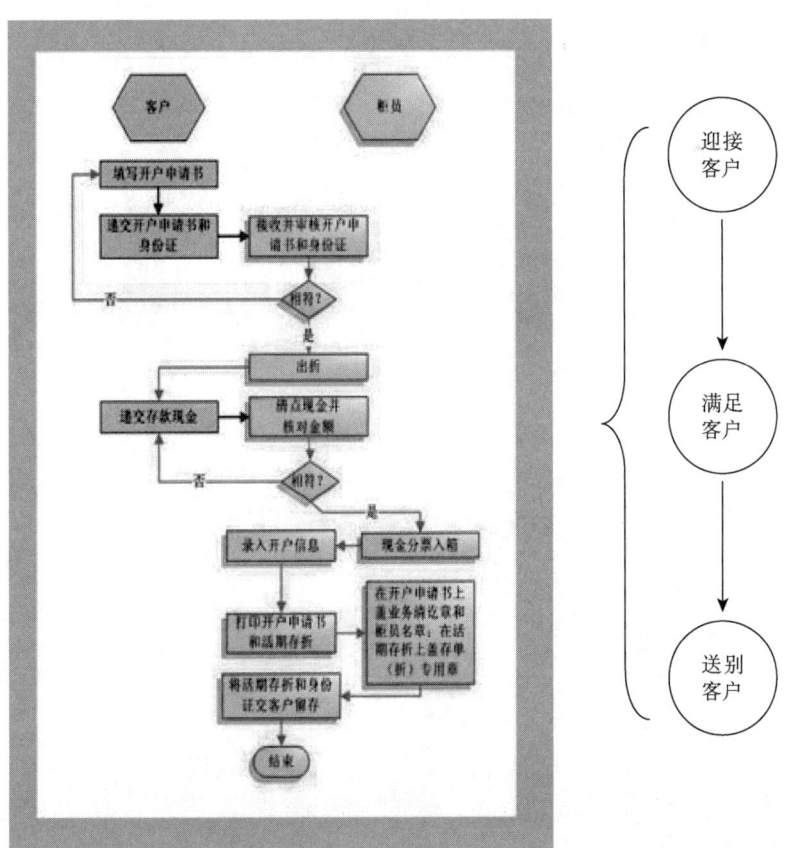

图9-1 个人活期储蓄存款开户业务流程

（二）系统操作演示

1. 操作1——开普通客户（见图9-2）

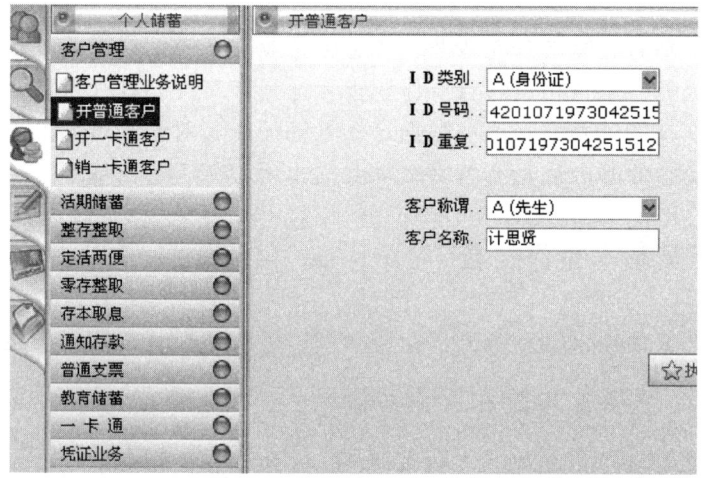

图9-2

2. 操作1——开普通客户完成界面（见图9-3）

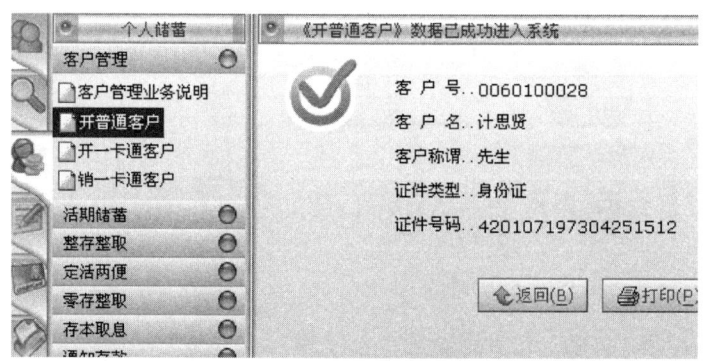

图9-3

3. 操作2——开普通活期户（见图9-4）

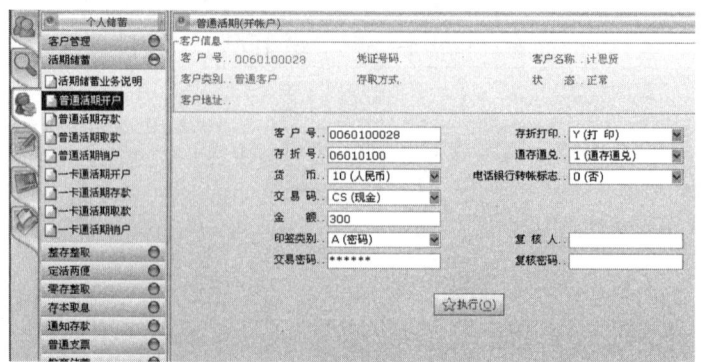

图9-4

4. 操作2——开普通活期户（见图9-5）

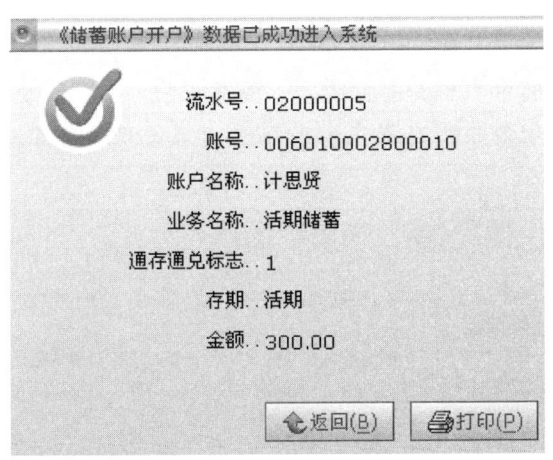

图9-5

观察与思考：同学们对以上个人活期储蓄存款开户操作流程有什么感想？

结论：整个储蓄开户程序里面，银行柜员最重要的基本操作技能就是在电脑上熟练运用银行操作系统软件录入业务数据，如顾客的姓名、身份证、日期、金额等。

三、如何在银行柜面业务中准确迅速地录入数据？

在银行柜面业务中收付款时，首先要求思想高度集中，其次按照业务类型的流程规范操作，最后要养成唱收唱付、复核的好习惯。

（1）收款时先询问顾客存款额，再清点后录入，即边看点钞机屏幕上显示的金额数字，嘴上边同时向顾客唱收，再迅速按键、打单、签字等。

（2）付款时首先询问顾客取款额；然后先清点钞票后录入，即边看点钞机屏幕上显示的金额数字，嘴上边同时向顾客唱付，再迅速按键、打单、签字、付款、返还存折、银行卡等。

（3）复核票据时，两手的动作均可慢一些，练习一段时间后，应左右手同时提高速度。翻打票据时左手翻页时，眼睛迅速看数，大脑快速记数，右手连贯录入计算器，要做到手、眼、脑协调配合，运算快速准确。

第二节　超市收银员基本操作技能

活动导入

超市收银员每天的工作涉及现金及银行卡等多种支付方式，首先要将顾客所购买的商品条形码通过小键盘录入收银机，结算出顾客所购商品的总金额，其次再收取顾客现金等结算，再打印购物小单找零，最后装袋、欢送顾客。

一、收银台工作程序

收银台工作程序是前台当班、前台收款、商品入袋、前台交班，前台收款是收银员一天的最主要工作，目前现金收银是最主要的结算方式，现金收银业务操作流程如下（见图 9-6）：

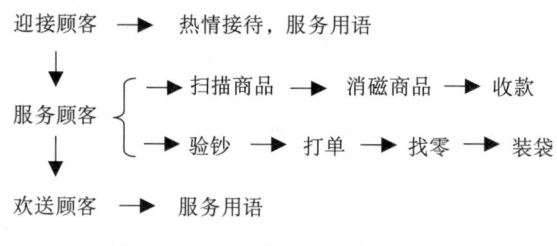

图 9-6 现金收银业务操作流程

观察上述流程，我们发现扫描商品和收款结算涉及需要用小键盘录入数字，所以作为收银员应该不断提高小键盘数字录入的水平，减少顾客结账等待的时间，以优质服务满足顾客的需要。

二、收银员基本操作技能

知识驿站

条形码技术的内涵：在商品上由一组宽度不同、平行相邻的条和空按一定的规则组合起来的符号（见图9-7），来代表一定的字母、数字的信息，通常颜色是黑白的。这些记号就是条形码。它将商品信息数码化，使计算机能够读取和处理，以达到识别不同商品的目的。

图 9-7 条形码

（一）商品条形码录入的技能

在收银员的各项操作技能中，商品条形码录入是最基本的技能，它有人工录入（见图 9-8）和机器扫描（见图 9-9）两种录入方式。人工录入是指利用收银机小键盘将 8 位或 13 位条形码录入，而机器扫描是指利用扫描仪将商品条形码录入收银机。机器扫描速度快、准确性高,所以在通常情况下,收银员采用机器扫描,但当条形码无法用机器扫描时(如条形码损坏),只能采用人工方式录入。

图 9 – 8　人工录入

图 9 – 9　机器扫描

（二）前台收款结账的流程

超市收银员获得授权后,便可以输入工号、密码进入超市收银系统进行收银结账工作,前台收银的界面见图 9 – 10 所示。前台收款的基本流程是:

扫描商品 → 消磁商品 → 收款 → 验钞 → 打单 → 找零 → 装袋

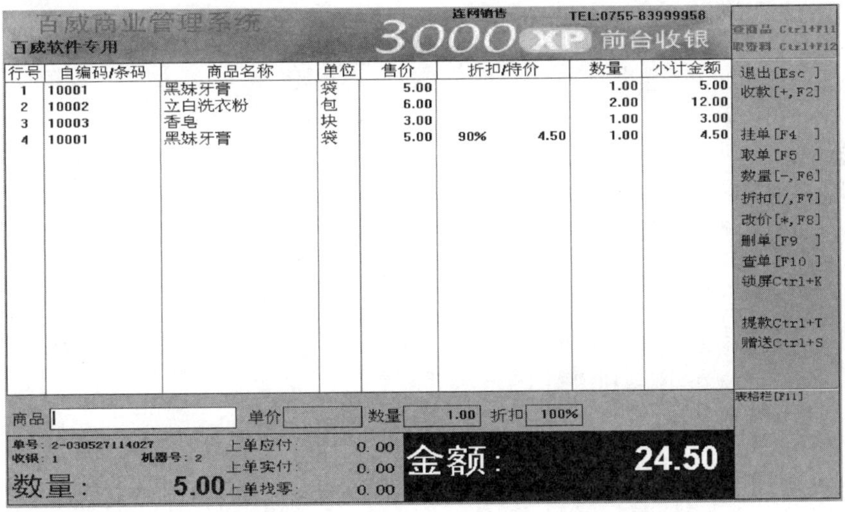

图 9 – 10

（三）在超市柜台收银业务中如何快速录入商品条形码?

收银员想提高商品扫描的速度,首先要熟悉一般商品的条形码印刷的位置,其次保持印有条形码包装面平整,然后将条形码正对着扫描器或扫描枪等,如果是人工录入商品条形码则还要练好快速看数、记数及盲打的基本功。快速的录入商品条形码是提高收银速度、衡量收银员工作素质的重要指标。

【课堂练习】利用收银机小键盘录入以下商品条形码(见表 9 – 1)。

表 9-1

商品条码	商品名称
6914568987788	庐山牌香烟
6925498732054	品客薯片
6927958215488	大白兔奶糖
6935487984444	黄鹤楼白酒
6925448777776	屈臣氏面膜粉
6915546833355	碧浪洗衣粉
6925587773494	怡景纯净水
6915432133269	利群牌香烟
6923414446799	舒蕾洗发水
6914687933974	顺爽洗发水